David Allen,
Mike Williams und Mark Wallace

**DIE DINGE GECHILLT
GEREGELT KRIEGEN**

DAVID ALLEN
Mike Williams und Mark Wallace

Die Dinge gechillt geregelt kriegen

Hausaufgaben, Handy und Hobby
besser organisieren

Aus dem Amerikanischen von Helmut Reuter
Mit zahlreichen Illustrationen und Schaubildern

PIPER

Mehr über unsere Autoren und Bücher:
www.piper.de

Von David Allen liegen im Piper Verlag vor:
Die Dinge gechillt geregelt kriegen
Wie ich die Dinge geregelt kriege

ISBN 978-3-492-06221-3
© David Allen, Mike Williams und Mark Wallace 2018
Titel der amerikanischen Originalausgabe:
»Getting Things Done for Teens«, Penguin Books, New York 2018.
All rights reserved including the right of reproduction in whole or
in part in any form. This edition published by arrangement
with Penguin Books, an imprint of Penguin Publishing Group,
a division of Penguin Random House LLC.
© der deutschsprachigen Ausgabe:
Piper Verlag GmbH, München 2020
Satz: Tobias Wantzen, Bremen
Gesetzt aus der Skolar
Litho: Lorenz & Zeller, Inning am Ammersee
Druck und Bindung: Pustet, Regensburg
Printed in Germany

David Allen

Für eine neue Generation junger Leute, die früher als wir
Probleme als Projekte erkennen werden.

Mike Williams

Für Arianna, Hannah und Conrad; ihr inspiriert mich,
ihr ermutigt mich, durch euch lerne ich.
Für fürsorgliche Eltern überall, die sich darum bemühen,
es anders zu machen.

Mark Wallace

Für meine großartige Frau, meine wundervollen Kinder,
meine selbstlose Familie, meine hilfreichen Freunde und alle,
die den Mut haben, den nächsten Schritt zu tun.

Inhalt

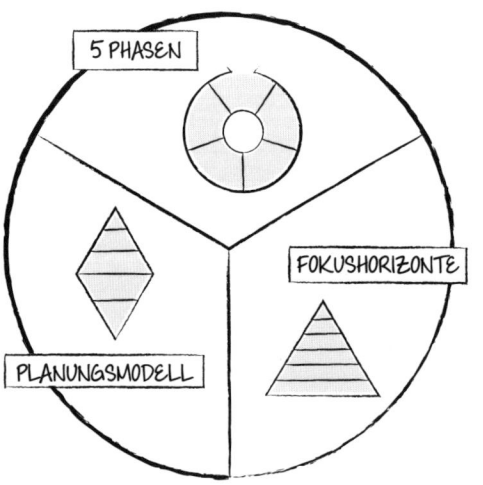

Teil 2:
Die Praxis von GTD
(»**G**etting **T**hings **D**one«)

Teil 3:
Im Labor

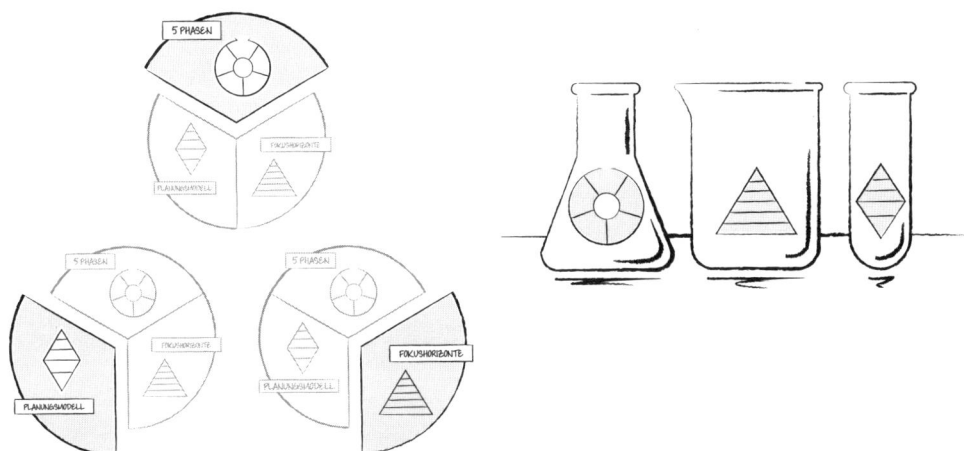

Vorwort

»Mann, ich wünschte, ich hätte das in der Schule gelernt – dann wäre vieles ganz anders gelaufen!«

»Wie kann ich das meinen Kindern mitgeben?!«

Ich habe unzählige solcher Ausrufe gehört, während ich in den vergangenen drei Jahrzehnten Menschen in der Methode unterrichtet und angeleitet habe, die heute allseits als »GTD« bekannt und in meinem Hauptwerk *Wie ich die Dinge geregelt kriege* dargelegt ist.

Bei denjenigen, die mit GTD vertraut sind, bringen diese Empfindungen vielleicht etwas ins Schwingen. Wenn jemand die Methode nicht kennt, erhält er anhand dieses Buches einen tollen Vorgeschmack auf die Art von praktischen Tipps, die wir alle schon in frühen Jahren erlernt haben sollten, es aber nicht getan haben. Es handelt sich um einen einfachen, aber profunden Weg, mit den Dingen umzugehen, die unsere Aufmerksamkeit beanspruchen, sodass wir sie beherrschen, statt ihnen zum Opfer zu fallen.

Eltern, Lehrer, Schulleiter, Geistliche und Berater – Menschen, deren Aufgabe es ist, junge Leute auf das vor ihnen liegende Leben vorzubereiten – haben mir gegenüber oft den Wunsch nach einer Methode geäußert, mit der diese Praktiken an jüngere Leute weitergegeben werden können.

Ich habe keine Kinder und bin auch kein Lehrer im herkömmlichen Sinne. Was ich im Verlauf dieser vielen Jahre entwickelt habe, war ein Modell der besten praktischen Verfahren, das zum Kern meiner Profession wurde, Schulungen und Coachings vor allem für Unternehmen anzubieten. Hier fand sich die Gruppe, die an vorderster Front mit dem Bombardement von E-Mails, dem Internet und den ständig zunehmenden Störungen durch den raschen Wandel auf diesem Gebiet konfrontiert war, und diese Leute verlangten dringend nach Hilfe.

Mir war von Anfang an klar, dass die von mir entwickelten Verfahren extrem nützlich für alle waren, die ein kreatives und arbeitsreiches Leben führen – angefangen bei Studenten und Künstlern bis hin zu Vollzeiteltern. Ich wusste allerdings nicht, wie ich dieses Publikum wirksam ansprechen konnte, da ich damit beschäftigt war, meine eigene Karriere voranzubringen. Und ganz bestimmt hatte ich keine Ahnung, wie sich die Methode in ein für Teenager verständliches und brauchbares Format übertragen ließ.

Nichtsdestotrotz hatte ich stets das Gefühl, dass Kinder die Antwort waren, sollte meine Arbeit sich so langfristig auswirken, wie sie das meiner Ansicht nach konnte. Will man auf lange Sicht stressfreie Produktivität erleben, so gibt es Verhaltensweisen, die für die meisten Erwachsenen nur sehr schwer zu verändern sind – etwa, dass man Verpflichtungen, seien sie nun klein oder groß, im Rahmen eines vertrauenswürdigen externen Systems im Auge behält, und nicht im Kopf. Diese einfache, aber wirksame Verfahrensweise schafft die Fähigkeit, optimal nachzudenken und sich auf kreative Art zu konzentrieren. Die meisten Erwachsenen tun das selbst dann nicht, wenn sie es eigentlich besser wissen. Ich habe das erlebt. Kinder hingegen können es meist rasch übernehmen.

Die meisten Erwachsenen glauben zu wissen, wie Denken geht. Kinder sind in einer Position, in der sie mit dem Lernen gerade erst beginnen.

Wie (und ob) ich dieses jüngere Publikum erreichen konnte, wusste ich nicht, obwohl das immer auf meiner »Irgendwann/Vielleicht«-Liste stand. Mein eigenes Wunschdenken in dieser Hinsicht begann sich in eine reale Möglichkeit zu verwandeln, als zwei Personen in meine Welt traten: Mike Williams und Mark Wallace.

Mike traf ich, nachdem ich von seiner Arbeit bei General Electric gehört hatte, wo er meine Methode erfolgreich anwandte, um dort wesentliche Veränderungen durchzusetzen. Dann fand ich heraus, dass er in seinem Blog davon berichtet hatte, wie er die GTD-Methode mit Erfolg für seine eigenen Kinder umgesetzt hatte! Wir hielten Kontakt, und schließlich heuerte Mike in unserer Firma an. (Einige meiner Mitarbeiter, die ihn kennengelernt hatten, meinten, sie würden sich Mike als Vater wünschen.) Wir fanden übereinstimmend, dass es vielleicht an der Zeit war, endlich dieses Buch zu schreiben, und mir war klar, er war derjenige, der dafür die Knochenarbeit leisten konnte.

Anschließend hörte ich von einem Mann namens Mark Wallace, einem Grundschullehrer in Minneapolis, der sich so für GTD begeisterte, dass er angefangen hatte, die Grundsätze und Techniken der Methode mit den Kindern seiner Schule umzusetzen. Ich hatte die Gelegenheit, seine Klasse zu besuchen, und konnte zusehen, wie die Schüler eine zentrale Technik der stressfreien Produktivität – den sogenannten Wochenüberblick – einsetzten. Dies ist der Schlüssel, um GTD fest zu verankern – Menschen, die meine Methoden anwenden, begreifen das, doch nur wenige praktizieren es wirklich durchgängig. In Marks Klasse waren alle 30 Kinder intensiv damit beschäftigt, und sie waren alle noch keine zwölf Jahre alt! Es war offensichtlich, dass Mark zu unserem Team stoßen musste.

Mike und Mark werden hier ihre eigenen Geschichten erzählen. Mit ihrem Einsatz bei der jüngeren Zielgruppe haben sie unsere Glaubwürdigkeit sicherlich mehr erhöht, als mir das möglich gewesen wäre. Und sie setzten ihre Erfahrung für uns ein und nutzten sie, um ein wundervolles Bildungserlebnis für alle zu schaffen, die willens sind, sich auf GTD einzulassen – ob jung oder alt.

Dieses Buch vertritt das von Oliver Wendell Holmes gepriesene Ideal der »Einfachheit jenseits der Komplexität«. Wer dazu bereit ist, kann es dazu einsetzen, seinem Leben auf wirklich coole Art eine Turboaufladung zu verpassen. Wer glaubt, so etwas nicht nötig zu haben, sollte sich selbst nichts vormachen.

David Allen

Einführung für Eltern, Lehrer und andere Erwachsene, die Verantwortung übernommen haben

Willkommen! Wenn Sie dieses Buch lesen, sind Sie wahrscheinlich ein Erwachsener mit Erziehungsaufgabe (z. B. ein Elternteil, Lehrer, Familienmitglied, Freund, Geistlicher oder Mentor), der in seiner Umgebung einen Teenager unterstützen will.

Was ist Ihnen an diesen jungen Leuten aufgefallen?

- Nehmen die Ablenkungen, ihr Stress oder ihre Sorgen zu oder ab?
- Ist Ihnen aufgefallen, was ihre Aufmerksamkeit fesselt?
- Haben Sie Dinge bemerkt, die sie beschäftigen (z. B. was im Pausenraum der Schule, im Bus, auf einer Social-Media-App abläuft) – Dinge, mit denen sie selbst zurechtkommen müssen?
- Ist Ihnen ein angehendes Talent oder eine Leidenschaft aufgefallen, die nur ein wenig Anleitung oder Fokussierung erfordert?

Heute sind Sie vielleicht die lenkende Hand, die Ihrem Teen hilft, sich in der Schule und im Leben zurechtzufinden. In ein paar Jahren werden die jungen Leute über die Grundlagen verfügen müssen, mit der Freiheit, der zunehmenden Komplexität und der offenen Natur des Lebens auf eigene Faust zurechtzukommen. Wäre es nicht erfreulich, wenn Sie ihnen die Techniken und Routinen für die Bewältigung ihres Lebens auf ähnliche Weise vermitteln könnten, wie Sie ihnen beibrachten, Fahrrad zu fahren, eine Sportart oder ein Musikinstrument zu beherrschen oder das Autofahren zu lernen?

Es gibt eine gute Nachricht! Wir haben dieses Buch als Unterstützung gedacht, mit dem Teens Fertigkeiten in den grundlegenden Methoden erwerben können, um sich im Leben zurechtzufinden. Diese Fertigkeiten werden ihnen helfen, Ablenkungen, das Gefühl, von allem überwältigt zu sein, und auch Stress zu verringern, während gleichzeitig ihr Selbstvertrauen, ihre Präsenz sowie Produktivität, Kreativität und Spaß im Leben zunehmen.

Die GTD-Methode wird weltweit praktiziert. Die ersten Anwender waren Erwachsene (z. B. Künstler, Führungskräfte, Geschäftsinhaber, Wissenschaftler, Ärzte, Lehrer, Geistliche, Mütter, Väter und viele andere), die lernten, weniger effiziente Gewohnheiten durch effizientere zu ersetzen. Auf das Erlernen von GTD folgte oft der Ausruf: »Ich wünschte, ich hätte das in der Schule gelernt!« Dieses Buch haben wir als Lehrwerk für diesen fehlenden Kurs in Lebenskompetenz konzipiert.

Ehe Sie Ihre Reise mit dem Teenager (oder den Teens) in Ihrem Leben antreten, sollten wir für einen Augenblick in die Vergangenheit zurückkehren. Erinnern Sie sich, wie Sie das erste Mal ...

- an einem bedeutenden Schulprojekt gearbeitet haben?
- Ihre Hausaufgaben und Abgabetermine selbst im Auge behalten mussten?
- einer Gruppe beitraten oder eine bestimmte Aktivität ausprobierten?
- Fahrstunden nahmen?
- den Geschmack von Freiheit spürten, als Sie von zu Hause auszogen – vielleicht fürs Studium oder, um in eigener Verantwortung zu leben?

Wie liefen diese ersten Erfahrungen jeweils ab? Wenn es Ihnen wie den meisten Leuten ging, gestalteten sie sich ein wenig holprig. Doch als Sie im Lauf der Zeit an Lebenserfahrung dazugewannen, klappte vieles davon um einiges leichter.

Wenn Sie dieses Buch zusammen mit Ihren Teens durcharbeiten, werden diese zweifellos viele ihrer »ersten Male« erleben – und durcharbeiten.

Als erziehender Erwachsener werden Sie wahrscheinlich spüren, wie der kurzfristige Impuls »Ich springe ein und bringe das in Ordnung« der längerfristigen Klugheit weicht, »Ich muss Geduld haben und es ihnen überlassen, das selbst herauszufinden«. Dieses Buch wird Ihnen helfen, den kurzfristigen Bedürfnissen gerecht zu werden und ihren Teens mithilfe der GTD-Methode die Werkzeuge und Verhaltensweisen zu vermitteln, die ihnen auf lange Sicht helfen werden. Stellen Sie sich das Buch als Werkzeugkasten vor, der grundlegende Prinzipien und Prozesse enthält, die lebenslang Bestand haben können. Sie sind einfach. Sie sind lehrbar. Sie sind zeitlos.

Wenn Sie die GTD-Methode noch nicht kennen, sollten Sie sich einen Moment Zeit nehmen, das Buch durchzublättern. Vielleicht finden Sie heraus, dass es als Nebeneffekt auch Ihnen hilft, wenn Sie es an der Seite Ihres Teenagers durcharbeiten.

Wir hoffen, dieses Buch dient Ihnen und Ihrem Teen als verlässliche Quelle praktischen Wissens, die Sie durch die prägenden Teenagerjahre begleiten wird. Wir haben die Hoffnung, dass die Teens in ihrem Leben, nach dem Zurücklassen der Teenagerjahre, über das Know-how verfügen, ihren Träumen zu folgen und mit allem zurechtzukommen, was das Leben für sie bereithalten mag.

Einführung für Teenager

Willkommen! Irgendwie hast du dieses Buch gefunden (oder das Buch hat dich gefunden).

Wenn du gerade nichts anderes machst, solltest du dir ein paar Sekunden Zeit nehmen und es rasch von vorne bis hinten durchblättern. Es ist kein gewöhnliches Buch. Es ist ein Ratgeber und ein Werkzeugkasten fürs Leben – dein Leben.

Du lebst in interessanten Zeiten und musst mit einer Menge Zeug klarkommen. Deine Eltern oder Lehrer dürften einiges von dem kennen, was in deiner Welt abgeht, doch du allein kennst alles. Du jonglierst mit Fächern, Kursen, Sport, Hobbys, der Familie, Freundschaften und so weiter. Du lebst in einer hypervernetzten Welt. Den einen Tag geht es dir vielleicht richtig gut, und dann plötzlich macht es *Pling!* und ein Kommentar oder ein Foto auf deinem Smartphone oder Computer ändern alles. Es könnte etwas Aufregendes oder Störendes sein, doch in jedem Fall ist es etwas, was deine Aufmerksamkeit beansprucht, und etwas, mit dem du zusätzlich zu allem anderen, was du zu tun hast, irgendwie zurechtkommen musst. Wie gehst du mit alledem um?

Dieses Buch wird dir dabei helfen – es vermittelt dir das Wissen und die Werkzeuge, die du brauchst, um die Antwort zu finden. Es wird dazu beitragen, deinen Stress und deine Sorgen zu verringern. Es wird deine Fähigkeit steigern, mit den Dingen umzugehen, damit du mehr Zeit hast, mit deinen Freunden Zeit zu verbringen oder dich einfach zu entspannen und nichts zu tun.

Du kannst das Buch auf eigene Faust erkunden, aber vielleicht willst du es auch mit einem Freund, einem Mentor oder deinen Eltern kennenlernen. Probier die Ideen einfach mal aus. Finde heraus, was dir heute etwas bringt. Darauf kannst du aufbauen. Wenn deine Arbeit komplexer wird, liest du das Buch einfach erneut – es ist voller Ideen, die dir durch alle Stufen und Abschnitte deines Lebens helfen können.

Freu dich auf das Abenteuer.

Bevor wir loslegen

BEREIT?

»Bist du bereit für die Mittelstufe?«
»Bist du bereit für die Oberstufe?«
»Bist du bereit für die Uni?«
»Bist du bereit für deine Prüfung?«
»Bist du bereit für deine Präsentation?«
»Bist du bereit, auszuziehen?«

Hören sich diese Fragen bekannt an? Manche sind wichtige Lebensfragen; andere sind weniger bedeutsam. Allen gemeinsam ist, dass sie auf *Veränderung* hinauslaufen.

Es ist alles andere als einfach, du selbst zu sein. Es mag so aussehen, als würdest du andauernd vor neuen Herausforderungen und Übergangsphasen stehen und die Frage hören: »Bist du bereit?« Was antwortest du darauf?

Nimm dir ein wenig Zeit und überdenke dein aktuelles Leben und das, was in nächster Zukunft auf dich zukommt, und frage dich *ernsthaft*: Bist du ... **bereit**? Auch wenn du diese Frage noch nicht umfassend beantworten kannst – das ist okay! Dieses Buch wird dir dabei helfen, diese Frage mit größerer Zuversicht anzugehen.

VERWENDUNG DIESES BUCHES

Willkommen bei *Die Dinge gechillt geregelt kriegen*, einem Werkzeugkasten voller Grundsätze, Verfahren und Tipps, die du auf alles anwenden kannst, was dir begegnet. Konzipiert haben wir das Buch mit dem Gedanken an dich, als einzelnes Individuum. Weil keine zwei Menschen gleich sind und weil sich jeder durch verschiedene Lernstile und Vorlieben auszeichnet, haben wir dieses Buch so angelegt, dass es auf unterschiedliche Art und Weise gelesen und genutzt werden kann.

Du wirst feststellen, dass es visuell und interaktiv zu verwenden ist.

Du findest viele unterschiedliche Figuren und eine Vielfalt an Übersichten und Plänen, die dir helfen sollen, das Gebiet abzustecken. Die Figuren helfen dabei, sich Konzepte einzuprägen, während die Pläne den Konzepten eine geeignete Form geben, um damit arbeiten zu können. Einige der Übersichtspläne werden dir helfen, neue Denkweisen einzuüben, andere helfen dir, deine Gedanken zu erfassen und das eigene Denken zu organisieren.

Dazu haben wir eine Reihe von Übungen entwickelt, mit denen du ausprobieren kannst, welche Prinzipien dir am meisten bringen. Die Beispiele wurden durch reale Menschen inspiriert, und wir freuen uns zu erfahren, wie *du* die Prinzipien in deiner Welt anwendest.

SO IST DAS BUCH AUFGEBAUT

Teil 1 wirft einen Blick auf den Alltag und auf das, was in der Welt um dich herum geschieht. Welche neuen und spannenden Gelegenheiten warten da draußen? Welche Fallen gibt es, in die du hineintappen kannst?

Teil 2 bietet dir eine Einführung in die Prinzipien, Praktiken und Werkzeuge, die du nutzen kannst, um im Alltag erfolgreich zu sein. Sie werden dir dabei helfen, Gewohnheiten zu entwickeln, durch die du erleben kannst, was wir den »Zustand der Bereitschaft« nennen.

Teil 3 gibt dir Gelegenheit, diese Prinzipien, Praktiken und Werkzeuge auf die Probe zu stellen. Hier kannst du spielen, experimentieren und üben, um herauszufinden, was für dich funktioniert.

Nachdem wir die drei Hauptteile des Buches vorgestellt haben, wollen wir erklären, was wir unter »bereit« verstehen.

WAS BEDEUTET BEREIT?

Bedeutungen: auf etwas vorbereitet, zu etwas entschlossen, fertig, willens, geneigt.

Es gibt viele verschiedene Definitionen für das Wort »bereit«, aber was ist wirklich damit gemeint? Was denkst du, wenn du »bereit« hörst? Hörst du deine Mutter fragen: »Bist du schon fertig?« Oder hast du die Pfeife des Schiedsrichters im Ohr, der das Spiel anpfeift? Siehst du vor dir, wie sich der Vorhang für die Vorstellung hebt? Hörst du deinen Lehrer sagen: »Bist du bereit? Du kannst jetzt mit dem Test anfangen.«

Bereit zu sein kann Verschiedenes bedeuten, doch in diesem Buch definieren wir »bereit« als Kombination aus vier Sachverhalten:

1. BEREIT für genau diesen Augenblick
2. BEREIT für das, was als Nächstes geschieht
3. BEREIT für Übergänge
4. BEREIT für alles

Schauen wir uns die Punkte einzeln an.

BIST DU BEREIT FÜR GENAU DIESEN AUGENBLICK?

Für diesen Augenblick bereit zu sein, heißt, genau jetzt, im gerade stattfindenden Moment, präsent zu sein.

Welche Art von bereit ist das? Es ist deine Fähigkeit, dich voll und ganz auf eine einzige Sache zu konzentrieren – so wie beim Lesen dieses Satzes.

Einige Beispiele dafür, für genau diesen Augenblick bereit zu sein:

- Bist du bereit, dieses Buch zu lesen?
- Bist du bereit, auf deinem Instrument zu üben?
- Bist du bereit, mit Freunden Zeit zu verbringen?
- Bist du bereit, jemanden einzuladen?
- Bist du bereit, mit deinen Hausaufgaben anzufangen?
- Bist du bereit, einem Freund zuzuhören, der mit dir reden will?

BIST DU BEREIT FÜR DAS, WAS ALS NÄCHSTES GESCHIEHT?

Für das bereit zu sein, was als Nächstes geschieht, heißt, dass dir vollständig bewusst ist, was über einen gewissen Zeitraum hinweg zu tun ist.

Um welche Art von Bereitsein handelt es sich hier? Es ist eine Intuition, die sich einstellt, wenn du verstehst, was du tun musst, und Selbstvertrauen entwickelst, wie und wann du es erledigen wirst.

Ein paar Beispiele dafür, bereit für das zu sein, was als Nächstes kommt:

- Bist du bereit für die nächste Mathestunde?
- Bist du bereit für das heutige Fußballtraining?
- Bist du bereit für dein Einstellungsgespräch?
- Bist du bereit für den anstehenden Wochenendausflug?

BIST DU BEREIT FÜR ÜBERGÄNGE?

Für Übergänge bereit zu sein, heißt, dass du fähig bist, mit Veränderungen in wichtigen Bereichen deines Lebens zurechtzukommen.

Um welche Art von Bereitsein handelt es sich hier? Es geht um deine Fähigkeit, effizient auf Veränderungen zu reagieren. Mit der Qualifikation für die Oberstufe wirst du in Hinblick auf deine Pflichten erhebliche Veränderungen erleben. Diese Jahre sind spannend und voller Dynamik, und es ist möglich, auf diese Veränderungen vorbereitet und dafür bereit zu sein.

Ein paar Beispiele dafür, bereit für Übergänge zu sein:

- Bist du bereit für den Übergang in die Oberstufe?
- Bist du bereit für den Übergang von der Oberstufe ins Studium?
- Bist du bereit für den Übergang vom Sport ohne Wettbewerb zum Wettkampfsport?
- Bist du bereit für den Übergang, nach der Schule einen Job zu übernehmen?
- Bist du bereit für den Übergang von der Uni in einen Vollzeitjob?
- Bist du bereit für den Übergang vom Wohnen bei den Eltern zum eigenständigen Leben?

BIST DU BEREIT FÜR ALLES?

Für alles bereit zu sein, heißt, entspannt und bereit für all das zu sein, was auf einen zukommt. Um welche Art von Bereitsein handelt es sich hier? Es betrifft das Gefühl, das sich einstellt, wenn du weißt, wie du die Kontrolle erlangst, und siehst, wie es weitergeht. Ein wichtiger Bestandteil des Bereitseins ist das *Gefühl*, bereit zu sein. Es besteht in einer Geisteshaltung der Erwartung und des Vertrauens darauf, dass du das Zeug dazu hast, dein Leben voll auszuschöpfen, Risiken einzugehen und erfolgreich zu sein.

Ein paar Beispiele dafür, bereit für alles zu sein:

- Bist du bereit, etwas Neues auszuprobieren?
- Bist du bereit, etwas anzugehen, das dich wirklich herausfordert und das vielleicht auch scheitern kann?
- Bist du bereit, dich an die Verwirklichung eines Traums zu machen?
- Bist du bereit für dieses wichtige Gespräch mit ...?
- Bist du bereit, für dein Studium von zu Hause auszuziehen?

Dieses Buch soll dich dafür ausrüsten, dich für alles bereit zu fühlen, was dir begegnet, und die Dinge mit Selbstvertrauen anzugehen. Wenn das klar ist ... bist du bereit zu starten?

Um diesen Lernprozess zu optimieren, ist es sinnvoll, wenn du ein Grundverständnis dafür bekommst, was von einem Tag auf den anderen, von Minute zu Minute, von einem Augenblick auf den nächsten in deinem Kopf abläuft. Dein Gehirn ist das stärkste und komplizierteste Werkzeug, das du besitzt; deshalb werden wir zunächst einige seiner Fähigkeiten und Einschränkungen sowie die von ihm ausgehenden Signale schildern.

DEIN GEHIRN

Wir werden uns hier auf nur zwei Areale des Gehirns konzentrieren; eines davon ist für schnelle Reaktionen zuständig, das andere für tieferes Nachdenken und Entscheidungen. Diese beiden Bereiche sind wesentlich für das Verständnis und die Anwendung der Grundsätze dieses Buches. Um zu veranschaulichen, wie sie funktionieren, haben wir zwei Figuren geschaffen.

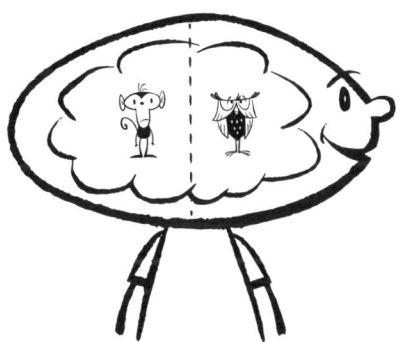

GESTATTEN: MYGGY UND KORTLAND

Der erste für uns wichtige Teil des Gehirns ist die **Amygdala** (auch Mandelkern genannt).

Die Amygdala bildet die vorderste Verteidigungslinie des Gehirns für Kampf oder Flucht. Sie dient als System, mit dem alles, was in deine Welt eintritt, auf die angemessene Reaktion hin geprüft wird. Sie läuft auf Autopilot und hält ständig nach neu eintreffenden Signalen Ausschau. Wenn die Amygdala Gefahr oder eine Bedrohung spürt, alarmiert sie in der Regel deinen Körper; sie aktiviert ihn durch Furcht, Adrenalin, Stress, Angst, Schlaflosigkeit oder andere Stressfaktoren. Die Amygdala schaltet deinen Körper einen Gang höher und wird dich ständig weiter in Alarmbereitschaft halten, bis das, was dich stört, irgendwie in Angriff genommen wird.

Wenn ein Auto näherkommt, wird sie dich dazu bringen, dass du ausweichst. Wenn ein Baseball direkt auf dich zukommt, wird sie deine Reaktion unterstützen und dir einen spektakulären Fang ermöglichen. Sie gibt

AMYGDALA

SELBSTBEZOGEN

KEIN ZEITGEFÜHL,
NUR DER
AUGENBLICK ZÄHLT

EXTREM SCHNELLE
BEWEGUNGEN

ZUFALLSBESTIMMTE
UMSCHALTUNG
ZWISCHEN
AUFGABEN

ÄUSSERST
REAKTIV

MYGGY

Der Amygdala-Affe

dir einen Adrenalinschub, wenn du eingreifen musst, um einem Freund in Gefahr zu helfen. Deine Amygdala soll rasch und bei Bedarf in kurzen Impulsen funktionieren.

Die von der Amygdala ausgehenden ständigen Alarmmeldungen können dir das Gefühl geben, in deinem Kopf sitze ein quasselnder und ausgeflippter Affe. Dieser Aspekt des Gehirns wird manchmal als »Affengehirn« bezeichnet. In diesem Buch werden wir die Figur von Myggy, dem Affen, als Symbol für die Aktivität der Amygdala verwenden.

Der zweite wichtige Teil des Gehirns wird als **präfrontaler Kortex** bezeichnet; er befindet sich im Frontallappen.

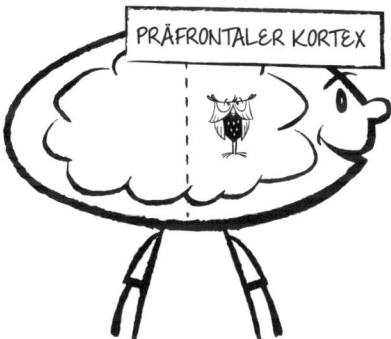

Der präfrontale Kortex ist für analytisches Denken und Entscheidungen zuständig. Er ist für Problemlösung verantwortlich, stellt Zusammenhänge her und gibt allem, was du siehst und machst, Bedeutung.

Der präfrontale Kortex ist entscheidend für das Lernen, die Kreativität, das Vorstellungsvermögen sowie den Aufbau und die Entwicklung von Beziehungen; außerdem stellt er sicher, dass etwas geschieht. Im Gegensatz zur Amygdala läuft der präfrontale Kortex *nicht* auf Autopilot. Du beziehst den präfrontalen Kortex ein, wenn du innehältst und *denkst*, aber auch, wenn dein Geist untätig ist und deine Gedanken umherschweifen. Der präfrontale Kortex braucht Zeit, Raum und Energie, um effizient funktionieren zu können, und er kann auf größere Effizienz trainiert werden.

Der präfrontale Kortex ähnelt einer weisen alten Eule, die über den Wald deines Lebens wacht – sie beobachtet ruhig und langsam; sie denkt nach und entwickelt eine tiefe und auf Erfahrung beruhende Weisheit, um die Lebenserfahrungen in einen sinnvollen Zusammenhang zu bringen. Wir werden die Figur von Kortland, der Eule, als Symbol für den präfrontalen Kortex verwenden.

Damit du auf all die geschilderten Arten bereit bist, musst du die Kräfte dieser beiden Teile deines Gehirns verstehen und für dich nutzbar machen. Myggy quasselt und sendet Signale; Kortland hört zu und antwortet.

KORTLAND
Die weise Eule des präfrontalen Kortex

Wenn diese Beziehung synchron abläuft, ist es möglich, **bereit** zu sein. Wenn sie nicht synchron funktioniert, können einige ungesunde und unproduktive Gewohnheiten entstehen.

Wie also wirst du bereit? Was musst du tun? Was springt dabei für dich raus? Was hindert dich daran, dies einfach ganz selbstverständlich auszuführen? Wie wirkt sich das alles auf dich aus? Warum solltest du dich dafür interessieren?

Bleib dran. Wir haben gerade erst angefangen.

Beherrsche deinen Geist,
oder er wird dich beherrschen.

Horaz

Teil 1
Die Kunst, die Dinge geregelt zu kriegen

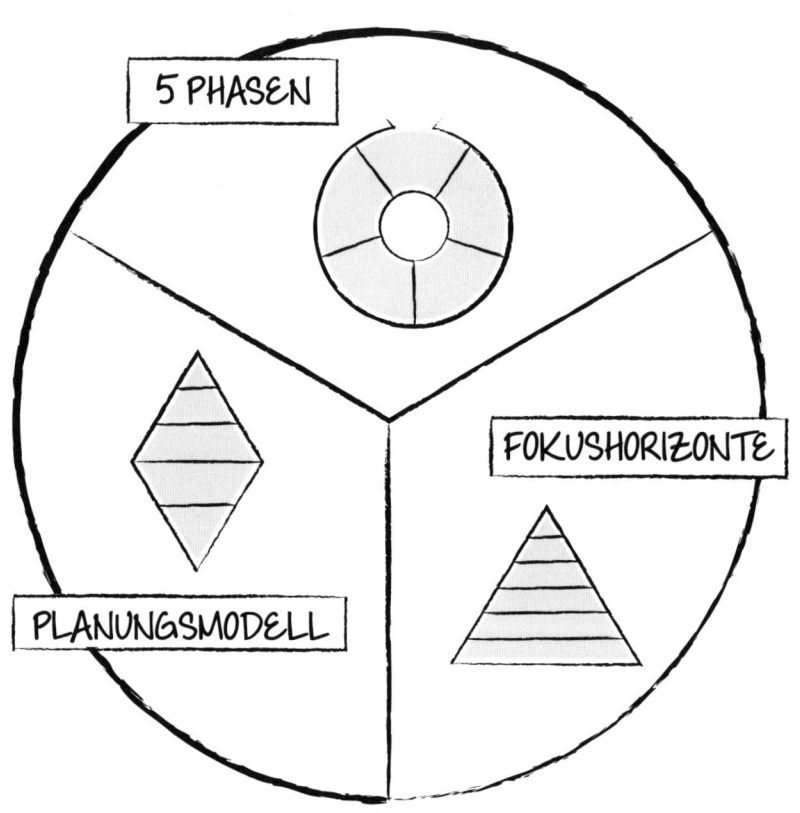

DIE METHODE VON GTD
(WIE ICH DIE DINGE GEREGELT KRIEGE)

Das Kürzel GTD (Getting Things Done) steht für eine Denkweise, die dazu beiträgt, dass die Menschen mehr Kontrolle und Fokussierung im Leben gewinnen – unabhängig davon, was sie machen. GTD befasst sich nicht wirklich damit, wie man die Dinge »erledigt«. Mithilfe der Methode lässt sich vielmehr lernen, wie man sich auf das Gegenwärtige konzentriert und einlässt, sich bewusst macht, was als Nächstes kommt, die Ruhe bewahrt, wenn man den Eindruck hat, dass die Dinge aus dem Ruder laufen, und wie man kreativ dem vorgreift, was immer das Leben bringen mag – ob in der Schule, bei der Arbeit, in Beziehungen, beim Sport, bei Zielen, Träumen oder sogar bei Videospielen. GTD handelt davon, für all das **bereit** zu sein.

Wir haben Menschen aus aller Welt gesehen, die von GTD profitiert haben; ihr Alter reichte von acht bis achtzig plus/minus ein paar Jahre an beiden Enden des Spektrums. GTD kann von jedem angewandt werden, unabhängig von Hintergrund, Geschlecht, Religion und Kultur, und das jederzeit und in jeder Situation. Sobald man diesen Ansatz erlernt hat, kann man ihn weiterentwickeln, personalisieren und sein ganzes Leben lang nutzen. Ähnlich wie Musizieren, Tanzen und Sport ist es eine Kunst, die gelernt, eingeübt und ins Leben integriert werden will. GTD besteht aus drei Hauptteilen:

1. **Fünf Phasen** – sie helfen dir, die Kontrolle zu gewinnen
2. **Fokushorizonte** – sie helfen dir, den Überblick zu gewinnen
3. **Planungsmodell** – es hilft dir, Kontrolle und Überblick über Situationen und Projekte zu gewinnen, die tieferes Nachdenken erfordern

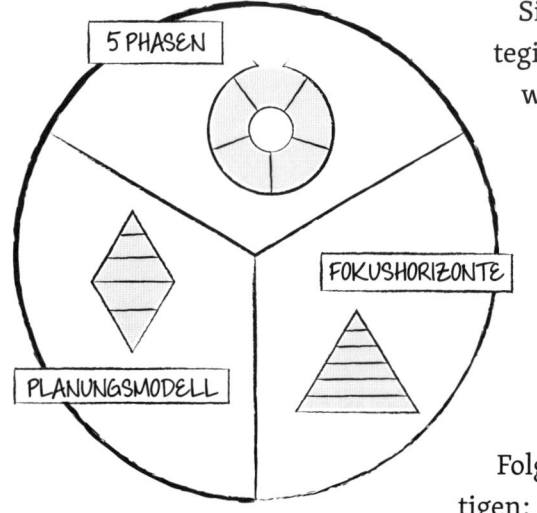

Sieh dir diese Werkzeuge und Strategien alle genauer an und entscheide, was für dich am besten funktioniert. Sobald du die GTD-Denkweise einmal ausprobierst, wirst du erkennen, dass sie dir hilft, erfolgreich zu sein, und du wirst mehr darüber erfahren *wollen*, wie du dir diese Werkzeuge und Strategien aneignen kannst.

Folgende Fragen dürften dich beschäftigen:

»Warum sollte ich das lernen?«

»Warum habe ich bisher von meinen Eltern oder Lehrern nichts davon gehört?«

»Kommt dadurch mehr Arbeit auf mich zu?«

»Warum kann ich nicht einfach weitermachen wie bisher, wenn es bis jetzt gut funktioniert hat?«

»Was ...?«

»Warum ...?«

Das sind alles verständliche und gute Fragen, aber lass uns einmal anschauen, *warum* für deine einzigartige Generation eine neue Einstellung und neue Fertigkeiten erforderlich sein könnten.

DAS PROBLEM

DAS LEBEN WIRD IMMER KOMPLIZIERTER

Ist dir aufgefallen, wie die Welt ständig an Komplexität zunimmt? Hast du bemerkt, wie kompliziert deine Welt wird?

Kannst du dich beispielsweise an eine nicht so lang zurückliegende Zeit erinnern, in der du *dachtest*, du hättest sehr viele Hausaufgaben? Im Vergleich zu der Menge von Hausaufgaben, die du mittlerweile hast, hört sich das wahrscheinlich lächerlich an. Kannst du im Rückblick noch mehr finden, was im Vergleich zu deinem heutigen Leben so viel einfacher, leichter oder unkomplizierter war?

Oder stellst du fest, dass du nach vorne schaust und dir wünschst, du könntest im schnellen Vorlauf die nächste Stufe deines Lebens erreichen? Wünschst du dir beispielsweise die Freiheit, die sich einstellt, wenn du den Führerschein und ein Auto hast? Oder wünschst du, du könntest einfach loslegen und von der Mittelstufe in die Oberstufe oder von der Oberstufe an die Uni wechseln?

Fällt dir hier etwas auf? Vielleicht ein Muster?

Das Leben scheint eine Möglichkeit zu finden, von Jahr zu Jahr ein wenig komplizierter zu werden. Und während das geschieht, veränderst auch du dich ständig; du wächst und reagierst auf diese zusätzlichen Schichten komplizierter Zusammenhänge. Manchmal reichen deine Fähigkeiten aus, um mit den komplizierten Dingen gut zurechtzukommen. Und manchmal eben nicht.

Wenn komplexe, schwieriger werdende Situationen zum passenden Zeitpunkt deines Lebens auftreten, wirst du in willkommene und spannende Richtungen herausgefordert. Vielleicht erlebst du, wie aufregend ein neues Level an Unabhängigkeit sein kann – neue Arten von Beziehungen, neue Lernerfahrungen und neue Ebenen des Wettbewerbs. Wenn diese ideale Abfolge eintritt, dürftest du ein positives Gefühl von Balance und Wachstum spüren. Wann hast *du* etwas in dieser Art gespürt? Wann ergab sich die letzte Veränderung einer komplexen Situation, die genau zur rechten Zeit kam?

Manchmal werden die Dinge allerdings *schneller* kompliziert, als du sie bewältigen kannst. In diesem Fall fühlst du dich vielleicht gestresst und ängstlich, weil da *mehr* Veränderungen eintreten oder *mehr* Dinge im Auge

zu behalten sind, als du mit deinen aktuellen Möglichkeiten handhaben kannst, oder weil du mehr Hausaufgaben oder Aufgaben oder mehr Arbeit zu erledigen hast, als du deinem Gefühl nach schaffen kannst. Hast du dich je so gefühlt? Wie hast du reagiert?

Es gibt sogar Zeiten, in denen du dir dringend wünschst, dass die Dinge komplexer werden – in jeder Form. Vielleicht fühlst du dich in deiner momentanen Umwelt uninspiriert oder gar gelangweilt und glaubst, du seist mehr als bereit für *mehr*. Vielleicht hast du großes Verlangen nach einer Herausforderung.

In solchen Zeiten spürst du vielleicht ein gewisses Unbehagen, bis sich etwas ändert, bis etwas Neues zu erkunden ist – ein neuer Kurs, ein neues Hobby, eine neue Beziehung etc.

Hast du je das Gefühl gehabt, dass deine aktuelle Situation Stillstand bedeutet und du auf etwas Unerwartetes, Anderes hoffst, auf etwas, das mehr oder größer ist? Wie gehst du damit um?

Mit den komplexen Situationen des Lebens zurechtzukommen ist ein dynamischer Prozess. Das Leben entwickelt, verändert und verlagert sich fortwährend – genau das geschieht auch mit dir –, und das manchmal in einem angenehmen, manchmal aber auch in einem unangenehmen Tempo.

Wenn du die Reise durch dieses Buch antrittst, solltest du dich fragen: »Wie empfinde ich die komplexen Situationen meines Lebens *heute*?« Fühlst du dich überstrapaziert? Vielleicht gestresst? Unterfordert? Langweilst du dich gerade zu Tode? Bist du vielleicht zwischen den Gefühlen hin- und hergerissen, in manchen Lebensbereichen schier zusammenzubrechen, während du dich in anderen langweilst?

In der folgenden Grafik über Komplexität kannst du mit einem »X« den Punkt markieren, der deine heutige Situation am besten trifft.

Höchstwahrscheinlich gab es bereits Momente in deinem Leben, in denen du all diese Gefühle in der einen oder anderen Form erlebt hast. Wie immer du die *heutige* Balance auch einschätzen magst – in Wirklichkeit kom-

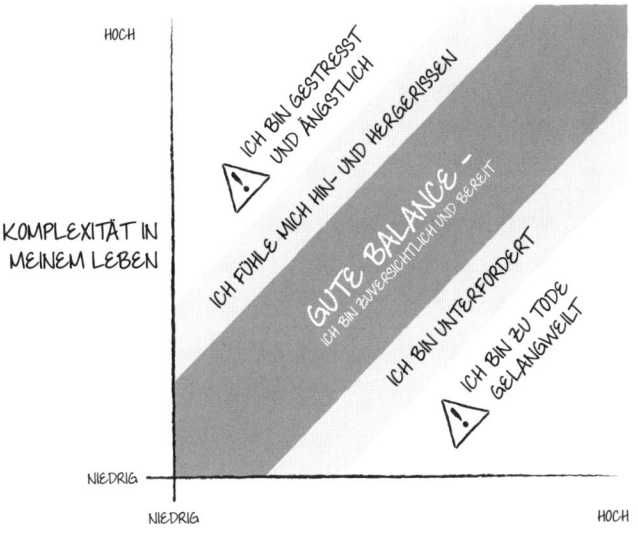

ICH HABE DAS GEFÜHL, MIT KOMPLEXEN SITUATIONEN
IN MEINEM LEBEN ZURECHTZUKOMMEN

men Veränderungen auf dich zu, und das wird so weitergehen. Diese Verschiebungen in komplexen Situationen und die damit einhergehenden Gefühle sind normal. Am Ende wirst du einen Schulabschluss machen und an die Uni wechseln oder einen Job annehmen. Du wirst entscheiden, wo du leben willst, wie du deinen Lebensunterhalt verdienst und auf welche Art du auf die Welt einwirkst. Du beschließt vielleicht, zu heiraten und eine Familie zu gründen. Mit jedem dieser Übergänge wird dein Leben vielschichtiger werden, und das wird neue Reaktionen von dir fordern.

Auch wenn alle (einschließlich deiner Eltern und Lehrer) auf ihrem Lebensweg solche Veränderungen erlebt haben, werden *deine* Erfahrungen andere sein, und es ist wichtig zu verstehen, warum das so ist.

Je besser du wirst, desto besser ist es,
wenn du noch besser wirst.

David Allen

VERNETZUNG UND DIE INFORMATIONSFLUT

Es trifft zwar zu, dass jede Generation mit einer Welt konfrontiert ist, die sich von der Welt der vorhergehenden Generation unterscheidet, aber deine Situation ist insofern anders, als die Welt, mit der du zu tun hast, *erheblich* anders ist. Was in der Vergangenheit funktioniert hat, funktioniert bei dir möglicherweise nicht, weil etwas Neues eingetreten ist, das alles geändert hat.

Du weißt, worum es sich handelt? Massive digitale Vernetzung. *Massiv.*

Wir Menschen sind stärker miteinander verbunden als je zuvor. Unsere ständige Vernetzung hat verändert, wie wir studieren, arbeiten, spielen, einkaufen, reisen, Beziehungen eingehen und kommunizieren. Sie hat auch unsere Gehirne und sogar die Art und Weise verändert, wie wir denken.

Viele junge Leute sind so in diese allgemeine Vernetzung versunken, dass sie diese nicht einmal wahrnehmen. Viele haben ihr Smartphone immer dabei, und selbst wenn sie schlafen, liegt es neben dem Bett. Pieptöne, Vibrationen und Mitteilungen wetteifern ständig um Aufmerksamkeit – das geht so weit, dass manche ihr Smartphone vibrieren fühlen, wenn es sich gar nicht bewegt. Die Apps sind meisterhaft darauf angelegt, die Aufmerksamkeit auf sich zu ziehen und sie zu fesseln. (Wie lang ist deine Snapchat-Streak? Wie viele Follower hast du bei Instagram? Wie viele Likes zu deinem Foto?) Wie oft checkst du dein Handy zu jeder beliebigen Tageszeit?

Wenn du dein Handy ablegst – wie lange hältst du durch, bis du das dringende Bedürfnis spürst, es wieder in die Hand zu nehmen? Bist du, während du dieses Buch gelesen hast, in Versuchung geraten, dein Smartphone auf neue Nachrichten zu checken? Bist du von deinem Handy *unterbrochen* worden?

Probier mal Folgendes: Nimm dein Handy. Schalte es ab – nicht nur auf Standby, sondern ganz. Dann legst du für ein paar Minuten eine Pause ein. Was fällt dir auf? Wie fühlt sich das an?

Wenn du dies in der Öffentlichkeit liest, solltest du kurz unterbrechen und dich umschauen. Was siehst du? Na klar: Wir kommen alle wie Streifenhörnchen daher, doch wir halten keine Nüsse, sondern unsere Smartphones in der Hand.

Unsere digitalen Gewohnheiten wirken sich auf unser Gehirn und unser Nervensystem aus. Informationsschnipsel erreichen uns schneller und in größerer Zahl als je zuvor. Der reaktive Teil des Gehirns wird enorm stimuliert, und in extremen Fällen wird er so sehr überstimuliert, dass sich daraus eine Abhängigkeit von digitalen Reizen entwickelt. Die Amygdala ist darauf angelegt, mit einer kurzzeitigen Flutung von Reizen umzugehen; sie ist nicht dafür geeignet, in einem konstanten Alarmzustand zu arbeiten.

Deine Generation wächst als Erste in einer Welt auf, in der die Menschen *ständig* miteinander verbunden sind – untereinander, mit anderen Kulturen, mit anderen Ländern. Damit wirst du in ein kartografisch nicht erfasstes Gelände versetzt. Du verfügst über Freiheiten und Vorteile, von denen keine vorherige Generation auch nur geträumt hat. Das Wissen der Welt ist auf Tastendruck erreichbar, und du hast mehr Möglichkeiten als irgendein anderer in der Weltgeschichte.

Was hält das nächste Jahrzehnt, was hält *deine* Zukunft als Erwachsener angesichts dieser mächtigen Möglichkeiten bereit?

WAS BRAUCHST DU, UM ERFOLGREICH ZU SEIN?

Tatsächlich weiß keiner genau, wohin die Reise für uns alle geht. Niemand kennt das exakte Wissen oder die Fertigkeiten, die du brauchst, um in dieser hypervernetzten Welt Erfolg zu haben – und keiner kann es vorhersagen.

Deine Eltern, Lehrer und Mentoren tragen nach Kräften dazu bei, dass du bereit bist, dich dem zu stellen. Deine Schule bemüht sich, dich vorzubereiten, doch in Wahrheit gibt es viele der Jobs, auf die sie dich vorbereitet, noch gar nicht – sie existieren noch nicht mal als Idee. Schulen in aller Welt arbeiten engagiert daran, ihre Lehrmethoden zu modernisieren und zu ändern, aber ihre Anstrengungen wirken sich oft viel zu langsam aus.

Weil es hier einfach keine Vorbilder gibt, wirst du in vieler Hinsicht auf dich allein gestellt sein und dich selbst auf diese Zukunft vorbereiten müssen. Es gibt aber eine menschliche Fähigkeit, die – dessen sind wir uns sicher – wertvoller sein wird als je zuvor und die nie automatisiert werden kann. Es ist unsere Fähigkeit zu *denken* – neue Ideen zu entwickeln und sie in die Tat umzusetzen.

Denken ist die entscheidende Fähigkeit, die immer nachgefragt werden wird. Es wird dir im gegebenen Augenblick helfen und auch bestimmen, was du als Nächstes tun wirst. In ein paar Jahren wird es dir helfen, einen Job zu finden. Es wird dir helfen, mit Situationen zurechtzukommen, in denen es keine klaren Antworten, Richtlinien oder Anweisungen gibt. Es wird dich in die Lage versetzen, alle Herausforderungen anzugehen, die das Leben für dich bereithält.

Doch da gibt es ein Problem: Diese kritische Fähigkeit ist in echter Gefahr.

Wenn du dich in einer Grube wiederfindest –
hör auf zu graben.
Will Rogers

DENKEN?

Die Fähigkeit zu denken – tief, fantasievoll und kreativ zu denken – ist durch die riesigen, durch die Vernetzung bereitgestellten Informationsmengen gefährdet; es sind Mengen, wie man sie nie zuvor gesehen hat. Der Input erreicht uns alle in vielen neuartigen Formen und durch viele neue Kanäle. All dieses Zeug kann das eigentliche Denken belasten, stören oder sogar ausschalten.

Du bist in eine Welt hineingeboren, in der dieses Niveau an Stimulation sich normal anfühlt, und du glaubst vielleicht, du bist daran gewöhnt. Doch in Wirklichkeit dürftest du, als du gelernt hast, mit all dem zurechtzukommen, auch einige ungesunde Gewohnheiten – oder vielleicht sogar überhaupt keine Gewohnheiten – entwickelt haben. Diese Gewohnheiten können deine Fähigkeit, den Alltag zu bewältigen, sowie deine Denkfähigkeit beeinträchtigen, ohne dass es dir überhaupt auffällt. Tatsächlich haben viele junge Leute von höheren Stress- und Angstpegeln berichtet, als wir es je zuvor gesehen haben.

Die Daten der folgenden Grafik stammen von der American Psychological Association, die Untersuchungen dazu durchführte, wie viel Stress Teenager ausgesetzt waren.

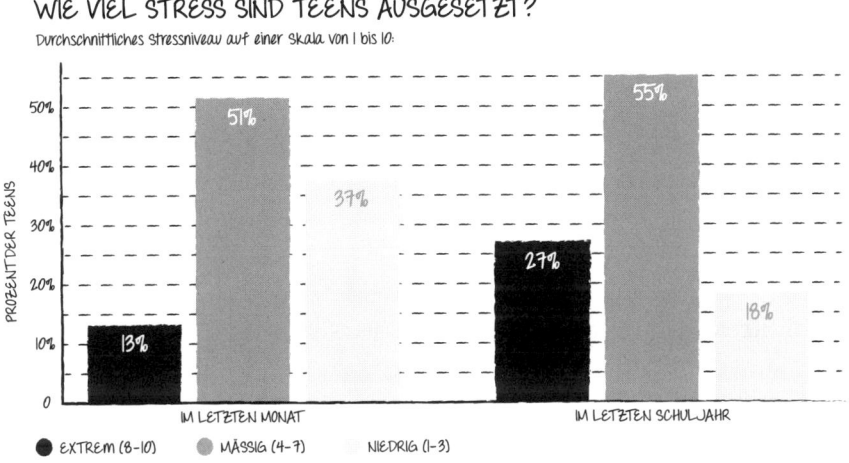

WIE VIEL STRESS SIND TEENS AUSGESETZT?
Durchschnittliches Stressniveau auf einer Skala von 1 bis 10:

Dieser Studie zufolge leben etwa zwei Drittel der Schüler mit mäßigem oder extremem Stress. Man muss kein Statistiker sein, um zu erkennen, dass das eine ganze Menge ist.

Zusätzlich zu der schieren Menge des Zeugs, das täglich in ihre Welt eindringt, sehen sich junge Leute immer stärker werdendem Druck ausgesetzt, Leistung zu bringen, Prüfungen erfolgreich abzuschließen, an der Uni angenommen zu werden, einen Job zu finden, Beziehungen zu haben, Beziehungen zu pflegen, sich akzeptiert zu fühlen, Zeit für Freunde zu haben, fit zu werden, fit zu bleiben und Sport/Musik/außerschulische Aktivitäten in Gang zu halten … und es wird von ihnen erwartet, dass sie immer mehr von diesem Stress aus eigener Kraft bewältigen. Viele haben Terminkalender, die von früh bis spät gefüllt sind – ohne freie Zeit.

Dabei gibt es unterschiedliche Stressquellen für Teenager.

Welche Bereiche erkennst du wieder?

AUS WELCHEN QUELLEN STAMMT DER STRESS FÜR TEENS?

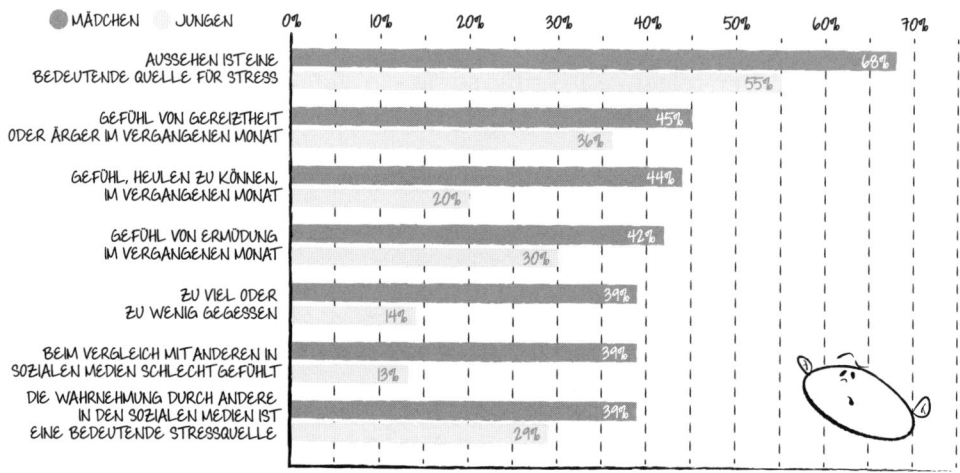

Diese vom Stress bestimmten Situationen verringern die Gelegenheiten zu denken. Deine Denkfähigkeit – Ideen zu entwickeln und sie in die Tat umzusetzen – erfordert *Raum* zum Denken. Wenn du weißt, wie du hochwertigem Denken Raum verschaffst, wirst du auch in die Lage versetzt, mehr erledigt zu bekommen – mit weniger Energie und weniger Zeitaufwand.

Du bist in jeder Hinsicht ein Pionier in einer neuen Welt. Wenn du sie erkundest, benötigst du wahrscheinlich neue Werkzeuge, neue Fertigkeiten und eine neue Art des Denkens, um dich darin zurechtzufinden. Bevor wir dich in diese neuartige Denkweise einführen, wollen wir einige der Fallen ausfindig machen, in die du geraten könntest.

Wir können unsere Probleme
nicht mit dem gleichen Denken lösen,
mit dem wir sie geschaffen haben.

Albert Einstein

STOLPERFALLEN

Eine Stolperfalle ist eine verborgene oder nicht leicht erkennbare Gefahr oder Schwierigkeit.

FALLE

Stell Dir vor, bereit zu sein, sei das Ziel eines Computerspiels. So könnten in dessen Verlauf Fallen eingebaut sein, mit denen die Dinge für dich schwierig oder gefährlich gemacht werden sollen. Das gibt es auch im echten Leben: Fallen lauern darauf, dich zu »erwischen«. In der heutigen Realität gibt es eine Menge Fallen, die dich ins Stolpern bringen können, und möglicherweise hast du ihnen bislang nicht viel Beachtung geschenkt. Hast du beispielsweise schon mal dein Smartphone in der Absicht in die Hand genommen, nur rasch etwas nachzusehen, und dann die Mitteilung einer anderen App entdeckt und 20 Minuten später festgestellt, dass du immer noch auf dem Gerät aktiv bist?

Wenn wir einige verbreitete **Stolperfallen** mit einem Namen oder einem Etikett versehen, kann dir das dabei helfen, sie zu erkennen, zu identifizieren und mit ihnen umzugehen, sobald sie auftreten. Es gibt zwei hauptsächliche Fallen, die heute viele von uns betreffen – sie schleichen sich unbemerkt in unser Leben ein.

STOLPERFALLE 1:
ÜBERLASTUNG UND ÜBERWÄLTIGUNG

Überlastung: eine Aufgabe, die dich zu sehr belastet
Überwältigung: geistig oder emotional überfordert zu werden

Das Gefühl, alles, was auf dich zukommt, sei einfach zu viel, zu kompliziert, zu schnell und zu häufig, ist nicht ungewöhnlich. Diese Empfindung, dass einfach alles »zu viel« ist, zeigt die Falle an, die wir **Überlastung** nennen.

Überlastung kann sich einschleichen. Den einen Tag fühlst du dich gut und im Gleichgewicht, doch zwei Tage darauf trifft dich in der Schule ein »perfekter Sturm«. Alle Lehrer geben dir genau an dem Tag Hausaufgaben, an dem du sowieso schon ein volles Nachmittagsprogramm hast. Wenn du

damit nicht angemessen umgehst, wird dieses Erlebnis der Überlastung immer mehr zu einem Gefühl von **Überwältigung** und Stress führen.

Zunehmende Überlastung und Überwältigung haben vielerlei Ursachen. Die Schule hat sich in letzter Zeit erheblich verändert, weil sie sich nicht mehr auf ein einziges Gebäude bezieht oder auf Lehrbücher beschränkt ist. Kurse, Projekte und Hausaufgaben gehen in der digitalen Welt weiter, wenn du das Schulgelände schon lange verlassen hast. Die Schularbeiten und Verpflichtungen können dich den ganzen Tag lang beschäftigen.

Doch auch deine Freunde lässt du nach der Schule nicht hinter dir. Du kannst sehen, was sie machen, weißt, worüber sie reden, und kannst dich rund um die Uhr mit jedem vernetzen. Der Versuch, mit diesem konstanten Strom von Informationen fertig zu werden und auf dem Laufenden zu bleiben, kann sich anfühlen, als wolle man aus einem voll aufgedrehten Feuerwehrschlauch trinken.

Bin ich überlastet?

Wie also sieht Überlastung genau aus, und wie fühlt sie sich an? Wie kannst du wissen, ob *du* sie gerade erlebst?

Überlastung kann von verschiedenen Personen unterschiedlich erlebt werden:

>>Ich kann nicht einschlafen. Mein Denken dreht sich im Kreis.<<

>>Ich vergesse ständig, dass ich ...<<

>>Ich habe das Gefühl, ich muss an so viel Zeug dranbleiben.<<

>>Ich weiß, ich sollte ... tun, aber ich ...<<

>>Ich habe eine Menge zu tun, und ich weiß einfach nicht, wo ich anfangen soll.<<

>>Ich kann nicht finden, was ich brauche, wenn ich es brauche, und das macht mich fertig.<<

>>Ich fühle mich manchmal ängstlich und überwältigt.<<

>>Ich kann nicht mit allem Schritt halten.<<

Was kannst du tun, wenn du diese Anzeichen von Überlastung bemerkst? Die Werkzeuge und Strategien in diesem Buch können dir helfen.

Du brauchst nicht mehr Genialität.
Du brauchst weniger Widerstand.

Seth Godin

STOLPERFALLE 2: ABLENKUNG

>>Pass auf!<<

>>Konzentrier dich!<<

Hast du von deinen Eltern oder einem Lehrer je solche Ermahnungen gehört?

Im 21. Jahrhundert, in dem Information und Vernetzung allgegenwärtig sind, wird die Fähigkeit, die Aufmerksamkeit zu fokussieren, vielfältiger herausgefordert als je zuvor. Diese Fähigkeit musst du vor ständiger **Ablenkung** bewahren.

Frage dich: Was machst du üblicherweise, wenn du in deinem Tagesablauf einen freien Augenblick hast? Worauf richtest du deine Aufmerksamkeit?

Es ist ein populärer Mythos, dass die Menschen gut im Multitasking seien – also darin, mehr als eine Sache gleichzeitig erledigen zu können. Auch wenn es stimmt, dass du vielleicht *imstande* bist, Musik zu hören, während du gleichzeitig Text eingibst, YouTube schaust, mit Freunden abhängst und soziale Medien auf den neuesten Stand bringst, zahlst du für all das einen Preis – es kostet dich Aufmerksamkeit. Wenn deine Fähigkeit, dich zu konzentrieren, Ergebnisse bringt, wäre es vernünftig, dich vor den Dingen zu fürchten, die diese Fähigkeit *mindern*.

Ablenkung ist mächtig, und wenn du nicht aufpasst, kann sie Stunden, Tage, Wochen, Monate oder gar Jahre deines Lebens in Anspruch nehmen. Besonders häufig erfahren wir Ablenkung, wenn wir gestresst sind – sie ist eine schnelle Möglichkeit, den stressigen Gefühlen zu entgehen. Ablenkung kann einen für die Wirklichkeit taub machen, zumindest zeitweilig.

Sieh dir die folgende Statistik zum Thema Stress an.

Was denkst du, welche Rolle Ablenkung bei den einzelnen Aktivitäten spielt? Funktioniert deine eigene Bewältigungsstrategie, oder könnte sie eine Falle sein?

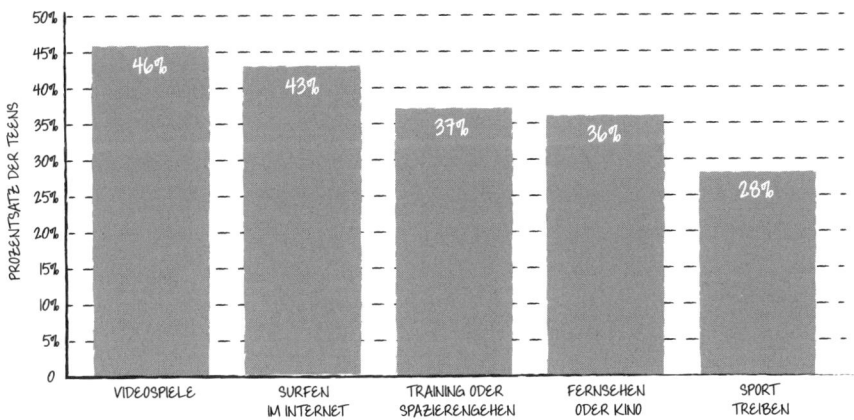

WIE GEHEN TEENS MIT STRESS UM?

Wann könntest du sonst noch abgelenkt sein? Was könnten die Ursachen dafür sein? Welche Rolle spielt dein Smartphone oder Rechner?

Vergiss nicht, dass die Amygdala stark auf Ablenkung eingestellt ist.

Sie hat sich entwickelt, um eine primitivere Welt zu beobachten und darauf zu reagieren, und sie hat unsere frühen Vorfahren in die Lage versetzt, kleinste Bewegungen zu erkennen – etwa zitternde Zweige und Äste, weil hinter dieser Bewegung etwas Essbares verborgen sein könnte, oder etwas, das *sie* verspeisen wollte! In unserer modernen Welt entspricht diesen wackelnden Zweigen der digitale Dschungel aus Smartphones und Computern.

Wenn du beschließt, dich der Ablenkung zu ergeben, statt dich den Dingen zu widmen, die du eigentlich am wichtigsten findest, dann bekommen diese von dir geschätzten Dinge nicht die erforderliche Aufmerksamkeit oder deine besten Fähigkeiten. Stattdessen *reagierst* du nur noch, was wiederum dazu führen kann, dass du auf dich selbst bezogen bleibst. Das kann zur Folge haben, dass du zappelig wirst und wahllos von einer Aufgabe zur nächsten springst – die Ablenkung bleibt Sieger.

Wenn du dich dagegen auf die Dinge konzentrierst, die dir wirklich wichtig sind, dann bist *du* der Sieger. Du meidest die Falle der Ablenkung und kannst dann denken, kreativ und fantasievoll sein und über dich selbst und den Augenblick hinauswachsen. GTD kann dir dabei helfen, dich auf das zu konzentrieren, was dir am wichtigsten ist.

HIER SIND WIR ALLE ZUSAMMEN ALLEIN

Diese Fallen, Gefühle und Erfahrungen sind nicht nur dir vorbehalten. Wenn du schon mal etwas in dieser Art erlebt hast, *bist du normal*. Jeder, ob jung oder alt, arbeitet sich durch diese erstaunlichen neuen Gelegenheiten und herausfordernden Fallen.

Dieses Buch bietet Hilfsmittel, mit denen du vermeiden kannst, in diese Fallen zu stolpern. Es wird dich nicht nur befähigen, sie zu erkennen, zu benennen und die möglichen Auswirkungen zu verstehen, wenn du dich nicht mit ihnen auseinandersetzt, sondern wird auch dazu beitragen, dass du deine Aufmerksamkeit und deinen Erfolg steuerst. Zu diesem Zweck werden wir dir zeigen, wie du das erreichst und aufrechterhältst, was wir den **Zustand der Bereitschaft** nennen.

Wenn alles perfekt wäre,
würdest du nie etwas lernen
und nie wachsen.

Beyoncé Knowles

DAS VERSPRECHEN

DER ZUSTAND DER BEREITSCHAFT

Die wertvollste Fertigkeit ist heute die Fähigkeit, zu denken und seine Aufmerksamkeit zu steuern. Wenn du deine Aufmerksamkeit unter Kontrolle hast, kannst du dich entspannen und auf alles, was du tust, die angemessene Energie und Konzentration verwenden. Dann bist du in dem Zustand, den wir als Bereitschaft bezeichnen.

DER ZUSTAND DER BEREITSCHAFT UND DU

Wie sieht der Zustand, in dem du am konzentriertesten und engagiertesten bist, nämlich der Zustand der Bereitschaft, *bei dir* aus und wie fühlt er sich an? Um ein besseres Gefühl dafür zu entwickeln, wollen wir zunächst bestimmen, was er *nicht* ist.

Wie fühlt es sich an, wenn du »raus« bist?

Wenn du verstehst, wie es sich anfühlt, »raus« zu sein, kannst du besser erkennen, wann du »drin« bist. Auch wenn »raus« zu sein auf verschiedene Arten erlebt werden kann, besitzt es doch einige gleichbleibende Eigenschaften. »Raus« zu sein kann sich beispielsweise so anfühlen:

- *Ängstlich*
- *Gestresst*
- *Nachlassend*
- *Enttäuscht*
- *Nervös*
- *Überwältigt*

Nimm dir zwei Minuten, ein leeres Blatt Papier und schreibe eine Liste mit allem, was du fühlst, erlebst oder wahrnimmst, wenn du dich »raus« fühlst.

Wie fühlt es sich an, wenn du »drin« bist?

Wahrscheinlich ist es nicht besonders schwer zu erkennen, wenn du dich »drin« oder im Zustand der Bereitschaft fühlst, aber es zu erreichen ist mit Sicherheit nicht so einfach. Wenn du wirklich den Eindruck hast, dass die Dinge wie ein Uhrwerk ineinandergreifen, wenn das Leben in die richtige Richtung geht, die Zeit zu verschwinden scheint und du deine Aufgaben erfüllst, dann erlebst du den **Zustand der Bereitschaft**.

»Drin« zu sein könnte sich ungefähr so anfühlen:

- *Fähig*
- *Präsent*
- *Unabhängig*
- *Furchtlos*
- *Stark*
- *Hoffnungsvoll*
- *Konzentriert*

Nimm dir zwei Minuten, dreh das Blatt Papier um und schreibe eine Liste mit allem, was du fühlst, erlebst oder wahrnimmst, wenn du »drin« bist – also im Zustand der Bereitschaft.

Dieser Zustand beschreibt dich, wenn du am besten bist – in jeder Situation.

EIN ZUSTAND DER BEREITSCHAFT FÜR ALLE FÄLLE

Bereitschaft muss sich nicht auf deine Rolle als Schüler in der Schule beschränken. Alles, was du machst, kannst du am besten erledigen, wenn du fokussiert, entspannt und voll darauf eingestellt bist, sei es im Job, beim Sport, in Freundschaften oder im Leben selbst. Sieh dir die folgende Liste mit Zuständen der Bereitschaft an und ergänze sie mit denen, die für dich von Bedeutung sind.

Zustände der Bereitschaft

Lernbereit	Bereit zum Entspannen	Fahrbereit
Bereit für Hausaufgaben	Bereit zum Spielen	Leistungsbereit
Dienstbereit	Bereit für Ferien	Bereit für die Schlussrunde
Bereit für die Schule	Bereit für den Job	Bereit für …
Bereit für die Familie	Bereit zuzuhören	Bereit für …

Schauen wir uns ein paar dieser Beispiele an, um zu zeigen, wie Bereitschaft jeweils aussieht.

Was heißt es, *lernbereit* zu sein? Im optimalen Lernzustand bist du auf das konzentriert, was gelehrt wird (also nicht abgelenkt), entspannt, mit allem Material ausgestattet, das du vielleicht brauchst (nicht gestresst) und auf das vorliegende Thema eingestellt, sodass du Zusammenhänge herstellen, Verbindungen knüpfen und das Gelernte anwenden kannst.

Was bedeutet es, zur *Entspannung* bereit zu sein? Zur optimalen Entspannung gehört, dass du dich auf die gewählte Freizeitbeschäftigung konzentrierst (nicht abgelenkt bist), physisch, mental und emotional entspannt – nicht gestresst – bist und dich ganz auf das einlässt, was du machst, sodass du die Vorteile der Auszeit genießen kannst.

Was bedeutet es, für *Sport* und/oder *Spiele* bereit zu sein? Optimales Spielen heißt, dass du auf das aktuelle Spiel und deine Rolle dabei konzentriert bist (nicht abgelenkt), entspannt, bereit für volle Leistung und im Bewusstsein, dass du vorbereitet bist (nicht gestresst), und dazu in jedem Moment voll einsatzbereit, sodass du für dich und/oder dein Team dein Bestes geben kannst.

Was bedeutet es, für *Hausaufgaben* bereit zu sein? Für optimales Lernen musst du dich auf die Arbeit konzentrieren, die zu erledigen ist (nicht abgelenkt), du bist entspannt, vertraust darauf, dass du über das erforderliche Material und die Fertigkeiten zum Abschluss der Arbeit verfügst (nicht gestresst), und du setzt dich voll ein, um deine Lernzeit so effizient und produktiv wie möglich zu nutzen.

Erkennst du das Muster? Der Zustand der Bereitschaft bedeutet konzentrierten, entspannten Einsatz, der dich befähigt, bei allem, was du tust, dein Bestes zu geben.

DIE PRAXIS

KANNST DU BEI BEDARF IN EINEN ZUSTAND DER BEREITSCHAFT GELANGEN?

Auch wenn jeder das Gefühl erlebt hat, das eine oder andere Mal »drin« gewesen zu sein, kann GTD die Werkzeuge und Verhaltensweisen bereitstellen, die du brauchst, um möglichst oft »drin« zu sein. Wenn du dir zutraust, dass du unabhängig von den Umständen immer in den Zustand der Bereitschaft zurückkehren kannst, dann bist du imstande, furchtlos und unbesorgt alle Situationen anzugehen – du bist darauf vorbereitet, auf alles zu reagieren und etwas in die Tat umzusetzen.

BEREIT, AUS DER BEREITSCHAFT *HINAUSGEKICKT* ZU WERDEN?

Wäre es nicht toll, immer im Zustand der Bereitschaft zu sein? Tatsächlich treten dauernd neue Herausforderungen und komplizierte Situationen auf, und alle bergen sowohl Erfolgschancen als auch die Gefahr in sich, in Fallen zu geraten.

Wenn du alles unglaublich sicher gestaltest und alle Situationen und Möglichkeiten meidest, die dir Unbehagen bereiten oder mit einem Fehlschlag enden könnten – seien es Aktivitäten, Beziehungen, Auswahlspiele oder Kurse –, dann wirst du dich nicht unbedingt »drin« fühlen, kannst aber wahrscheinlich zumindest für einige Zeit das Gefühl vermeiden, dass du »raus« bist.

Manche jungen Leute wählen diesen Weg. Sie tauchen vollständig in die Zerstreuungskultur ein und machen nur das, was sich am angenehmsten anfühlt. Manche betäuben sich sogar noch mehr – mit digitaler Unterhaltung oder auch mit Drogen und Alkohol. Zunächst mag dieser zurückgezogene und betäubte Zustand vielleicht als attraktiv erscheinen. Was könnte einfacher sein, als in Ruhe gelassen zu werden, um den ganzen Tag Videospiele zu spielen, Junkfood zu futtern und mit Freunden abzuhängen? Doch tief in unserem Inneren wissen wir, dass das nicht wirklich erfüllend ist.

Und wie viel du auch vorsätzlich vermeiden magst – oder wie gut du dein Leben im Moment unter Kontrolle zu haben glaubst: Herausforderungen und Fallen werden dich zweifellos dazu zwingen, dass du dich gelegentlich »raus« fühlst, abgelenkt wirst, überlastet bist und dir überwältigt vorkommst.

Anstatt dir dabei zu helfen, dass du es dir bequem machst, werden wir dich ermutigen, die Komfortzone möglichst oft zu verlassen. Wir fordern dich dazu auf, furchtlos Risiken einzugehen, dich auf Dinge einzulassen, die dich vielleicht überfordern oder dich aus deiner Komfortzone holen und dich zwingen, »raus« zu sein.

Wenn du über die Fertigkeiten und Werkzeuge verfügst, immer zurückzukommen, wieder »drin« zu sein und den Zustand der Bereitschaft zurückzugewinnen, dann kannst du dich selbstbewusst jeder Situation stellen, weil du weißt, dass du dich erholen kannst. Du wirst immer bereit sein – bereit für das, was als Nächstes kommt. Das ist der Grundsatz dieses Buches und die Stärke von GTD: Gehe Risiken ein, lass dich rausbringen und kehre mit Selbstvertrauen zurück.

ANFALLENDES ZEUG

Wir haben inzwischen Vernetzung, Chancen und Fallen erörtert und diskutiert, wie diese Fallen dazu führen können, dass du dich »raus« fühlst. Wir haben den optimalen Zustand der Bereitschaft dargestellt sowie die zwei Teile des Gehirns, die die wichtigste Rolle spielen, um diesen Zustand zu erreichen – Myggy (die Amygdala) und Kortland (der präfrontale Kortex). Wir haben erklärt, dass für die Aufrechterhaltung dieses Zustands entscheidend ist, diese beiden Teile des Gehirns als Partner zu nutzen.

Warum aber kannst du nicht einfach *beschließen*, die verschiedenen Teile deines Gehirns einzubeziehen und dich ständig bereit zu fühlen?

Lerne »anfallendes Zeug« kennen.

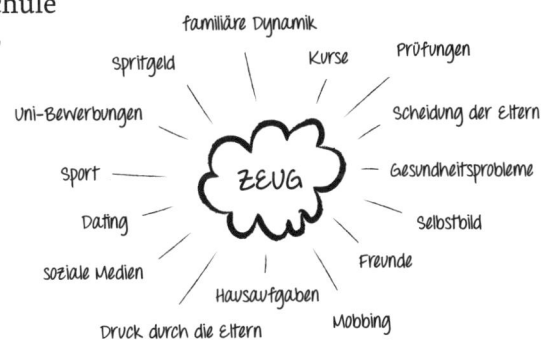

Zeug fällt immer an. Anfallendes Zeug ist weder gut noch schlecht, es *existiert* einfach. Wenn du lernst, Zeug auf den ersten Blick zu erkennen, kannst du dir aneignen, gut damit zurechtzukommen.

Anfallendes Zeug ist alles, was in deiner Welt auftaucht – physisch, digital, mental, emotional –, alles, das noch einer Entscheidung oder Handlung bedarf, noch näher zu bestimmen und noch nicht organisiert ist.

WORUM HANDELT ES SICH BEI ALL DEM ZEUG?

Zeug kommt in vielen Formen daher und kann von vielen verschiedenen Stellen stammen. So könnte es in Form einer schulischen Verpflichtung auftreten, als schmutzige Kleidung auf dem Fußboden, als sportliche Prüfung, als Gesundheitsproblem, als kaputtes Skateboard, als Konflikt mit einem Freund, als neue AG, die an der Schule angeboten wird oder als gefürchteter Vortrag, den du halten sollst. Zeug kann im äußeren Umfeld oder im eigenen Denken entstehen.

Welche Arten von Zeug treten in *deiner* Welt am häufigsten auf? Wo kommt all das her?

EIN STARKER GEGNER

Geht man mit anfallendem Zeug nicht effizient um, kann es einen sehr schnell beeinflussen – physisch, mental, emotional und sogar spirituell.

 Während dein Leben komplexer wird, nimmt das anfallende Zeug zu und kann zur Ursache ständiger Zerstreuung werden. Es kann dich davon abhalten, dass du dich bereit fühlst, dich dazu zwingen, rasch die Konzentration und die Perspektive zu verlieren, und dich »rauswerfen«. Wenn du nicht aufpasst, kann das Zeug dein Leben bestimmen.

Um »Zeug« genauer zu definieren und zu verstehen, können wir auf eine Entdeckung zurückgreifen, die vor fast hundert Jahren von einer Frau namens Bljuma Zeigarnik gemacht wurde. Sie fand ein paar interessante Dinge über das Gehirn und das heraus, was sie **offene Enden** nannte.

Der Zeigarnik-Effekt

Die russische Psychologin Bljuma Zeigarnik war zu Beginn des 20. Jahrhunderts eine der ersten Russinnen, die an einer Universität studierten. 1927 veröffentlichte sie einige bedeutende Forschungsarbeiten über das Gehirn. Ihre Arbeit begann, als sie eines Tages in einem Restaurant aß und das Verhalten der Kellner beobachtete.

Ihr fiel auf, dass es für Gäste, die ihre Mahlzeit beendet und die Rechnung beglichen hatten, ziemlich schwierig war, erneut die Aufmerksamkeit ihres Kellners zu gewinnen. Die meisten Menschen dürften einfach davon ausgehen, dass die Kellner nur an den verbliebenen Gästen interessiert waren, die *noch zu bezahlen* hatten, doch Zeigarnik erforschte das eingehender. Sie fand heraus, dass die Kellner nicht einfach nur aufgehört hatten, auf die Gäste zu achten; sie konnten sich, sobald jemand die Rechnung bezahlt hatte, mit viel geringerer Wahrscheinlichkeit an überhaupt etwas erinnern, was diese Bestellung betraf. Die Kellner konnten sich zwar problemlos an die Bestellungen der Tische erinnern, an denen noch etwas zu servieren war, doch ihr Gehirn hatte die abgearbeiteten Bestellungen irgendwie »verschwinden« lassen.

Sie nahm diese Beobachtung aus dem Kontext der Restaurants heraus und führte weitere Untersuchungen durch. Dabei entdeckte sie einige aufregende und bedeutende Merkmale des menschlichen Gehirns. Der heute als **Zeigarnik-Effekt** bezeichnete Zusammenhang zeigt einfach, dass das Gehirn sich natürlicherweise an alles erinnert, was unterbrochen wurde oder unvollständig ist, und daran festhält. Diese Unterbrechungen und Unvollständigkeiten nennt man offene Enden.

OFFENES ENDE

Von Natur aus strebt das Gehirn einen Abschluss oder eine Vervollständigung an. Bleibt das aus, wird es an dem offenen Ende festhalten, bis dieses abgeschlossen ist und Vollständigkeit eintritt. Fast 100 Jahre später ist dieses Phänomen relevanter als je zuvor.

Das kannst du ganz einfach selbst ausprobieren. Hattest du je einen Gedanken, der öfter als einmal im Bewusstsein aufgetaucht ist? Möglicherweise hattest du ihn über mehrere Tage, eine Woche, einen Monat hinweg oder länger. Wenn du mit ja antwortest, hast du ein gutes Beispiel für ein offenes Ende erlebt. Für unsere Zwecke ist ein offenes Ende alles, was deine Aufmerksamkeit auf sich zieht und so, wie es ist, nicht dort hingehört, wo es sich befindet.

Sind wir verwandt?   **Du kommst mir so bekannt vor…**

ZEUG UND SCHLAFEN

Schauen wir uns ein konkretes Beispiel für die Wirkung offener Enden an.

Ist es dir je passiert, dass du nur schwer einschlafen konntest, weil dir irgendwelche Dinge nicht aus dem Kopf gingen? Jene Dinge, die deine Aufmerksamkeit fesseln, sind ein offenes Ende, eine Form von mentalem Zeug.

Zeug erreicht dich täglich und unaufhörlich. Du hast eine Menge mit anderen Leuten zu schaffen, eine Menge zu tun und eine Menge im Auge zu behalten. Du bist immer stärker beschäftigt und besorgt und übersiehst vielleicht bestimmte Aufgaben.

Nehmen wir beispielsweise mal an, du hast eine Freundin mit Namen Jasmin. Jasmin ist krank und kommt deswegen nicht zur Schule und du versprichst ihr, die Matheaufgaben von heute vorbeizubringen. Das ist ein Beispiel für eine Abmachung zwischen dir und Jasmin, und weil der Vorgang nicht abgeschlossen ist, wird er zum **offenen Ende**.

Wenn der Tag zu Ende geht und dein Körper sich darauf vorbereitet, abzuschalten und ein wenig Schlaf zu bekommen, beginnt dein Gehirn ebenfalls zu ruhen und einen Abschluss zu suchen – dabei bringt es dir offene Enden ins Bewusstsein, die gelöst werden sollen. Dir fällt plötzlich ein, dass du die Abmachung mit Jasmin nicht eingehalten hast, und nun ist es noch schwerer geworden, in den Schlaf zu finden.

Denk dran: Deine Amygdala hat kein Zeitgefühl. Sie will die Lösung *jetzt* haben. Doch wenn du spätabends im Bett liegst, kannst du offensichtlich nicht alle offenen Enden schließen und alles zu Ende bringen. Deshalb nervt dich das Gehirn (und nervt und nervt). Alle von dir getroffenen Abmachungen oder bald zu erwartenden Verpflichtungen könnten dir einfallen, wenn du einzuschlafen versuchst.

Wenn du älter wirst und die Dinge komplizierter werden, nimmt die Zahl der offenen Enden nicht nur tendenziell zu – die Vernetzungskanäle haben die Möglichkeiten, wie sie in dein Leben treten können, *exponentiell gesteigert*. Wenn diese offenen Enden nicht geschlossen werden, können sie sich aufstauen und Überlastung hervorrufen, die Stress und Ängstlichkeit nach sich zieht. Werden offene Enden nicht in Angriff genommen, können sie jederzeit wieder auftauchen, was Ablenkung zur Folge haben kann.

Aber was, wenn du lernen könntest, Zeug schon dann zu erkennen, wenn es in deiner Welt erscheint, und du es daran hindern könntest, jemals zu einem offenen Ende zu werden? Was, wenn du lernen könntest, die Signale deines Gehirns richtig zu deuten, die jene offenen Enden bestimmen, und sie auf diese Weise rasch erledigen könntest?

GTD kann dich dabei unterstützen, den effektiven Umgang mit offenen Enden und dem anfallenden Zeug zu erlernen, *bevor* sie anfangen, sich negativ auszuwirken.

»Aus den Augen, aus dem Sinn« – ist, auf einer tieferen Ebene betrachtet, nicht wirklich aus dem Sinn.

David Allen

KONTROLLE UND PERSPEKTIVE

Den Zustand der Bereitschaft zu erreichen verlangt von dir, dass du effektiv mit Zeug – mit offenen Enden – umgehst, und diese Fähigkeit kann erlernt werden. Zum Zustand der Bereitschaft gehören zwei Voraussetzungen – angemessene Kontrolle über dein Zeug und die entsprechende Perspektive.

Kontrolle

Kontrolle kann viele Bedeutungen haben.

Bei GTD heißt Kontrolle nicht, die »Kontrolle über etwas« zu haben. Du hast keine Kontrolle über dein Leben und auch nicht über das Leben von anderen, wie sehr du dich auch darum bemühen magst. Wir gebrauchen »Kontrolle« hier vielmehr in Hinblick auf Stabilität – auf die »innere Kontrolle«. Das bedeutet, dass du angesichts der Lebenswirklichkeiten und deiner aktuellen Umstände und Situationen – also all des Zeugs im Leben – ein Element der inneren Kontrolle besitzt, die wir **operative** oder **ausführende Kontrolle** nennen.

Diese operative Kontrolle kannst du dir wie deine Rolle als Spieler eines Videospiels vorstellen. Du hast keine Kontrolle über die Spielumgebung oder die auftauchenden Herausforderungen – schließlich bist du nicht der Spielentwickler. Doch du hältst tatsächlich eine Steuerung in der Hand, mit der du kontrollierst, was deine Spielfigur innerhalb der Spielumgebung unternimmt. Das ist operative Kontrolle.

Wie sieht das im Alltag aus? Beispielsweise hast du zwar keine Kontrolle über den Umfang der Hausaufgaben, die du aufbekommst, *du* hast allerdings in der Hand, wie du dich darauf einlässt und damit umgehst. Du kannst nicht kontrollieren, wen der Trainer im Spiel einsetzt, aber du *hast* die Kontrolle über deine eigenen Vorbereitungen, dein Training und deine Einstellung. Du kannst deine Eltern ebenso wenig kontrollieren wie die finanzielle Situation, in die du hineingeboren wurdest, und das gilt auch für deine spezielle Genetik, aber du hast es sehr wohl umfassend in der Hand, wie du dich auf all das einlässt.

GTD kann dir dabei helfen, die operative Kontrolle über Zeug zu optimieren. Auf diese Weise kannst du lernen, die Bedingungen zu schaffen, in denen etwas Wirklichkeit wird. Du bekommst die Möglichkeit, Bedingungen für effektive Hausaufgabenpraxis zu schaffen, für dein bestes Probetraining, für positive Interaktionen mit der Familie, für einen vernünftigen Umgang mit deinen Ressourcen und Finanzen.

Kontrolle kann auch dazu beitragen, dass du im Kopf Platz schaffst, sodass du denken und fantasieren und Freiräume gewinnen kannst, um dich auf das zu konzentrieren, was *dir* am wichtigsten ist.

Perspektive

Kontrolle ist nur der erste Teil der Formel, mit der du den Zustand der Bereitschaft erreichen kannst. Dazu musst du auch wissen, *wo* du hingehst und *warum* du das willst. Das nennen wir Perspektive.

Es ist die Fähigkeit, nach vorn zu schauen, um zu sehen, wohin du gehst. Perspektive ist die Vision, das »Warum« hinter allem, was du zu tun beschließt.

GTD kann dir helfen zu bestimmen, wo du stehst, und zu begreifen, wo dein Handeln dich hinführt. Es kann dir helfen zu entscheiden, was wichtig ist und was nicht. Es kann dir helfen, große Träume zu haben und etwas in Gang zu bringen, was sie Wirklichkeit werden lässt.

KONTROLLE + PERSPEKTIVE = BEREITSCHAFT

Wenn du über die für angemessene Kontrolle und Perspektive erforderlichen Werkzeuge und Fertigkeiten verfügst, kannst du jederzeit in den Zustand der Bereitschaft zurückkehren – bereit für jetzt, bereit für das, was als Nächstes kommt, und bereit für alles, was das Leben bietet. Für GTDler ist der Wechsel zwischen »drin« sein und »raus« sein natürlich und stellt keine Gefahr dar. Diese Dynamik von »drin«/»raus« nennen wir den **Surfboard-Effekt**.

Der Surfboard-Effekt

Surfer halten ständig Ausschau nach der nächsten Welle – sie könnte *die* Herausforderung bringen, die sie sich wünschen oder die sie brauchen. In diesem Zustand auf der Kippe zwischen Kontrolle und Kontrollverlust blühen sie auf; hier können sie die Grenzen ihrer Fähigkeiten und ihrer Kreativität erweitern. In diesem Zustand scheint die Zeit aufzuhören. Sie sind im »Flow« – ganz im Augenblick aufgegangen.

Wenn Surfer ins Wasser gehen, legen sie sich auf ihre Bretter, wobei eine Leine um ihren Knöchel sie mit dem Brett verbindet. Während sie warten, suchen sie den Horizont nach passenden Wellen ab. Manche sind groß,

ETWAS SCHAFFEN

DRANBLEIBEN

ZURÜCKFINDEN

andere sind klein. Wenn die richtige anrollt, paddeln sie kräftig, steigen auf das Brett und beginnen ihren Ritt auf dem unruhigen Wasser unter ihnen. Manchmal setzen sie ihren Ritt fort, bis sie sanft mit der auslaufenden Welle landen. Gelegentlich, wenn sie ihre Grenzen ausreizen, werden sie vom Brett geworfen. Welcher Ausrüstungsgegenstand hilft ihnen in diesem Fall, wieder aufs Brett zu kommen? Die Leine am Fußgelenk.

Surfen ist ein besonders gutes Sinnbild für GTD. Wenn eine Menge Zeug wie eine Welle auf dich zukommt, kannst du ein System entwickeln, mit dem du auf alledem surfen kannst. GTD verbindet dich mit einem verlässlichen System, mit dem du dich im Leben zurechtfindest, wieder aufs Brett zurückkommen und eine neue Welle erwischen kannst. Damit wirst du in die Lage versetzt, die Energie von allem nutzbar zu machen, was dir im Leben begegnet – ob es nun sachte oder mit einem Abgang endet. Jedes Mal, wenn du wieder auf das Surfbrett steigst, wirst du von Mal zu Mal besser.

Das beschreibt den Prozess, mit dem du Kontrolle und Perspektive erlangst. Ziel ist nicht, ständig »drin« zu sein und unaufhörlich maximale Kontrolle und Perspektive aufrechtzuerhalten. Stattdessen kannst du es genießen, »drin« zu sein, solange es dauert, und dich weiterhin antreiben – in dem Wissen, dass das Zeug dich gelegentlich »rauswerfen« wird. In diesem Fall nutzt du die Werkzeuge und Verhaltensweisen von GTD, um wieder in den Zustand der Bereitschaft zu kommen.

DIE GEWOHNHEIT, PRODUKTIV ZU SEIN

Werfen wir einen ersten Blick auf die Gewohnheiten, Werkzeuge und Fertigkeiten, die du in diesem Buch lernst – sie werden dich befähigen, Kontrolle und Perspektive zu erlangen.

ANDERS DENKEN
Wie Surfer, Sportler oder Musiker kannst du dich darin üben, gute Gewohnheiten aufzubauen.

Du kannst üben, mit dem Zeug, das in dein Leben tritt, vorausschauender, reaktiver und konzentrierter umzugehen. Du kannst lernen, die Auswirkungen offener Enden zu minimieren und mit weit weniger Anstrengung weit mehr zu erledigen. Um auf natürlichere Weise produktiv zu sein, musst du produktive Gewohnheiten entwickeln. Schule und Leben werden dir eine Vielfalt von Zeug zum Üben bieten. Nutze sie zu deinem Vorteil.

Einige der GTD-Praktiken werden auf den ersten Blick unnatürlich erscheinen. Doch du erinnerst dich sicher an das erste Mal, als du versucht hast, mit einem Fahrrad zu fahren. Anfangs war es ein unbeholfener Versuch, das Gleichgewicht zu halten. Nach ein paar Wiederholungen ging es leichter, und am Ende war nur noch wenig oder kein Denken erforderlich.

Um Kontrolle über anfallendes Zeug zu gewinnen, wirst du lernen, wie du (1) **sammelst**, was deine Aufmerksamkeit beansprucht; (2) **verarbeitest**, was jede Position bedeutet und was damit getan werden soll; (3) die Ergebnisse in Kategorien **organisierst**; (4) darüber nachdenkst und **durchsiehst**, was du in jeder Kategorie festgestellt hast, damit du (5) **erledigen kannst**, was zu tun ist.

Dabei handelt es sich um logische Schritte, für die wir uns die erforderliche Zeit nehmen, um alles unter Kontrolle zu bringen.

Im Prinzip sind diese Schritte ziemlich einfach, doch die meisten Menschen können in ihrer Anwendung erheblich besser werden. Schauen wir kurz auf jeden einzelnen dieser fünf Schritte, ehe wir sie eingehender erörtern.

Ein freier Kopf: Sammeln

Um die Kontrolle zu erlangen, musst du dein Verhalten in einer wichtigen Hinsicht verändern: Du wirst lernen, *nichts* im Kopf zu behalten.

Zu einem Zeitpunkt, an dem die Menge der Information, die dich überfällt, größer ist als zu jeder anderen Zeit der Menschheitsgeschichte, ist der Versuch, *gedanklich* den Überblick über all das ankommende Zeug zu behalten, eine vorprogrammierte Katastrophe. Dein Gehirn hat sich einfach nicht zu dem Zweck entwickelt, Hunderte von offenen Enden aufzubewahren. Aktuelle Forschung zeigt, dass du tatsächlich etwa vier Positionen im Arbeitsgedächtnis behalten kannst. Darüber hinaus beginnt die kognitive Last, Reibungswiderstand hervorzurufen, und lässt dich weniger effektiv handeln.

Wenn du über deinen Tag nachdenkst – Fächer, Hausaufgaben, Aktivitäten, Beziehungen, Verpflichtungen usw.: Kannst du auch nur abschätzen, wie viele Dinge du im Kopf zu behalten versuchst? Du *könntest* dich bemühen, dich einfach an alles zu erinnern, und es könnte dir möglicherweise sogar einigermaßen gelingen. Wenn aber die Komplexität zunimmt und schließlich zu viel Zeug hervorbringt, dürftest du wahrscheinlich irgendeine Form von Ablenkung und letztlich sogar Überlastung erleben.

Der erste Schritt zur Kontrolle besteht darin, alles Zeug abzuladen – es aus dem Arbeitsgedächtnis zu entfernen. Stattdessen bewahrst du alles – ob physisches, digitales oder mentales Zeug – irgendwo *außerhalb* deines Kopfes auf. Diese Orte – einfache Lagerräume außerhalb des Kopfes – nennen wir **Sammelkörbe**.

Allein diese Praxis kann umstürzende Veränderungen bringen. Sobald das Gehirn erlebt, wie erleichternd es ist, all das Zeug loszulassen, das es zu behalten versuchte, hat es den Freiraum, eine neue Kontrolle zu gewinnen – neue Freiheitsniveaus und neue Gelegenheiten für Kreativität. Diese erste Phase heißt **Sammeln**.

Mit dem gesammelten Zeug befassen: Verarbeiten

Der zweite Schritt besteht aus dem einfachen geistigen Prozess, Entscheidungen zu all dem Zeug zu treffen, das du beim ersten Schritt in Sammelkörben erfasst hast.

Entscheidungen zu treffen ist kein neues oder revolutionäres Konzept. Und doch mag es ein paar neue Fertigkeiten erfordern, effektive Entscheidungen zu treffen, während es eine Form von Kunst ist, effiziente und effektive Entscheidungen mit dem geringsten Aufwand zu treffen. Diese Kunst nennen wir den **grundlegenden Denkprozess**.

Mit diesem Prozess wird das angefallene Zeug vollständig in eine von sechs unterschiedlichen Formen umgewandelt: **Nächste Schritte, Projekte, Checklisten, Irgendwann/Vielleicht, Referenzmaterial** und **Abfall**.

Effektive und effiziente Entscheidungen sparen wertvolle Energie.

Wie wäre es, wenn du effizienter mit deinen Schularbeiten umgehen könntest und mehr Energie und Raum für andere Leidenschaften hättest?

Das kannst du erreichen, wenn du lernst, kluge Entscheidungen zu treffen. Damit du dich erfolgreich auf diesen Prozess einlassen kannst, musst du Kortland einsetzen, den zu wenig genutzten Teil des Gehirns. Diese Phase nennen wir **Verarbeiten**.

Entscheidungen festhalten: Organisieren

Hast du je etwas Wertvolles verloren – einen wichtigen Auftrag, ein Passwort oder eine Datei –, das du dann mit zusätzlicher Arbeit suchen oder neu erstellen musstest? Wir kennen niemanden, der gerne eine bereits vollbrachte Arbeit komplett von vorn beginnen muss – weil das sowohl Zeit- als auch Energieverschwendung ist.

Ähnlich ist es mit Entscheidungen: Wenn du die getroffenen Entscheidungen nicht festhältst, wirst du sie noch einmal treffen müssen. Um das zu vermeiden, siehst du im dritten Schritt, wie man einfache Listen (auch Übersichten genannt) erstellt – sie helfen dir, vollzogene Arbeiten und Entscheidungen aufzuzeichnen. Die dritte Phase heißt **Organisieren**.

Übersicht durchgehen: Durchsehen

Sobald du den Dingen ihren jeweiligen Ort zugewiesen und ein paar einfache Übersichten erstellt hast, um deine Entscheidungen festzuhalten, behältst du die Kontrolle und kannst sie wiedergewinnen, wenn du aus dem Gleichgewicht geworfen wurdest. Das erreichst du, indem du für einige Augenblicke innehältst und deine Listen durchgehst.

Übersichten unterstützen deine Navigation, sodass du die richtige Richtung beibehältst und sie wiederfindest, wenn du dich verirrst. Mit diesem Schritt wirst du lernen, wie die tägliche und wöchentliche Durchsicht erfolgt, damit du beständig auf dem richtigen Kurs bleibst. Phase 4 heißt **Durchsehen**.

In die Tat umsetzen: Erledigen

Der letzte Schritt, die Kontrolle zu erlangen, besteht darin, effektiv in die Tat umzusetzen, was du als wichtig eingestuft hast. Es gibt ein paar einfache Kriterien zur Entscheidungsfindung. Du kannst sie nutzen, um deine Entscheidungsmöglichkeiten einzugrenzen und dabei viel zu gewinnen. An dieser Stelle fängst du an, sichtbare und physische Fortschritte zu erkennen. Hier bringst du Bewegung rein und handelst. Phase 5 heißt **Erledigen**.

Auch wenn die fünf Phasen auf eine Veränderung mancher Gewohnheiten und Praktiken hinauslaufen dürften, praktizierst du sie wahrscheinlich schon in der einen oder anderen Form. Sehen wir uns ein paar einfache Beispiele an, wie diese Schritte natürlicherweise vorkommen können.

BEISPIELE AUS DEM ALLTAG

Nehmen wir ein einfaches Beispiel, wie die Erfahrung mit dem Spruch »Süßes, oder es gibt Saures« an Halloween. Wenn Kinder aufbrechen, um bei den Nachbarn Süßigkeiten zu erbetteln, nehmen sie einen Beutel oder einen Kissenbezug (Sammelkorb) mit, um die anfallenden Süßigkeiten zu sammeln (Sammeln). Nachdem sie die Beute des Abends eingebracht haben, kehren sie nach Hause zurück, leeren den Beutel aus und zählen, bestimmen und ordnen die Süßigkeiten in Behälter für gute bzw. schlechte Süßigkeiten, Schokolade bzw. Fruchtschnitten usw. (Verarbeiten und Organisieren).

Eher im Rahmen des Alltags liegt das Beispiel des Wäschewaschens. Die Leute nutzen oft einen Wäschekorb oder Korb (Sammelkorb), in den sie ihre schmutzige Wäsche werfen (Sammeln). Die schmutzige Kleidung wird nach Kochwäsche, Buntwäsche und Feinwäsche sortiert (Verarbeiten) und so fürs Waschen vorbereitet (Organisieren). Vor dem Waschen folgt dann ein letzter schneller Blick auf die sortierten Stapel (Durchsehen), ehe eine Ladung in die Waschmaschine geworfen wird (Erledigen).

Mit genau diesen fünf Schritten kannst du die angemessene Kontrolle finden – egal, wer du bist, wo du bist, in welcher Situation du dich gerade befindest oder was auf dich zukommt.

Ich will nicht, dass andere Menschen entscheiden, wer ich bin. Ich will das allein entscheiden.

Emma Watson

ZUSAMMENFASSUNG

Wir sind mit mehr Information und Vernetzung konfrontiert als je zuvor. Obwohl sich dadurch erstaunliche Gelegenheiten bieten, kann uns die schiere Menge der ankommenden Informationen in manche Fallen locken, woraus sich Gefühle wie Stress, Ängstlichkeit und sogar Depression ergeben können. GTD ist ein Werkzeugkasten an Fertigkeiten, die erlernbar sind, um in diesem neuen Zeitalter der Vernetzung aufzublühen.

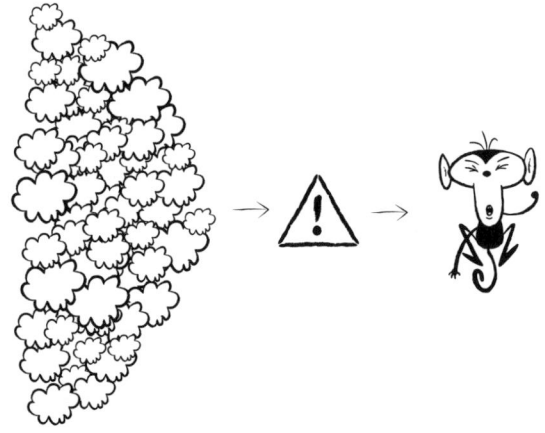

Die Amygdala, der reaktive Teil des Gehirns, und der präfrontale Kortex, der analysiert und Entscheidungen trifft, sind in diesem neuen Zeitalter die wichtigsten Teile des Gehirns.

Der **Zustand der Bereitschaft** beschreibt das optimale Gefühl, »drin« zu sein; er braucht diese beiden Teile des Gehirns. Zu dieser Bereitschaft gehört, dass man die Balance von **Kontrolle** und Fokussierung findet. Um Kontrolle und **Perspektive** gewinnen und aufrechterhalten oder die Kontrolle wiedererlangen zu können, ist es erforderlich, den effizienten Umgang mit anfallendem Zeug zu erlernen. Mit »Zeug« wird alles benannt, was einem täglich bewusst wird. Setzt man sich nicht mit dem Zeug auseinander, bleibt es in der Form **offener Enden** erhalten. Offene Enden können Kontrolle und Perspektive untergraben und in die **Stolperfallen** von Geschäftigkeit, **Ablenkung** und **Überlastung** führen.

Zu lernen, wie Kontrolle gewonnen und Freiheit erreicht wird, braucht das Wissen, mit Zeug effizient umzugehen.

Schlüsselbegriffe

- Stolperfalle
- Überlastung
- Überwältigung
- Ablenkung
- Bereitschaft
- Kontrolle
- Perspektive
- Zeug
- Offene Enden

Fragen zum Überlegen oder Diskutieren

- Ab und zu erleben wir alle miteinander Fallen wie etwa Überlastung und Ablenkung. Welche der Fallen erlebst du persönlich am häufigsten?
- Was ist für dich die wichtigste Quelle für Ablenkung, wenn eigentlich Konzentration nötig ist?
- Wozu neigst du, wenn du einen freien Augenblick zur Verfügung hast? Wohin wandern deine Gedanken?
- Welchen Gewinn erfährst du, wenn du im Zustand der Bereitschaft bist? Wie erlebt es dein nächstes Umfeld?
- Wie belastet es dich, wenn du nicht im Zustand der Bereitschaft bist? Wie erlebt es dein nächstes Umfeld?
- Welche Art von Zeug taucht am meisten in deiner Welt auf? Wie gehst du zurzeit am häufigsten damit um? Wie funktioniert das für dich?
- Hast du je Probleme mit dem Einschlafen? Falls ja, was hält dich nachts wach?

Teil 2
Die Praxis von GTD

(»**G**etting **T**hings **D**one«)

Suche nicht nach Fehlern; suche nach Lösungen.
Beklagen kann sich jeder.

Henry Ford

KONTROLLE GEWINNEN: DIE FÜNF PHASEN

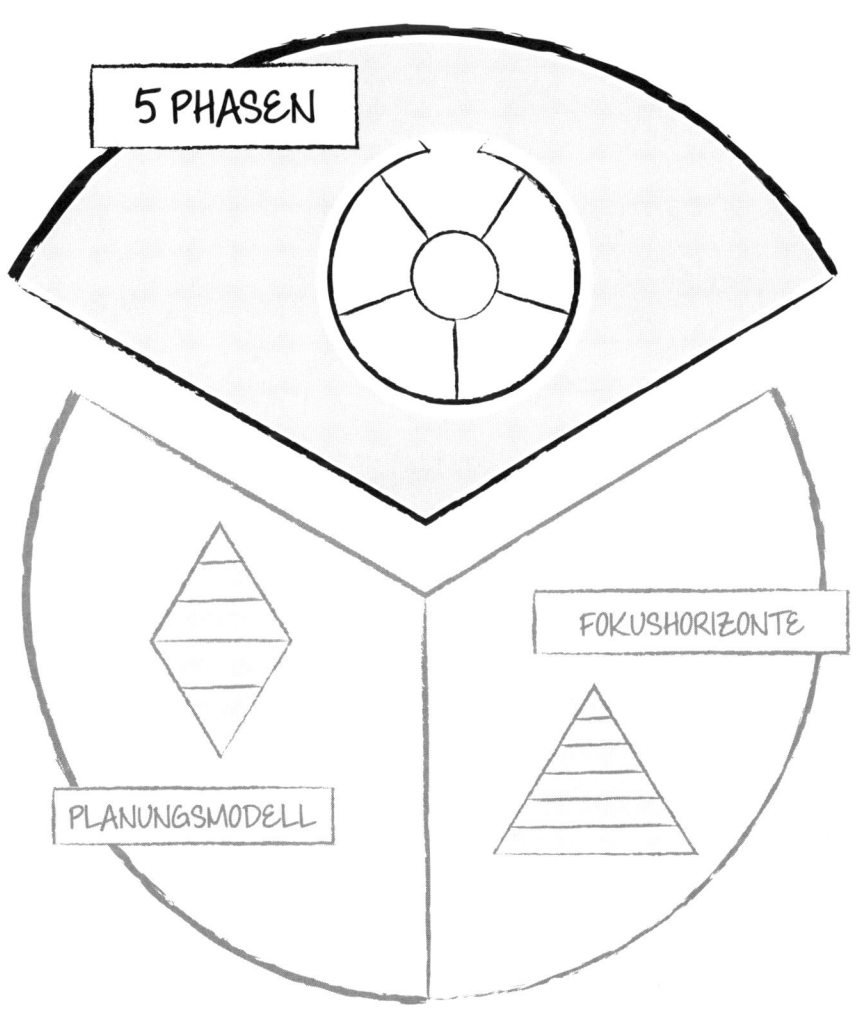

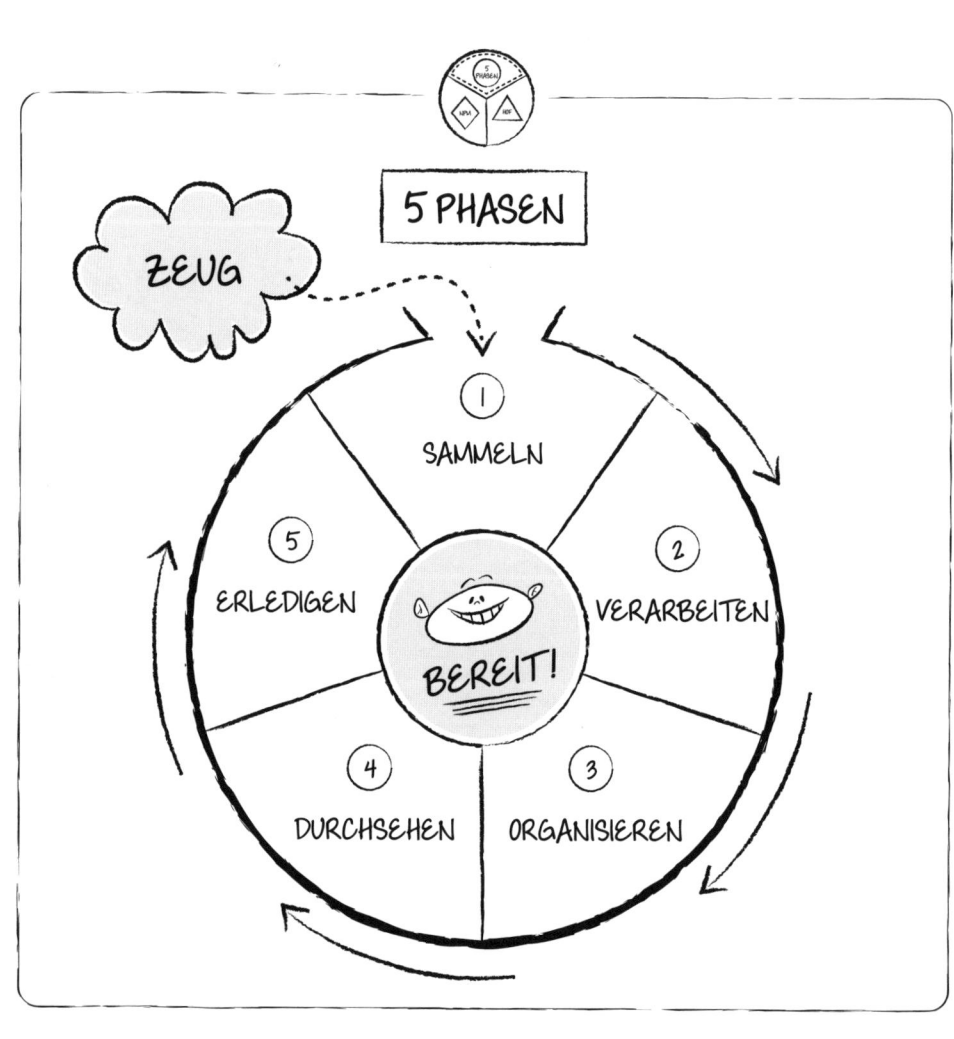

PHASE I: SAMMELN

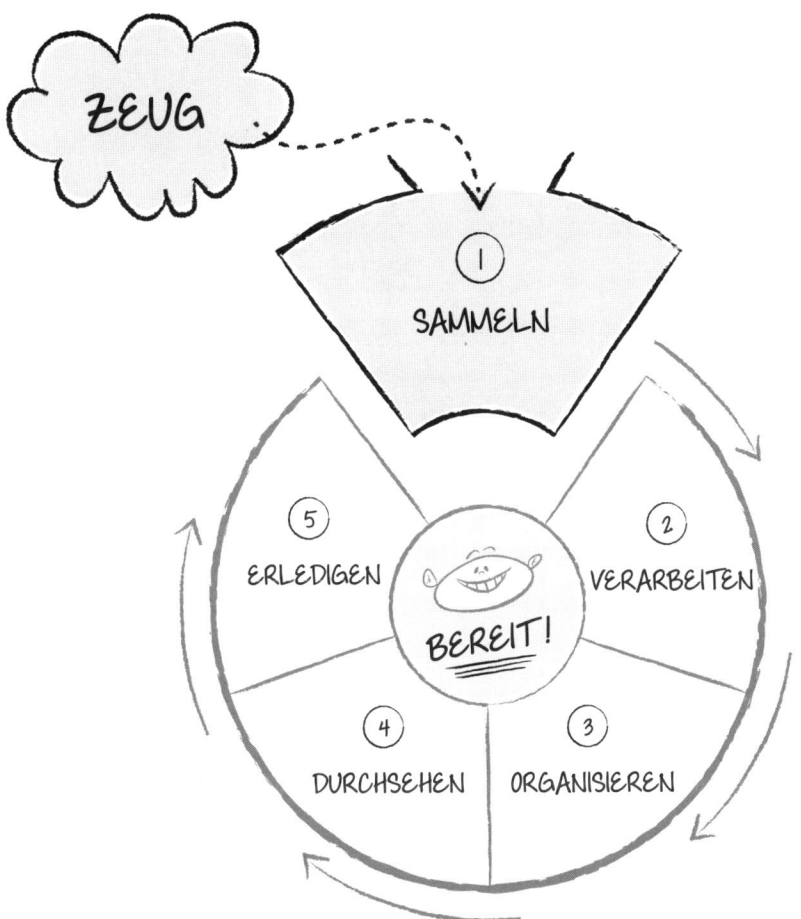

SAMMELN
①

»Zufallsbestimmter Input im Leben«

QUELLEN FÜR ZEUG

PHYSISCHES ZEUG

☐ Zuhause   ☐ _____
☐ Schule   ☐ _____
☐ Sport   ☐ _____
☐ andere   ☐ _____
    Aktivitäten

ZEUG IM KOPF

ZEUG ZEUG ZEUG

DIGITALES ZEUG

☐ Messaging   ☐ Schul-Website
☐ E-Mail   ☐ Klassen-Website
☐ Twitter   ☐ Sport-Website
☐ Facebook   ☐ Aktivitäten-Website
☐ YouTube   ☐ _____
☐ _____   ☐ _____

+

BEREIT ZUM SAMMELN?

SAMMELHILFEN AN ORT UND STELLE?

PHYSISCHE HILFSMITTEL

J   N
☐ ☐ Papier + Kugelschreiber
☐ ☐ Notizblöcke
☐ ☐ _____
☐ ☐ _____

DIGITALE HILFSMITTEL

☐ ☐ Smartphone-App
☐ ☐ Computer-App
☐ ☐ _____

SAMMELKÖRBE AN ORT UND STELLE?

J   N
☐ ☐ Zuhause ☐
☐ ☐ Schule ☐
☐ ☐ Unterwegs ☐
☐ ☐ _____
☐ ☐ _____

=

GESAMMELT!

ANSCHLIESSEND ERFASSEN

»EINGANG«

»Dein Kopf ist dazu da, Ideen zu
haben, nicht, um sie dort zu halten.«
DAVID ALLEN

ACH JA ... FAST HÄTTE ICH ES VERGESSEN ...

Musstest du je daran denken, am nächsten Tag etwas in die Schule mitzubringen? Vielleicht eine wichtige Arbeit oder etwas von deiner Sportausrüstung oder eine schriftliche Erlaubnis der Eltern?

Wenn ja: Was hast du in der Nacht zuvor mit dem fraglichen Ding gemacht, um sicherzustellen, dass du es nicht vergisst?

Wahrscheinlich hast du es in deinen Rucksack gesteckt oder an die Eingangstür, neben dein Handy oder neben die Schlüssel gelegt – irgendwohin oder in die Nähe eines Gegenstands, den du ganz sicher *nicht vergessen würdest*.

Das ist eine brillante Strategie. Warum? Weil dein Gehirn darauf angelegt ist, Muster zu bemerken. Dein Gehirn hatte dich aufgeschreckt, weil der Gegenstand so wichtig war. Dann hast du dir gedacht, dass du morgens wahrscheinlich müde/in Eile/abgelenkt sein würdest, und befürchtet, dass du das vielleicht vergessen könntest. Du hast nicht darauf vertraut, dass dich dein Morgengehirn daran erinnern würde. Dadurch, dass du den fraglichen Gegenstand zu etwas gelegt hast, bei dem du dir sicher warst, du würdest es nicht vergessen, konntest du den präfrontalen Kortex deines Gehirns nutzen, um deine Amygdala zu beruhigen.

Damit konntest du es tatsächlich loslassen und aufhören, dir deswegen Sorgen zu machen, was dir erlaubte, über etwas anderes nachzudenken. Du konntest einschlafen.

RAUS DAMIT!

Denk an diese nervigen offenen Enden, die im Gehirn verheerend wirken können! Sie stammen von all den unvollständigen Vorgängen oder Unterbrechungen, die jeden Tag, jede Stunde, Minute und sogar Sekunde auftauchen – alles in Form von Zeug. Dein Gehirn ist zwar ein unglaublich leistungsfähiges Werkzeug, aber es ist einfach nicht darauf angelegt, Zeug oder offene Enden aufzubewahren.

ZEUG → OFFENE ENDEN → STRESS / ÜBERLASTUNG / ÄNGSTLICHKEIT / SCHLAFLOSIGKEIT

Dein Kopf ist dazu da, Ideen zu haben,
nicht, um sie dort zu halten.

David Allen

Heißt das nun, dass du jedes offene Ende verknüpfen und alles sofort zum Abschluss bringen musst?

Die Antwort lautet ... *schon irgendwie.*

Dein Gehirn bemüht sich in der Tat darum, etwas abzuschließen, und um angesichts einer historischen Masse an Zeug diese Kontrolle zu erreichen, musst du einige neue und andere Denkweisen erlernen, um diesen Abschluss tatsächlich zu bewerkstelligen.

Es ist *nicht möglich*, all das Zeug zu einem Abschluss zu bringen, das dir ständig begegnet. Menschen, die ihre ganze Zeit darauf verwenden, immer obenauf zu sein und alles rasch zu Ende zu bringen, sind meist unglücklich. Der Versuch kann zu endloser, unbefriedigender Plackerei führen. Denn sobald du eine Aufgabe oder lästige Pflicht beendet oder du ein Ziel erreicht hast, taucht meist schon das nächste auf. Auf den magischen Tag zu warten, an dem endlich alles »erledigt« ist, bringt gar nichts. Es ist letztlich nicht möglich, die Kontrolle zu gewinnen.

ÜBERFALL!

Manch andere bemühen sich, gerade so viel erledigt zu bekommen, dass sie es ins Wochenende, zu freien Tagen oder in den Sommerurlaub schaffen. Sie erfüllen gerade genug, um sich ihre Lehrer oder Eltern vom Hals zu halten. Doch auch das hat nichts mit Kontrolle zu tun; es handelt sich um Eskapismus, und auch das wird dir nicht helfen, dich bereit zu fühlen.

Was aber, wenn du dich selbst in der hektischsten Zeit des Jahres ruhig fühlen und alles im Griff haben könntest? Wenn du einen klaren Kopf und keinen Stress hättest – selbst dann, wenn du eine ganze Liste voller Dinge hast, die noch zu erledigen sind?

Was, wenn Lehrer und Eltern nicht mehr hinter dir her wären – nicht, weil du einfach klein beigibst, sondern, weil du bewiesen hast, dass du all das aus eigener Kraft schaffen kannst?

Wie würde sich das anfühlen? Wie befreiend wäre es wohl?

Neugierig geworden? Wenn ja, führen wir ein alternatives Verhalten ein, mit dem das Erfassen und das Verknüpfen von offenen Enden unterstützt wird.

Diese Verhaltensweise ist die erste in einer Reihe von fünf Schritten, und wir nennen sie **Sammeln**. Sammeln lässt sich einfach umschreiben: PACK ES AN.

> *Die größte Lüge gegenüber mir selbst:*
> *»Ich muss das nicht notieren.*
> *Ich kann es mir merken.«*
>
> Volksmund

LAST ABWERFEN

Sammeln: Positionen und Ideen sammeln – und gelegentlich generieren –, die als potenziell wichtig erkannt wurden und die in irgendeiner Weise Aufmerksamkeit oder Interesse wecken, um womöglich eine Entscheidung dazu zu treffen oder etwas damit zu unternehmen.

Dein Gehirn ist besessen von offenen Enden. Es sieht sie, hört sie, archiviert sie und bleibt an ihnen hängen; es ist bereit, sie zu den ungünstigsten Zeitpunkten wieder auf den Tisch zu bringen.

Direkt vor der eigenen Haustür könnte dir plötzlich wieder einfallen, dass du etwas aus der Schule mit nach Hause bringen solltest.

Vielleicht erinnerst du dich genau dann, wenn du das Klassenzimmer betrittst, an die Aufgabe, die du für diesen Tag hättest erledigen sollen.

Vielleicht denkst du unablässig daran, endlich Fahrstunden zu nehmen, windest dich aber bei dem Gedanken, diesen Schritt zu tun.

Möglicherweise gerätst du in Panik wegen eines Projekts, mit dem du längst hättest anfangen sollen, gerade als du versuchst, diesen Tag abzuschließen und einzuschlafen.

Leider können **offene Enden** in deinem Gehirn herumspuken – speziell in der Amygdala. Myggy kennt keine Gnade, kein Erbarmen und hat kein Gefühl für den Zusammenhang oder die Zeit.

DEIN GEHIRN WILL, DASS DIE DINGE ABGESCHLOSSEN WERDEN.

Was kannst du da machen?

Du kannst das Zeug nicht anhalten.

Du kannst nicht alles zu Ende bringen.

Du kannst etwas nicht zur Kenntnis nehmen, doch es wird wieder auftauchen, und wahrscheinlich zu einem schlechteren Zeitpunkt.

Der erste Schritt, mit dem Zeug fertig zu werden, ist wirklich ganz einfach: Du legst die Bürde ab, es im Kopf zu behalten. Stattdessen lädst du all diese Ideen, Aufgaben, Verpflichtungen, Projekte, Sorgen, Besorgungen und Träume irgendwo außerhalb deines Gehirns ab.

Das kann tatsächlich so einfach sein, wie es sich anhört. Hast du ein Thema im Kopf, das dein Gehirn immer wieder aufs Neue aufgreift? Hattest du den Gedanken daran heute mehr als einmal? In dieser Woche? In diesem Monat? Wenn ja, ist dieser Gedanke ein gutes Beispiel für Zeug und ein mögliches offenes Ende, das du höchstwahrscheinlich verknüpfen solltest.

Nimm dieses Signal deines Gehirns als das Geschenk, das es tatsächlich ist. Wenn du es ignorierst, versuchst, es fallenzulassen, oder dich absichtlich beruhigst, es werde schon nichts passieren, hast du vielleicht kurzfristig Erfolg und fängst an, dich mit etwas anderem zu beschäftigen. Doch weil die Enden nach wie vor nicht geschlossen sind, wird es nicht verschwinden, und du kannst dich darauf verlassen, dass dein Gehirn es wieder ins Bewusstsein zurückbringt.

Setz dich lieber mit dem Zeug auseinander.

Schnapp es dir. Schreib es auf, wo auch immer: auf einer Haftnotiz. Auf einem Stück Papier. Auf einer Serviette. Auf deinem Smartphone. Auf die Wand. Auf den Badezimmerspiegel. Es kommt darauf an, dass du es mit dem Aufschreiben *aus* dem Kopf und *aus* dem Denken verbannst.

Dann verstaust du dieses Zeug, dieses offene Ende, an einem Ort, an dem es später zuverlässig bearbeitet werden kann.

Das ist kein Hinausschieben. Es läuft darauf hinaus, vorsätzlich *einen anderen* Teil des Gehirns (mit unterschiedlicher Funktion) zu benutzen – nämlich den präfrontalen Kortex –, um ein neues Verhalten, eine neue Gewohnheit einzuführen. Mit dem Sammeln versetzt du dich in die Lage, dich mit dem Zeug zu beschäftigen, wenn *du* das beschließt, anstatt der Gnade der Amygdala ausgeliefert zu sein.

Es mag zwar zunächst so aussehen, als wäre das Aufschreiben mehr Arbeit, doch schließlich wird sich diese einfache Gewohnheit als der einfachste und effektivste Weg erweisen, mit Zeug umzugehen.

Denk einen Moment darüber nach. All dein Zeug wird derzeit *irgendwo* aufbewahrt.

Mit welchem System behältst du aktuell Zeug im Gedächtnis und bleibst an offenen Enden dran?

Speicherst du alles im Kopf? Verlässt du dich auf andere, etwa deine Mutter, die dich daran erinnern, was du tun musst und wo du sein sollst? Lehnst du dich zurück und hoffst, das werde sich alles wie durch Zauberei erledigen?

Wie würde es sich anfühlen, wenn dein Geist *vollständig* von dem Zeug befreit wäre und du dich trotzdem darauf verlassen könntest, dass es erfolgreich abgearbeitet wird?

Damit du all das Zeug erfassen kannst, stellen wir dir ein paar Werkzeuge vor, die deine **Sammelhilfe** werden. Diese Werkzeuge werden dich bereit machen, jede beliebige Menge von Zeug zu sammeln – jederzeit und an jedem Ort. Das bezeichnen wir als Sammel**bereitschaft**.

Das erste neue Werkzeug heißt **Sammelkorb**.

Sammelkorb: Ein entweder physischer oder digitaler »Behälter« für anfallende Positionen, die noch zu verarbeiten sind.

EINGANGSKÖRBE ALS VERLÄSSLICHE AUFBEWAHRUNGSORTE

Behälter gibt es in vielen Formen, Größen, Formaten und an vielen Orten. Es kann sich um physische Hilfsmittel wie etwa einen Kunststoffkorb, eine Schachtel oder einen dafür bestimmten Platz auf deinem Schreibtisch handeln. Es gibt auch digitale Behälter wie Aufgabenlisten auf einem Computer oder dem Smartphone.

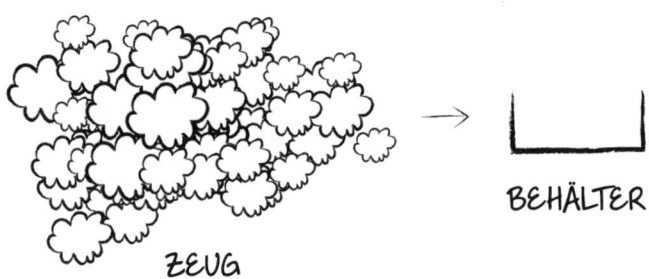

Welche Form der Behälter haben soll, ist zwar eine wichtige Entscheidung, aber sie ist nicht die wichtigste. Körbe, die für den einen genau richtig sind, können für einen anderen vielleicht nicht effizient funktionieren. Dennoch ist ihre Funktion exakt dieselbe – sie sollen das Zeug aus deinem Kopf heraushalten. Herauszufinden, was für dich am besten funktioniert, wird Teil des Vergnügens sein.

Behälter sind letztlich nichts als Aufbewahrungsorte. Es soll dir leicht möglich sein, anfallendes Zeug für später hineinzuwerfen, weshalb du sie an einem Ort platzieren solltest, wo das Sammeln für dich problemlos erledigt werden kann. Ein physischer Eingangskorb sollte unterschiedliche Formate erfassen können – Post, Formulare, Haftnotizen, Bücher usw. Wenn deine Eingangskörbe nicht zugänglich und effizient sind, wird dein Gehirn ihnen nicht vertrauen und weiterhin am Zeug festhalten, was den ganzen Zweck dieser Phase infrage stellt.

Wie viele Behälter brauchst du? Die übertrieben einfache Antwort lautet: die kleinste Zahl, mit der du auskommst, um erfolgreich *alles* erfassen zu können. Es hilft, sich die Quellen deines Zeugs anzusehen. Wenn du weißt, wo anfallendes Zeug wahrscheinlich herstammt, kannst du dafür je einen Behälter einrichten, der das aufnimmt.

```
┌──── PHYSISCHES ZEUG ────┐
│  ☐ Zuhause        ☐ _____  │
│  ☐ Schule         ☐ _____  │
│  ☐ Sport          ☐ _____  │
│  ☐ andere Aktivitäten ☐ _____  │
└──────────────────────────┘
```

Die meisten werden feststellen, dass sie zumindest drei Eingangsbehälter brauchen: einen für zu Hause bestimmten Korb, einen für Schule/Arbeit und einen zur Erfassung von Zeug, das anfällt, wenn du draußen und unterwegs bist.

Zu Hause könnte der Eingangskorb einfach ein dafür bestimmter Ort in der Wohnung sein, an dem du nur anfallendes Zeug erfasst, mit dem du dich später auseinandersetzt. Sobald du das festgelegt hast, solltest du es deiner Familie mitteilen. Sag ihnen, sie können alles, was sie von dir erwarten oder was dir gehört, in diesen Behälter packen. Du musst nicht mehr das ganze

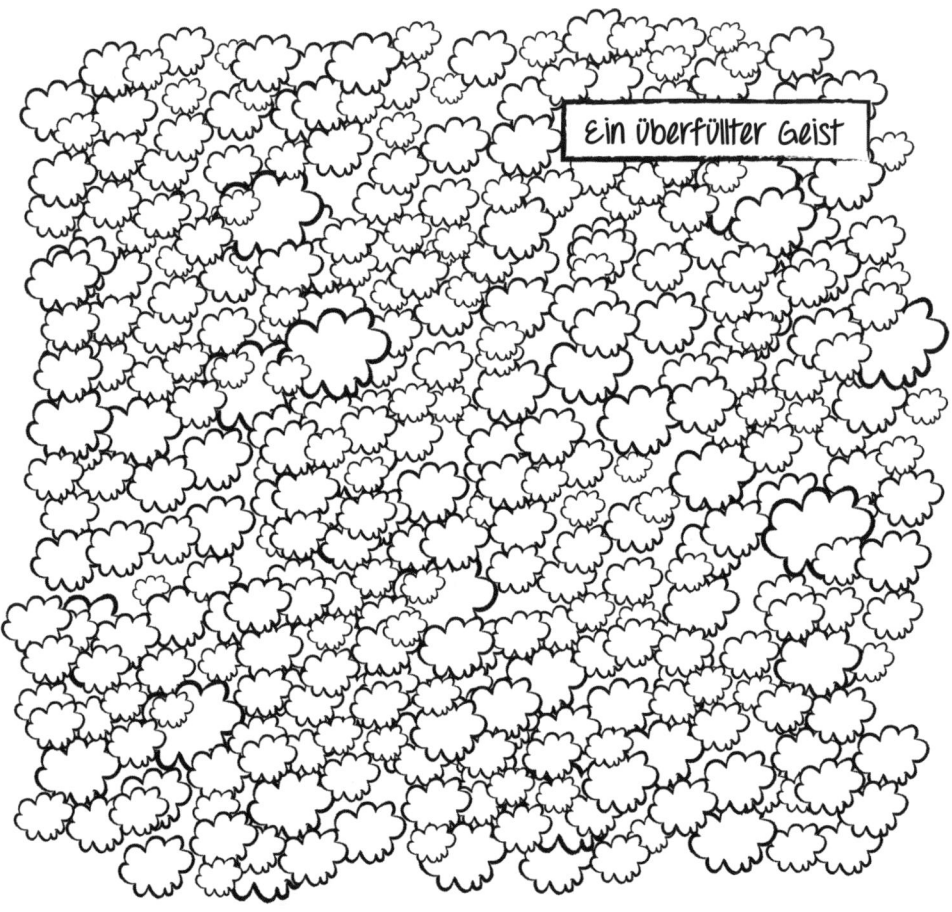

Ein überfüllter Geist

Haus absuchen, um Post oder Papiere oder dein Handy wiederzufinden. Alles, was dir gehört und deine Aufmerksamkeit braucht, sollte an diesen einen Ort gebracht werden. Je mehr du ihn nutzt, desto stärker wird dein Gehirn darauf vertrauen, und entsprechend freier wird dein Geist.

In der Schule kannst du es mit einer einfachen Mappe im Rucksack oder einem speziellen Platz in deinem Spind versuchen. In diesen Eingangsbehälter kommt alles, was dich im Tagesverlauf erreicht, sodass du dich darum kümmern kannst, wenn du bereit bist.

Der Geist ist nicht wie ein Gefäß,
das gefüllt werden soll,
sondern wie Holz, das lediglich
entzündet werden will.

Plutarch

SAMMELHILFEN

Zeug fällt manchmal in physischer Form an und kann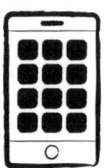
direkt in einen Eingangskorb gelegt werden – Notizen,
Post, Formulare, Rechnungen, Haftnotizen etc. Doch oft
tritt es in anderen Formen auf, etwa durch ein Gespräch,
die Anweisung eines Lehrers, einen Gedanken, eine Idee oder eine Aufgabe.
Diese Art von Zeug existiert nur in Form von Gedanken in deinem Gehirn.
Diese schreibst du mithilfe einer Sammelhilfe in physischer Form nieder und
legst sie für später in einem Eingangskorb ab. Sammelhilfen funktionieren
am besten, wenn sie überall und jederzeit leicht verfügbar sind.

Um zu entscheiden, welche Art von Hilfsmittel für dich am besten funktioniert, überlegst du zunächst, was du am häufigsten dabeihast. Ein Portemon-
naie mit einem Notizblock? Eine kleine Brieftasche mit Mini-Kugelschrei-
ber und Papier? Ein Handy mit einer Listen-App? Mit einigen Handgriffen
kannst du jede dieser Möglichkeiten in ein äußerst effektives Sammelwerkzeug verwandeln.

Wenn du ein wenig Zeit darauf verwendest, einige **Eingangskörbe** und
Sammelhilfen einzurichten, und diese dann nutzt, um all das anfallende
Zeug zu erfassen, wird dein Geist allmählich darauf vertrauen, dass alles
Zeug am Ende abgehandelt werden wird, und er kann die **offenen Enden**
loslassen.

Auf diese Weise wirst du **bereit zum Sammeln**.

Das ist der erste Schritt zur **Kontrolle**.

Was also brauchst du, um zum **Sammeln bereit** zu sein?

Welche Hilfsmittel hast du schon?

Was brauchst du noch?

AUSPROBIEREN!

Um diesen Prozess zu testen, kannst du versuchsweise ein Sammelwerkzeug in dein Schlafzimmer legen. Es könnte so schlicht sein wie z. B. ein Schreibblock und ein Kugelschreiber neben dem Bett.

Wenn du das nächste Mal Einschlafschwierigkeiten hast, nimmst du deinen Block und schreibst alles auf, was dir durch den Kopf geht. Du musst dir noch keine Gedanken darüber machen, *wie* du es hinschreibst; es sollte gerade so viel sein, dass dir beim nächsten Blick darauf klar ist, was deine Aufmerksamkeit gefesselt hat. Mach so lange weiter, bis alles notiert ist. Wenn dir ein plötzlicher Einfall kommt, schreib ihn auf.

 Gibt es ein anstehendes Projekt, um das du dich kümmern musst? Schreib es auf. Sorgen wegen einer Prüfung? Schreib es auf. Du hast Streit mit einem Freund? Schreib es auf. Hattest du Gelegenheit, etwas Neues auszuprobieren? Schreib es auf.

BEREIT ZUM SAMMELN?

SAMMELHILFEN AN ORT UND STELLE?

PHYSISCHE HILFSMITTEL

J   N

☐   ☐   Papier + Kugelschreiber

☐   ☐   Notizblöcke

☐   ☐   _____

☐   ☐   _____

DIGITALE HILFSMITTEL

☐   ☐   smartphone-App

☐   ☐   Computer-App

☐   ☐

SAMMELKÖRBE AN ORT UND STELLE?

J   N

☐   ☐   Zuhause   ☐

☐   ☐   schule   ☐

☐   ☐   Unterwegs   ☐

☐   ☐   _____

☐   ☐   _____

Mein Bett ist ein magischer Ort,
wo ich mich plötzlich an alles erinnern kann,
was ich hätte tun sollen.

Bill Murray

BEREIT ZUM SAMMELN HEISST BEREIT ZUM SAMMELN!

Damit das Gehirn lernt, wirklich loszulassen und dem Sammelprozess zu vertrauen, solltest du dir angewöhnen, jedes offene Ende und alles an Zeug, was dir begegnet, mithilfe deiner Sammelhilfen und Eingangskörbe festzuhalten. Hier gilt »Alles oder Nichts«. Wenn dein Gehirn bezweifelt, dass du alles erfasst hast, wird es weiterhin in erhöhter Alarmbereitschaft bleiben und alles aktiv nach Zeug absuchen.

Die gute Nachricht: Diese Übung ist nicht so schwierig, wie es sich anhört. Am Anfang bedarf es ein wenig zusätzlicher Mühe, doch sobald du dich daran gewöhnt hast, wirst du dich fragen, warum du überhaupt je versucht hast, alles im Kopf zu behalten. Ein aufgeräumter Geist fühlt sich so viel besser an.

Fangen wir mit dem eigentlichen Sammelvorgang an. Der erste Schritt besteht darin, alles zu berücksichtigen, was sich bisher in deiner Welt angesammelt hat. Je nach deinem Alter und deinen Gewohnheiten könnte da eine ganze Menge älteres Zeug zusammengekommen sein. Das nennen wir **Rückstau**.

Wahrscheinlich musst du physisches Zeug, digitales Zeug und mentales Zeug eingrenzen und erfassen. Beginnen wir mit deiner physischen (analogen, greifbaren) Umgebung.

Der erste Weg geht ins Schlafzimmer. Ob du dein eigenes Zimmer hast oder es mit jemandem teilst – es ist der Ort, an dem du deinen Tag abschließt, weshalb du ihn als deine Basisstation einrichtest. Sieh dich um. Ob dein Zimmer aufgeräumt oder unordentlich ist, spielt im Augenblick keine große Rolle, weil du ein aufgeräumtes Zimmer mit einer Menge Zeug haben kannst, das deine Aufmerksamkeit festhält, oder einen unordentlichen Raum mit sehr wenig Zeug, das deine Aufmerksamkeit festhält.

Du lässt dich auf eine Tätigkeit ein, die wir »**Jagd nach Zeug**« nennen; dabei wirst du folgende Gebiete absuchen:

1. Den physischen Raum
2. Den digitalen Raum
3. Den mentalen Raum

Jagd nach Zeug: Dafür suchst du deine physische, digitale und mentale Umwelt nach allem ab, was deine Aufmerksamkeit beansprucht – mit Ausnahme von Referenzmaterial, Ausrüstung, Dekoration und Verbrauchsmaterial.

JAGD NACH ZEUG

Jagd nach Zeug – physischer Raum

Bei der Jagd nach Zeug hast du nichts anderes zu tun, als alles in deinem Eingangskorb zu sammeln, das der Definition von »Zeug« genügt. Du hältst nach allem Ausschau, was deine Aufmerksamkeit braucht, weil es vielleicht Handeln erfordert, es nicht dort ist, wo es sein sollte, oder weil es sich einfach nur um Abfall handelt. Mit dem, was du findest, *machst* du im Moment nichts. Du sammelst es nur in deinem Eingangsbehälter.

ACHTUNG! AUFPASSEN! Während dieser Tätigkeit taucht wahrscheinlich ständig die Stolperfalle namens Ablenkung auf. Bleib bei der Sache. Leg das Zeug in den Eingangskorb. Das ist dein Job.

FALLE

Wenn du das Zimmer absuchst, achte auf fünf Arten von Positionen. Als Erinnerungshilfe merkst du dir die Buchstabenfolge R A D V.

1. **Referenzmaterial:** Information oder Material, das du nicht sofort, aber vielleicht später brauchst. Dazu gehören Bücher, Zeitschriften, Führerschein usw.
2. **Ausrüstung:** Werkzeuge/Dinge, die du regelmäßig benutzt oder die eine Funktion erfüllen. Dazu gehören Uhr, Telefon, Computer, Möbel, Ladegeräte usw.

3. **Dekoration**: Dekoration erfüllt keinen praktischen Zweck, sondern ist Ausdruck deiner Persönlichkeit. Dazu gehören Fotos, Kunstgegenstände, Sinnsprüche, eine Pinnwand usw.

4. **Verbrauchsmaterial**: Praktische Dinge, die du verwendest und aufbrauchen kannst. Dazu gehören Papier, Stifte, Haftnotizen, Marker usw.

5. **Zeug**: Alles, was nicht RADV ist, zählt zum Zeug. Es muss in deinen Eingangsbehälter.

NACH ZEUG SUCHEN

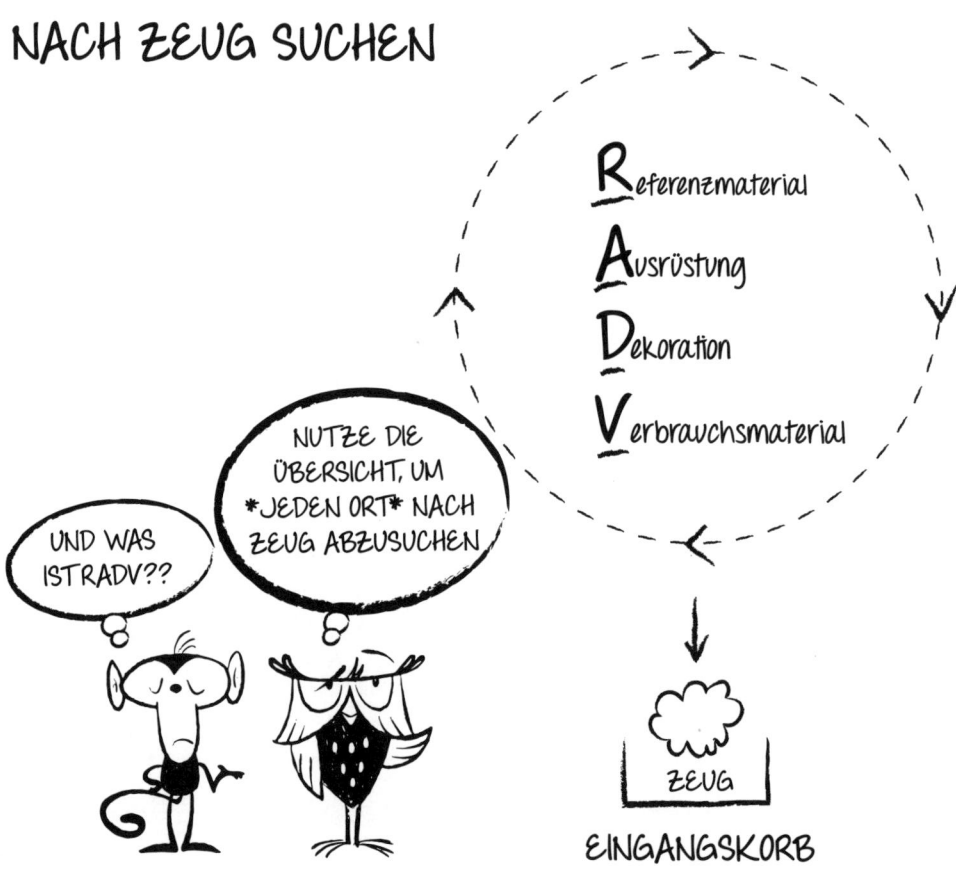

Suche das Zimmer nach allem ab, was nicht R A D V und deshalb Zeug ist. Zeug kann alles sein – von unvollständigen Hausaufgaben über Erlaubniszettel bis hin zu schmutziger Kleidung. Wenn du physisches Zeug wegen seiner Größe oder seinem Aufbewahrungsort nicht in den Eingangsbehälter legen kannst, schreibst du ein Wort oder mehrere Wörter, die den Punkt repräsentieren, auf ein Blatt Papier und legst dieses in einen Eingangskorb (beispielsweise »tote Maus im Schrank«, »kaputter Stuhl«, »Mamas Geburtstag«). Wenn du später einen Blick auf das Papier wirfst, sollte genau so viel darauf stehen, dass du weißt, was und wo das betreffende Zeug ist. Wenn du Zeug durch Aufschreiben repräsentierst, nimmst du für jedes einzelne Teil einen eigenen Zettel. (Das wird bei Phase 2 hilfreich sein.)

Nimm dir Zeit für die Jagd nach Zeug. Als Erstes verschaffst du dir einen raschen Überblick und erfasst alles, was sofort auffällt. Dann befasst du dich eingehender mit weniger sichtbaren Orten wie Schubladen, Schränken, Arbeitsflächen, Fußböden, Regalen, Rucksäcken. Schau überall nach, wo Zeug drin sein könnte – besonders dann, wenn das dein erster Versuch ist, dir einen Überblick zu verschaffen.

Sobald du alles in einem Eingangsbehälter verstaut hast, ist der Weg in Richtung Kontrolle eröffnet.

Wie fühlst du dich dabei? Im Moment musst du dich nicht darum kümmern, ob du das als positiv oder negativ empfindest – beides ist an diesem Punkt des Prozesses ganz natürlich. Du solltest nur darauf achten, was du fühlst, damit du, wenn du mit dem Test dieser Hilfsmittel und Schritte fortfährst, Verschiebungen, Änderungen und im Idealfall einige aufregende Verbesserungen erkennen kannst.

Wenn im Anschluss an eine Jagd nach Zeug nun alles im Zimmer R A D V ist und all das Zeug, das Aufmerksamkeit braucht, sich in einem Eingangskorb befindet, dann ist der Raum für dein Gehirn so ordentlich, wie er überhaupt sein kann. Der Ort mag nicht sauber und ordentlich aussehen, ist aber wahrhaft *geordnet*, weil alles an genau dem Platz ist, der seiner *Bedeutung* entspricht. Du hast das Zimmer wirklich »aufgeräumt«, obwohl du doch nichts weiter getan hast, als einen Haufen Zeug in einem Eingangsbehälter zu sammeln.

Wenn du dir deinen Raum jetzt ansiehst, so ist er das, was wir übersichtlich nennen, weil nichts mehr da ist, was deine Aufmerksamkeit erfordert, und weil du alles, womit du dich befassen solltest, in einem Behälter untergebracht hast, der in Phase 2 abgehandelt werden wird. Für den Augenblick ist er sachgerecht organisiert.

Bevor wir jetzt zu euphorisch werden und einander auf die Schulter klopfen: Du dürftest nun einen Eingangskorb haben, der erschreckend überfüllt ist. Das ist völlig okay, weil wir ja gerade erst angefangen haben. Während des gesamten ersten Anlaufs ist es sehr wahrscheinlich, dass du einen Haufen Zeug sammelst. Sobald du dich daran gewöhnt hast, regelmäßig alles zu erfassen, wird die Menge an Zeug kleiner werden.

Nachdem du die Jagd nach Zeug im Schlafzimmer abgeschlossen hast, kannst du andere Orte in deiner physischen Welt ins Auge fassen, die von dem Prozess profitieren könnten. Eine Ecke in der Küche? Dein Rucksack? Dein Spind oder die Sporttasche? Ein Schrank? Ein Auto?

Jagd nach Zeug – digitaler Raum

Als Nächstes wechseln wir in deine digitale Welt, wo wir eine weitere Jagd nach Zeug veranstalten werden. Für manche dürfte die digitale Welt mit einer kurzen Prüfung abgehandelt sein. Für andere wird es dagegen ein weit komplizierterer und anstrengenderer Prozess sein als der, den wir im physischen Raum durchgeführt haben. Es kann eine Herausforderung sein, digitales Zeug einzugrenzen und zu erfassen, weil es sich so leicht in Ordnern, Apps oder in der Cloud verstecken kann. Doch auch unsichtbares Zeug ist *immer noch* Zeug, und dein Gehirn geht genauso damit um.

Hier ein empfohlenes Vorgehen, diese Welt in Angriff zu nehmen:

Zunächst bestimmst du, an welchen Orten dein digitales Zeug derzeit entsteht und sich ansammelt. Das könnten Nachrichten-Accounts, Schul-Websites, ein Fotoalbum oder die Feeds sozialer Medien sein.

Sobald du weißt, wo die Jagd nach digitalem Zeug stattfinden soll, musst du im nächsten Schritt entscheiden, *wie* du das Zeug aus deiner digitalen Welt erfassen willst. Du könntest denselben physischen Eingangskorb und das Sammelwerkzeug verwenden, das du für dein Zimmer genutzt hast. In diesem Fall legst du das Sammelwerkzeug neben den Computer oder das

```
┌──── DIGITALES ZEUG ────┐
│                         │
│  ☐ E-Mail    ☐ Schul-Website       │
│  ☐ Twitter   ☐ Kurs-Website        │
│  ☐ Facebook  ☐ Sport-Website       │
│  ☐ YouTube   ☐ Aktivitäten-Website │
│  ☐ _____     ☐ _____               │
│  ☐ _____     ☐ _____               │
│  ☐ _____     ☐ _____               │
└─────────────────────────┘
```

Smartphone und setzt dich in die Nähe des Eingangskorbs. Wenn du auf Zeug stößt, das deine Aufmerksamkeit braucht, notierst du auf einem Zettel, was es ist, und wirfst ihn dann in deinen Sammelbehälter. Das könnten Dinge sein wie Nachrichten, die eine Reaktion erfordern, Daten, die geordnet werden wollen, Sachen, die du beschaffen möchtest, usw.

Du könntest auch beschließen, auf deinem digitalen Gerät eine Liste oder einen Ordner einzurichten – eine Art von digitalem Eingangskorb und Sammelhilfe. Wenn du diesen Weg wählst, solltest du ein gutes Programm oder eine App suchen, die diese Funktion bietet. Es gibt viele Apps zur Listenverwaltung zum Herunterladen, oder auf deinem Mobilgerät ist schon etwas in der Art vorinstalliert (Erinnerungen, Notizen, Aufgaben etc.).

Welche Eingangsbehälter und Sammelhilfen du wählst, musst du nicht jetzt überdenken. Die getroffenen Entscheidungen müssen auch nicht ewig bestehen bleiben. Nachdem du diesen Prozess zum ersten Mal durchlaufen hast, wirst du wahrscheinlich einiges finden, was gut funktioniert, während anderes nicht so gut läuft – dann kannst du alles entsprechend nachjustieren. GTD ist unter anderem deswegen so toll/beliebt/erfolgreich, weil du jederzeit die Hilfsmittel wechseln und austauschen kannst. Deine Eingangsbehälter und Sammelwerkzeuge mögen die *Form* wechseln, sie *funktionieren* jedoch auf gleiche Weise.

Gehe alle deine digitalen Eingangskörbe, den Computer, alle alten Dateien und Ordner durch und suche nach Zeug, das vielleicht von Bedeutung ist oder Aufmerksamkeit bzw. Handeln erfordert. Sieh deine Festplatte durch, dein Fotoalbum, deine Nachrichten, deine Ordner auf Google Drive, deine Feeds in den sozialen Medien, die Kurs-Websites, den Kalender usw.

Dann kannst du jeden dieser Punkte in den vorher festgelegten Eingangskorb ziehen, fallenlassen oder dort erfassen. Alternativ kannst du auch dein Sammelwerkzeug nutzen, die einzelnen Positionen notieren und *dann* in deinen Eingangskorb legen.

Wie ähnlich oder anders fühlt sich die Erfassung der digitalen Welt verglichen mit der Jagd nach Zeug in deinem Zimmer an?

Jagd nach Zeug – mentaler Raum

Auf dem Weg, die Kontrolle zu gewinnen, ist es ein großartiger Start, all dein physisches und digitales Zeug einzusammeln. Es gibt jedoch einen Ort, den wir noch nicht gründlich nach Zeug abgesucht haben – dieser Ort ist berüchtigt für seine Fähigkeit, offene Enden tonnenweise zu speichern und sogar zu erzeugen: dein eigenes Gehirn.

Das Gehirn abzusuchen kann besonders vertrackt sein, weil der Inhalt physisch nicht sichtbar ist; es ist allerdings am bequemsten zu prüfen, weil es am besten zugänglich ist. Dein Gehirn begleitet dich immerzu; es überprüft ständig deine Welt auf potenziell bedeutsame und relevante Informationen. Es achtet stets übereifrig auf anfallendes Zeug und produziert vielleicht sogar selbst welches. Manche dieser Dinge könnten für offene Enden stehen.

Sagen wir, du hast beispielsweise gerade einen Hinweis auf eine Frist für die Anmeldung zur Fahrschule gelesen. Das erinnert dich daran, dass du mit deinen Eltern darüber reden musst, dich dort anzumelden. In Hinblick auf diese offene Angelegenheit hast du zwei Möglichkeiten: 1) Du *könntest* es aufschreiben und hoffen, dass du dir selbst die beste Gelegenheit verschaffst, die Sache erfolgreich zu regeln, oder du *könntest* alternativ 2) davon ausgehen, dass du dich später daran erinnerst. Vielleicht sparst du dir ja fünf Sekunden, wenn du diesen Einfall nicht erfasst, aber du musst dir darüber im Klaren sein, dass du Gefahr läufst, es zu vergessen, und dass Myggy dich zudem zur falschen Zeit daran erinnert – etwa wenn du zu lernen versuchst, oder um drei Uhr morgens, wenn du schlafen möchtest, oder vielleicht sogar am Tag nach dem Termin. Am Ende wird der Weg des geringsten Widerstands zur Stolperfalle.

Wenn du das Zeug ausgraben willst, an dem dein Geist festhält, damit du es – nach deinen Regeln und dann, wann *dir* danach ist – abhandeln kannst, solltest du einen Gang runterschalten. Du solltest dein Handy für ein paar Augenblicke weglegen, deine Gedanken einfach umherschweifen lassen … und denken. Wohin wandert dein Geist in solchen ruhigen Momenten?

Wo immer er landet – er wird wahrscheinlich über ein offenes Ende stolpern, über irgendwelches Zeug. Hier haben wir ein Verfahren, das helfen kann, dieses Schürfen nach offenen Enden weiterzuentwickeln. Es ist eine Art Jagd nach Zeug für das Gehirn und nennt sich **Gedankensammlung**.

Gedankensammlung: Eine Tätigkeit, bei der du wirklich alles erfasst, was dein Denken erfüllt oder deine Aufmerksamkeit hält.

> *Du kannst alle anderen täuschen –*
> *deinen eigenen Geist jedoch nicht.*
>
> David Allen

SO WIRD DER KOPF GELEERT

Die Gedankensammlung kann wie ein Abführmittel für das Gehirn im Backup-Modus wirken.

Um das Zeug, das sich in deinem Kopf angesammelt hat, mit der Gedankensammlung offenzulegen, schnappst du dir ein Stück Papier zur Erfassung. Wir empfehlen, zumindest bei den ersten Malen statt eines digitalen Geräts Papier zu verwenden, um mögliche Ablenkungen von Apps, Alarmmeldungen und Benachrichtigungen zu reduzieren. Es kann auch nützlich sein, einen Ort zu suchen, wo du mit Gewissheit ein paar Minuten hast, in denen du nicht unterbrochen wirst.

Für den Anfang achtest du einfach darauf, was deine Aufmerksamkeit fesselt. Was liegt dir auf der Seele? Worauf macht dein Gehirn dich aufmerksam? Worüber denkst du nach?

Was immer du in deinen Gedanken entdeckst – schreib es auf das Blatt Papier. Damit nimmst du deinem Gehirn die Last, es weiterverfolgen zu müssen. Kümmere dich nicht darum, wie du das aufschreibst oder was du damit machen sollst; schaff es nur raus, indem du es irgendwie und in irgendeiner Form notierst.

Zu diesem Zeitpunkt versuchst du nicht zu entscheiden, worauf oder wie du deine Aufmerksamkeit *ausrichtest*; du stellst nur fest, was deine Aufmerksamkeit *fesselt*. Wenn es dir auf der Seele liegt, erfordert es wahrscheinlich zumindest *ein wenig* zusätzliches Denken. Deine Liste könnte ungefähr so aussehen:

- Abschlussprüfungen
- Schulball
- Mama
- Urlaub
- Spritgeld

- Führerschein
- Ferienjob
- Schrank
- Volleyball
- Neue Klamotten

Ein stumpfer Bleistift ist besser als ein scharfer Verstand.

Benjamin Franklin

IMPULSLISTE

Die ersten paar Minuten beim Ausräumen des Kopfes werden dir helfen, deine aktiven Gedanken zu erfassen. Doch dein Gehirn bewahrt auch auf einer tieferen Ebene etwas auf – Enden, die nicht *aktiv* in deinem Denken vorhanden sind. Myggy könnte bereit sein, sie zu den schlimmstmöglichen Zeitpunkten wieder ans Licht zu bringen.

Als Unterstützung für tieferes Schürfen in deinem Kopf und auf der Suche nach mehr Zeug gibt es einen Begleiter für das Ausräumen des Kopfes, eine **Impulsliste**. Ein **Impuls**, oder auch Anstoß, ist alles, was als Erinnerungshilfe dient. Anstöße können ein Alarm auf deinem Handy, eine Haftnotiz an deiner Tür, eine an dich selbst geschickte Nachricht usw. sein. Sie sollen dafür sorgen, dass du zur rechten Zeit an die richtigen Dinge denkst. Eine Liste von Anstößen stellt eine Sammlung von Anlässen bereit, die dein Denken zum richtigen Zeitpunkt anregen sollen. Beim Ausräumen des Kopfes ist die Impulsliste dazu gedacht, dass du leichter über Zeug nachdenkst, das vielleicht nicht so offen auf der Hand liegt. Als Hilfestellung für deine erste Gedankensammlung folgt eine von einem Teenager aufgestellte Musterliste von Impulsen.

IMPULSLISTE

Verpflichtungen/Zusagen	Mama, Papa, Geschwister, Oma, Opa
Kommunikation/digitale Präsenz	E-Mails, Texte, Anrufe, Facebook, Instagram, Twitter
anstehende Ereignisse	Geburtstage, Prüfungen, Projekte, Ferien, Sport
Finanzen	Schulmaterial, Job, Kleidung, Prüfungsgebühren
Freizeit	Bücher, Filme, Hobbys, zum Essen ausgehen

Wenn du die Liste von Anstößen nutzt, solltest du etwa fünf Minuten darauf verwenden, die einzelnen Punkte (die Impulse) zu lesen und zu überdenken. Wenn dein Denken durch einen Impuls auf ein offenes Ende oder auf anderes Zeug gebracht wird, schreibst du das auf. Du erfasst alle zusätzlichen offenen Enden, die sich auf deiner Liste aus deiner Gedankensammlung finden, und legst die Liste in deinen Eingangskorb.

SO GELANGST DU ZU DEINER ERSTEN BESTANDSAUFNAHME

Der erste Durchlauf des Sammelns erfordert den größten Einsatz. Schließlich versuchst du, eine umfassende erste Aufstellung von *all* dem Zeug zu schaffen, das sich bis zu diesem Augenblick in deinem Leben angesammelt hat – ein riesiger Rückstau.

Wenn du diese erste vollständige Erfassung abgeschlossen hast, wird sich der gesamte Rückstau erfreulicherweise in Eingangskörben befinden, und dadurch wird alles einfacher. Von da an kommt es darauf an, all das Zeug, das in deine Welt gelangt, fortwährend zu erfassen, *wenn es sich zeigt*, und es in den Behältern unterzubringen.

Erinnerst du dich an den Surfboard-Effekt? Das ist dieser erste Abschnitt – die Kontrolle zu *erlangen*, indem du arbeitest, um auf diese chaotische Welle hinaufzukommen.

ETWAS SCHAFFEN

Es wird einige Zeit und Geduld erfordern, zu einer vollständigen Bestandsaufnahme zu kommen. Es ist nicht annähernd so mühsam, die Kontrolle über den Stoff *beizubehalten* oder *wiederzugewinnen*, und sobald du dir angewöhnt hast, erfassungsbereit zu sein, wird dir dieser Schritt erheblich leichter fallen und viel selbstverständlicher vorkommen.

STRESS ODER ERLEICHTERUNG?

Wenn du das gesamte Inventar des Zeugs in deiner physischen, digitalen und mentalen Welt erfasst hast, reagierst du wahrscheinlich irgendwie emotional darauf, alles an einem Ort zu sehen. Manche spüren vermehrten *Stress* und sind überwältigt, wenn ihnen klar wird, wie viel ihre Aufmerksamkeit beansprucht; sie empfinden Spannung, Überlastung und Stress. Wenn du so

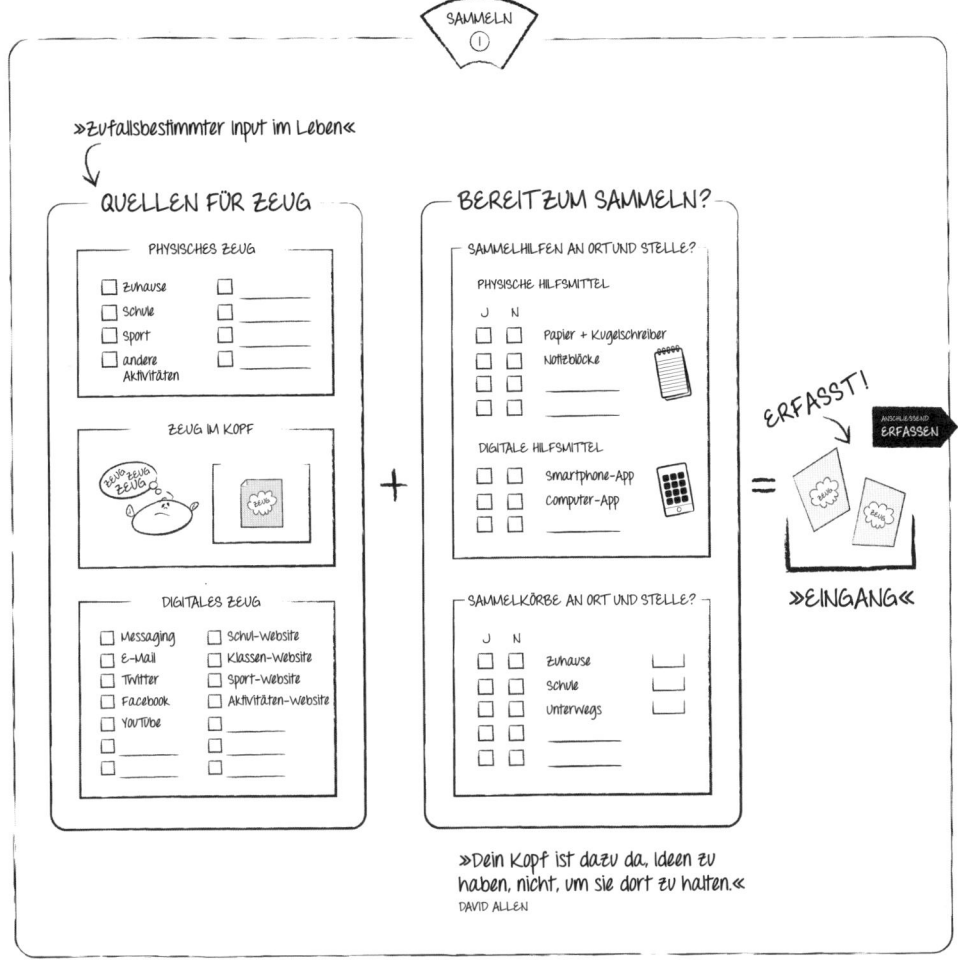

<figcaption>

»Zufallsbestimmter Input im Leben«

QUELLEN FÜR ZEUG

PHYSISCHES ZEUG

- ☐ Zuhause   ☐ _____
- ☐ Schule   ☐ _____
- ☐ Sport   ☐ _____
- ☐ andere   ☐ _____
  Aktivitäten

ZEUG IM KOPF

DIGITALES ZEUG

- ☐ Messaging   ☐ Schul-Website
- ☐ E-Mail   ☐ Klassen-Website
- ☐ Twitter   ☐ Sport-Website
- ☐ Facebook   ☐ Aktivitäten-Website
- ☐ YouTube   ☐ _____
- ☐ _____   ☐ _____
- ☐ _____   ☐ _____

BEREIT ZUM SAMMELN?

SAMMELHILFEN AN ORT UND STELLE?

PHYSISCHE HILFSMITTEL

J N
☐ ☐ Papier + Kugelschreiber
☐ ☐ Notizblöcke
☐ ☐ _____
☐ ☐ _____

DIGITALE HILFSMITTEL

☐ ☐ Smartphone-App
☐ ☐ Computer-App
☐ ☐ _____

SAMMELKÖRBE AN ORT UND STELLE?

J N
☐ ☐ Zuhause
☐ ☐ Schule
☐ ☐ Unterwegs

ERFASST!

ANSCHLIESSEND ERFASSEN

»EINGANG«

»Dein Kopf ist dazu da, Ideen zu haben, nicht, um sie dort zu halten.«
DAVID ALLEN
</figcaption>

reagierst, denke daran, dass nichts, was du in diesem Prozess erfasst hast, *neu* ist: Es ist da gewesen, seit es das erste Mal zu einem Teil deiner Welt geworden ist. Das Verfahren hilft dir einfach, es zu erkennen. Mit den nächsten paar Schritten wirst du fähig werden, all das Zeug *umzuwandeln*, und am Ende wirst du eine neue Kontrolle finden.

Andere spüren zunehmende *Erleichterung*. Nachdem sie nun das vollständige Bild sehen – ein komplettes Inventar des Rückstaus mit all dem Zeug, das sie bewältigen müssen –, wird ihnen klar, dass ihr Zeug in Wirklichkeit nicht annähernd so überwältigend ist, wie sie befürchtet hatten.

Nun ist Kontrolle in Sicht und erreichbar, und das erzeugt eine bestärkende Zuversicht. Tatsächlich erleben die meisten, die bei dem Prozess mitmachen, eine Mischung aus Stress *und* Erleichterung.

Als nächste Phase folgt das **Verarbeiten** – das Geheimnis, das dich auf den Fahrersitz befördern kann. Es wird für die schon erklärte operative Kontrolle sorgen, und es ist entscheidend dafür, den Zustand der Bereitschaft zu erreichen. Es ist an der Zeit, dass du deinen präfrontalen Kortex vollständig einbeziehst – und das auf möglicherweise völlig neue Art.

ZUSAMMENFASSUNG

Um das Zeug aus dem Kopf zu bekommen, musst du es zunächst sammeln. Sammeln heißt, physische, digitale und mentale Inhalte mithilfe von **Sammelwerkzeugen** zu packen und auszulagern. Wenn das erfasste Zeug in verlässlichen Eingangskörben untergebracht ist, vertraut dein Geist darauf, dass du es zu einem späteren Zeitpunkt sichten und dich damit auseinandersetzen wirst. Sammeln kann **offene Enden** auch dann verknüpfen, wenn erst noch gehandelt oder ein Abschluss erzielt werden muss.

Schlüsselbegriffe

- Sammeln
- Eingangskörbe
- Jagd nach Zeug
- RADV
- Gedankensammlung
- Impulsliste
- Rückstau

Fragen zum Überlegen oder Diskutieren

- Hast du je Probleme mit dem Einschlafen? Falls ja: Was hält dich nachts wach?
- Welche **Sammelwerkzeuge** gibt es in deiner Welt schon? Mailboxen? E-Mail-Accounts?
- Hast du je eine To-do-Liste erstellt? Welche Erfahrungen hast du damit gemacht? Was war hilfreich? Was hat nicht funktioniert?
- Wo musst du deiner Ansicht nach **Eingangskörbe** einrichten, um anfallendes Zeug zu erfassen? Mit welcher Mindestanzahl glaubst du auszukommen, um alles **sammeln** zu können?
- Bist du zum **Sammeln bereit**? Liegen die Hilfsmittel (Notizblock, App auf dem Smartphone) bereit, die es dir ermöglichen, jederzeit etwas zu notieren? Welche anderen Werkzeuge könntest du anwenden oder dir wünschen?
- Welche Art von Zeug taucht in deiner Welt am häufigsten auf? Wie gehst du im Augenblick damit um? Wie funktioniert das?

PHASE 2: VERARBEITEN

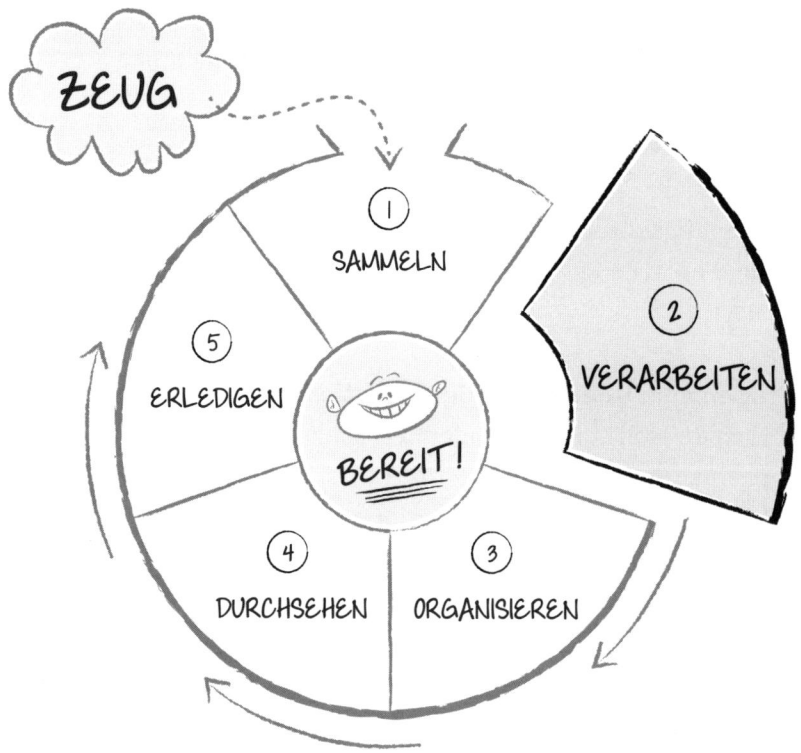

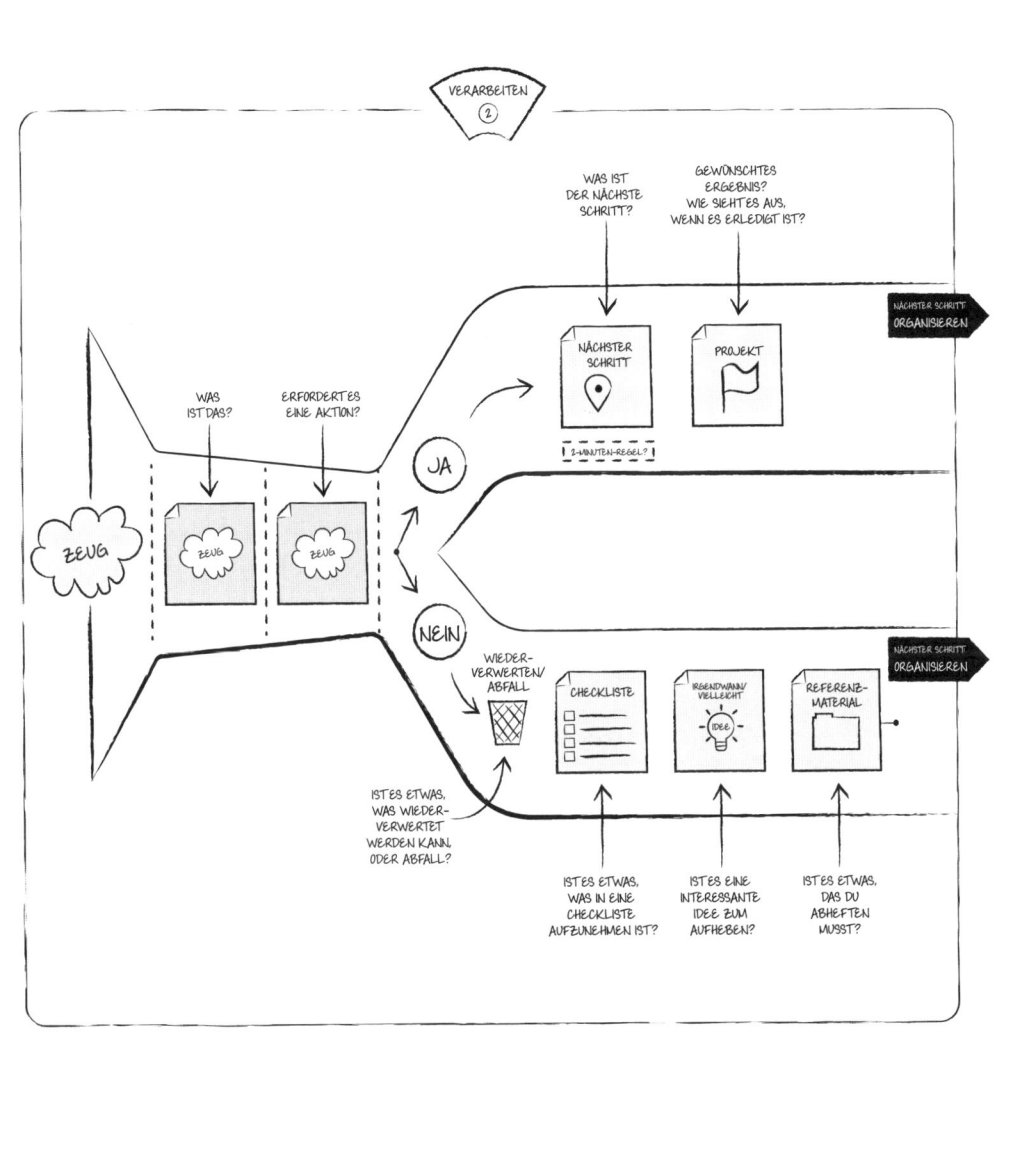

TRIFF EINE ENTSCHEIDUNG

Verarbeiten: Bestimmen, welche Bedeutung einer Sache zukommt, die sich aus dem Sammeln ergeben hat.

Im Gegensatz zum Sammeln ist **Verarbeiten** kein sichtbarer Schritt. Beim Sammeln handelt es sich vorwiegend um beobachtbare und greifbare Dinge, die du findest oder als Zeug erkennst, und die Ergebnisse des Erfassens kannst du in einem Eingangskorb sehen.

Das Verarbeiten ist dagegen ein zu 100 Prozent mentaler Vorgang. Doch dieser Schritt ist im Grunde der wichtigste aller fünf Phasen und bringt dir den größten Gewinn. Er hat sich zwar immer wieder als die größte Herausforderung erwiesen, wirkt sich allerdings auch besonders tief greifend aus. Sobald du diesen Prozess im Griff hast, bleibt er unverändert. Wenn du wirklich bereit sein willst, wenn du die Kontrolle gewinnen und in deinem Leben Raum für das schaffen willst, was du magst; wenn du Freiheit finden, die Welt verändern, unbesiegbar werden, zum Mond fliegen, Superkräfte entwickeln willst: Dann solltest du als Erstes lernen, wie du diesen einfachen Schritt einübst und anwendest – nämlich eine Entscheidung zu treffen.

DENKE EINMAL

Im Moment hast du Phase 1 vollbracht und dein gesamtes Zeug erstmals zusammengetragen. Phase 2 *befasst sich* mit all diesen erfassten Positionen. Du erfährst nun, wie du mit ihnen umgehst – jeweils einzeln und mit der passenden Entscheidung.

Das Verarbeiten verwandelt den ganzen Inhalt deines Eingangskorbes und überführt das geballte Zeug in eine ausführbare, nutzbare oder handhabbare Form. Damit vollziehst du eine entscheidende Wende, doch dazu ist mehr Fokus gefordert als bei jedem anderen Schritt. Während der Kopf mit der Gedankensammlung relativ rasch und einfach zu leeren ist, gehst du beim Verarbeiten langsam und systematisch vor. Der

Vorgang verläuft ziemlich mechanisch, und wenn du ihn erst mal für einige Zeit praktiziert hast, wird er so automatisch ablaufen wie das Zähneputzen.

Bei diesem Schritt besteht andauernd die Gefahr, dass durch Stolperfallen Chaos entsteht. Viele Leute *beschließen* sogar, sich auf Ablenkungen einzulassen, anstatt sich den Schritt des Verarbeitens anzutun.

Warum sollte jemand absichtlich eine **Stolperfalle** ansteuern? Weil einem das Lesen von Textnachrichten oder die Beschäftigung mit Videospielen erspart, intensiv nachzudenken, und zeitweilig das Gefühl von Ausflucht und Erleichterung hervorrufen kann. Denken erfordert Aufmerksamkeit, Platz und einige Mühe, doch letztlich kommt es hier darauf an, sowohl *effektiv* als auch *effizient* zu denken. Das heißt, du sollst nicht mehr als nötig denken – denn schließlich wirst du später nicht wieder und wieder über etwas nachdenken wollen, was du heute hinausgeschoben hast.

Anders gesagt, Denken zum *richtigen Zeitpunkt* vermeidet *Verschwendung* von Zeit, Energie und Aufmerksamkeit. Zudem schafft es die Voraussetzungen für Klarheit, Impulse, Freiheit, Ordnung und mehr Energie für das, was *du* tun möchtest. Es ist der Schlüssel zur Kontrolle. Verarbeiten ist die oberste Fertigkeit für das 21. Jahrhundert.

Denken ist die schwerste Arbeit, die es gibt.
Das ist wahrscheinlich auch der Grund,
warum sich so wenige Leute damit beschäftigen.

Henry Ford

DER UMWANDLER

Beim Verarbeiten nimmst du ein einzelnes Element von dem Zeug, das in deine Welt gelangt ist, und unterziehst es einem Denkvorgang. Um dieses Konzept besser zu visualisieren und zu vereinfachen, haben wir ein Hilfsmittel namens **Umwandler** geschaffen.

Dabei handelt es sich nicht um ein physisches Werkzeug. Sein Funktionsmechanismus heißt *fundamentaler Denkprozess*. Das hier vorgestellte Bild des Umwandlers ist nur ein Modell, das dazu beiträgt, dein Gehirn in diesen Vorgang einzuführen.

Wenn du dir vor Augen hältst, wie der Umwandler arbeitet, kannst du dir vorstellen, dass das Zeug von links in den Prozess eingespeist wird. Anhand einiger Fragen wird es bewertet und einem von zwei Pfaden zugeordnet. Auf jedem der Pfade wird es dann in etwas Neues umgewandelt, das einfacher ist und besser genutzt werden kann. Dieses Werkzeug kann alles umwandeln, das in dein Leben tritt, und zwar wirklich *alles*.

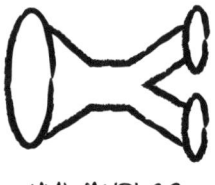

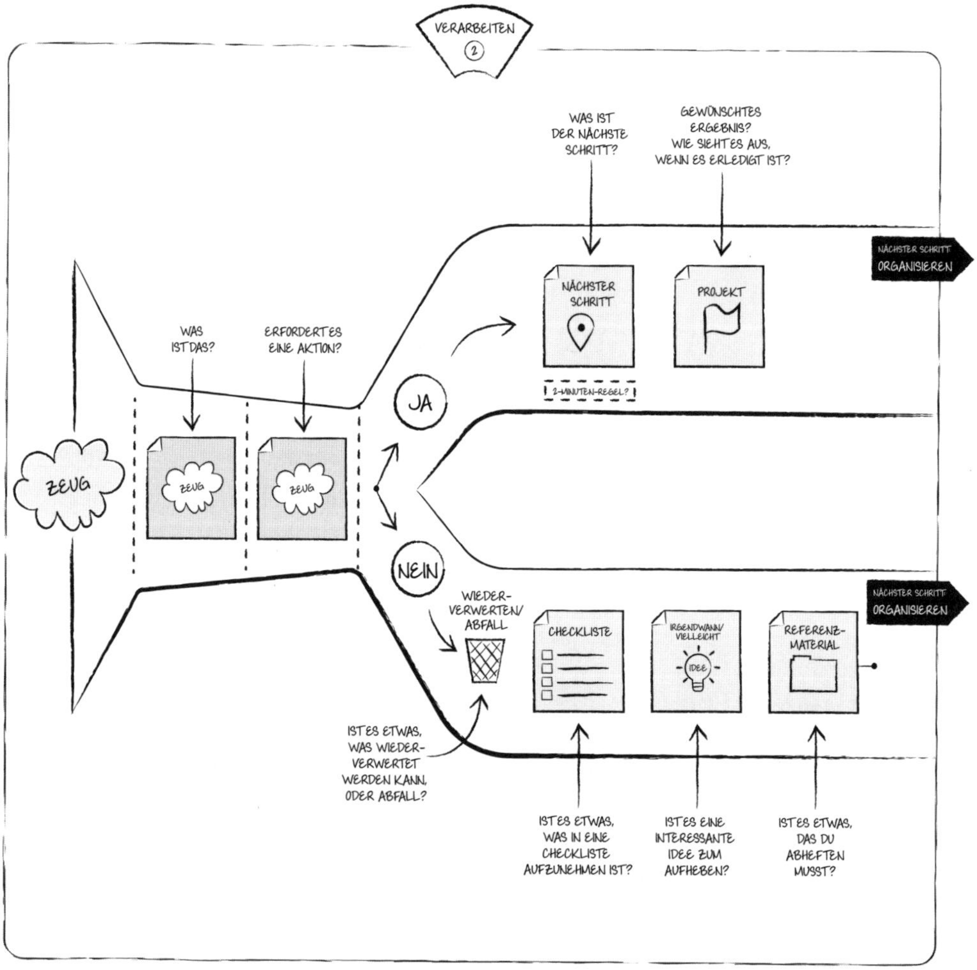

UMWANDLER

VERARBEITEN
②

WAS IST DER NÄCHSTE SCHRITT?

GEWÜNSCHTES ERGEBNIS? WIE SIEHT ES AUS, WENN ES ERLEDIGT IST?

NÄCHSTER SCHRITT
ORGANISIEREN

WAS IST DAS?

ERFORDERTES EINE AKTION?

NÄCHSTER SCHRITT

PROJEKT

JA

2-MINUTEN-REGEL?

ZEUG

ZEUG

ZEUG

NEIN

WIEDER-VERWERTEN/ ABFALL

NÄCHSTER SCHRITT
ORGANISIEREN

CHECKLISTE

IRGENDWANN/ VIELLEICHT
IDEE

REFERENZ-MATERIAL

IST ES ETWAS, WAS WIEDER-VERWERTET WERDEN KANN, ODER ABFALL?

IST ES ETWAS, WAS IN EINE CHECKLISTE AUFZUNEHMEN IST?

IST ES EINE INTERESSANTE IDEE ZUM AUFHEBEN?

IST ES ETWAS, DAS DU ABHEFTEN MUSST?

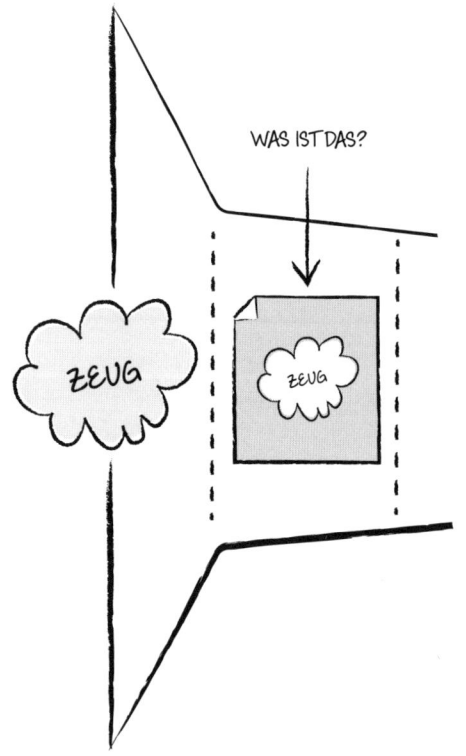

WAS IST DAS?

ZEUG

ZEUG

EINS NACH DEM ANDEREN: WAS IST DAS?

Dieser Prozess der Entscheidungsfindung wie auch das Modell des Umwandlers laufen darauf hinaus, dass du immer je ein Element von dem Zeug aus dem Eingangsbehälter nimmst und fragst: »Was ist das?«

Du beginnst mit einer einfachen Frage. Denk nicht zu viel darüber nach – das Element muss nur deinem Gedächtnis auf die Sprünge helfen und in Erinnerung rufen, welches Stück Zeug das ist und warum du es erfasst hast.

Die Antworten könnten etwa so lauten:

> »Das ist meine Mathe-Hausaufgabe.«
> »Das ist die Einladung zu einer Party.«
> »Das ist die Quittung für meine Klamotten für den Abschlussball.«
> »Das ist eine Idee, wie man Krebs heilen könnte.«

Sobald das Zeug erkannt ist, wird es Zeit, zu einem Denkvorgang auf höherer Ebene überzugehen. Es folgen einige einfache Fragen, die zur Komplettierung des Verarbeitens führen.

Erfordert es eine Aktion?

Mithilfe dieser Frage kannst du feststellen, ob das jeweilige Zeug irgendeine Handlung von dir erfordert; sie ordnet jedes Element in eine von zwei Kategorien ein. »*Erfordert es eine Aktion?*« legt fest, ob du mit dem fraglichen Zeug etwas *machen* musst. Das könnte bedeuten, sofort etwas damit anzufangen oder später an einem speziellen Tag oder zu einem bestimmten Zeitpunkt zu handeln.

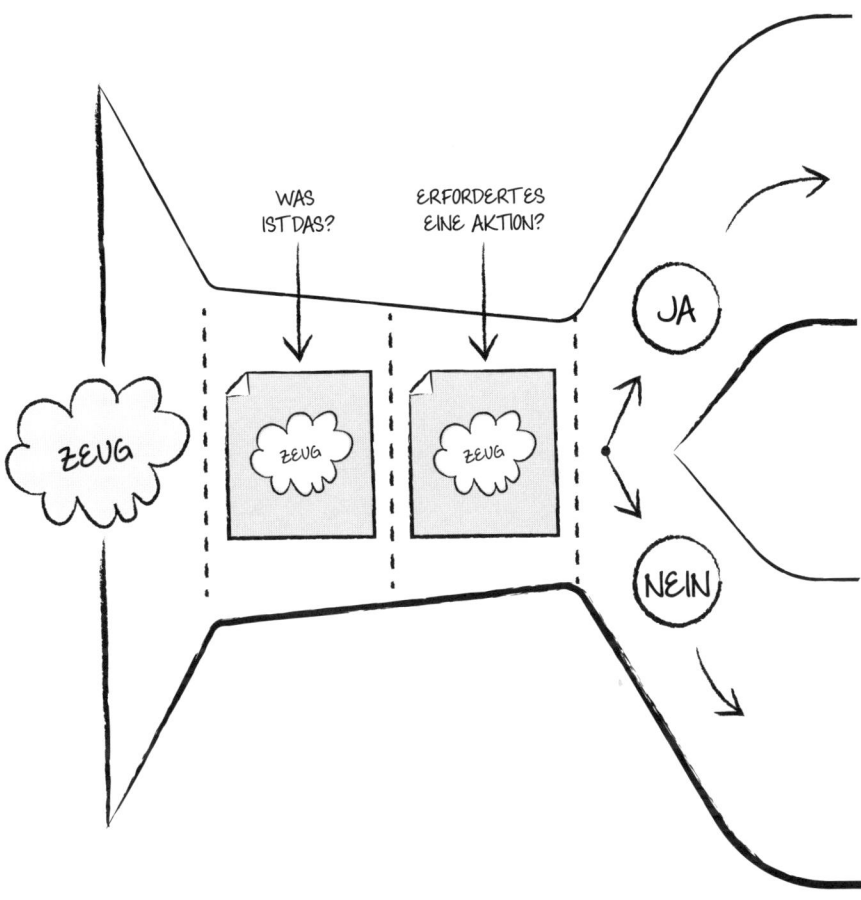

Die gute Nachricht: Auf diese Frage gibt es nur zwei Antworten.

Ja – Es ist etwas, was ich tun muss, wozu ich neige, wo ich teilnehmen will; etwas, was einzureichen, zu vervollständigen, zu bedenken ist, was Recherchen erfordert, wo ich nachsehen möchte, womit ich spielen will, worüber ich reden will, was ich mitteilen will usw.

Nein – Das ist etwas, was ich nicht brauche, oder ich muss/will es aufbewahren, auch wenn es nicht notwendig ist, dass ich jetzt etwas damit anfange.

Elemente ohne Handlungsbedarf

Fangen wir mit Sachen an, bei denen die Frage »Erfordert es eine Aktion?« mit Nein beantwortet wurde.

Wenn eine Position keine Aktion impliziert, du also aktuell nichts dazu unternehmen musst, geht sie in eine von vier Formen über: Abfall, Checkliste, Irgendwann/Vielleicht oder Referenzmaterial.

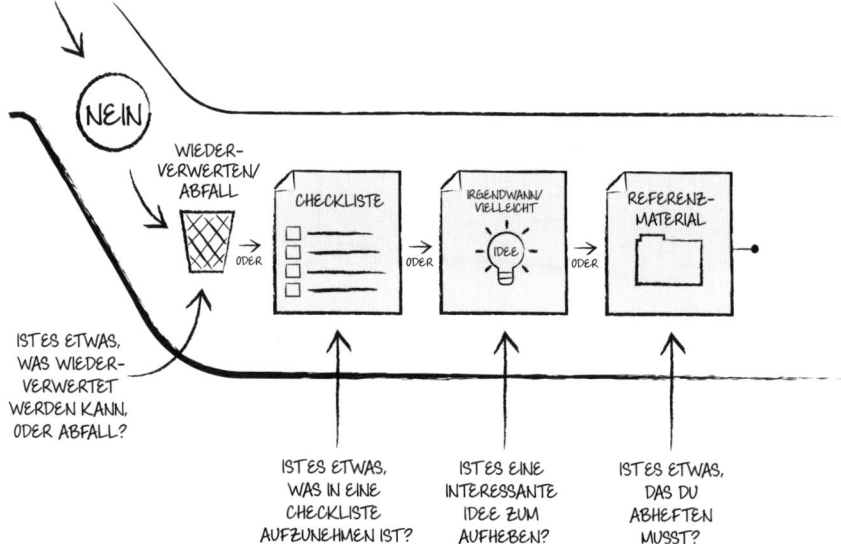

Damit du entscheiden kannst, welches die richtige Kategorie ist, brauchst du nichts weiter als ein eindeutiges Verständnis dafür, was jeder dieser Ausdrücke genau bedeutet. Wir erläutern *eindeutig* und *genau* an dieser Stelle, denn wenn du nur eine vage Vorstellung davon hast, was diese Wörter bedeuten, kann es vorkommen, dass die Entscheidung für eine dieser Kategorien in einen langsameren und schwierigeren Prozess mündet. Wir wollen jede dieser Kategorien umfassend definieren, damit dieser Prozess so einfach wie möglich abläuft.

Kein Handlungsbedarf – Kategorie #1: **Abfall**

Abfall: Jedes Element ohne Handlungsbedarf, das unnötig oder nicht gewollt ist.

»Abfall« bedeutet nicht zwangsläufig »Müll«. Ein altes Bonbonpapier ist Müll – ein einfaches Prinzip, das dein Gehirn leicht begreift. Wenn wir dagegen unsere neue Definition »unnötig« oder »nicht gewollt« verwenden, bekommen wir einige Formen von Abfall, die vertrackter zu bestimmen sind.

Hier ein paar Fragen zur Festlegung, ob ein Element Abfall ist:

- Werde ich das wirklich einmal verwenden oder brauchen?
- Sind mehrere Exemplare des Elements vorhanden?
- Könnte ich bei Bedarf online auf das Element zugreifen?
- Welche Folgen könnten zukünftig auftreten, wenn ich es nicht habe?
- Besitzt das Element emotionalen oder sentimentalen Wert?

Falls es kein starkes Argument gibt, weshalb du etwas künftig brauchen könntest, ist es wahrscheinlich Abfall.

Drück auf die Löschen-Taste, wirf es in den Mülleimer, die Recycling-Tonne, die Bio-Tonne oder an einen anderen dafür geeigneten Ort – du solltest auf jeden Fall anerkennen, dass es letztlich Abfall ist, damit dein Geist es problemlos fallenlassen kann.

Eine alte Verpflichtung? Abfall. Eine bereits gelesene Zeitschrift? Abfall. Spam-E-Mails? Abfall.

Wenn du all das aus deiner Welt rauswirfst, schaffst du es dir aus dem Kopf.

Kein Handlungsbedarf – Kategorie #2: **Checkliste**

Checkliste: Eine personalisierte, im Lauf der Zeit entwickelte Liste, die dich bei einer bestimmten Tätigkeit unterstützt.

Eine weitere Art von »Position ohne Handlungsbedarf«, die sich aus dem Denkprozess ergeben könnte, ist eine Checkliste zum Abhaken.

Eine solche Liste ist eine Variante der Impulsliste. Checklisten enthalten Auslöser für bestimmte Situationen oder eine Sammlung von Schritten, die zu einer erfolgreichen Umsetzung führen. Sie können dir in vielen Situationen helfen – etwa, was du für eine Reise packen musst, was zu unternehmen ist, wenn du irgendwohin fährst, oder was du alles machen solltest, um für eine Prüfung bereit zu sein.

Checklisten lassen sich für Routineabläufe oder sich wiederholende Aufgaben erstellen. Sie verlangen keinerlei Handlung, obwohl sie oft eine Zusammenstellung *früherer* Entscheidungen und Handlungen enthalten, die sich als erfolgreich erwiesen haben, allerdings noch nicht zur Gewohnheit geworden sind. Wenn du eine Checkliste erstellst, gibt dir das die Chance, Zeit zu sparen und dir das Leben unterwegs zu erleichtern. Dieses Vorgehen spart *Energie*, weil du entsprechende Entscheidungen später nicht mehr treffen musst, und es spart eine Menge *Zeit* bei ihrer künftigen Ausführung.

Beim Militär nutzt man Checklisten für taktische Manöver. Die Polizei nutzt Checklisten für Protokolle und Abläufe. Chirurgen verwenden Checklisten, um Operationen vorzubereiten.

Wo könntest *du* von den Möglichkeiten einer Checkliste profitieren? Sagen wir, du musst für einen dreitägigen Ausflug mit der Schule packen. Vor der Abreise hast du eine Menge kleiner Entscheidungen zu treffen und daran zu denken, was du alles einpacken solltest, damit der Ausflug reibungslos abläuft – vom Schlafanzug über die Zahnbürste bis hin zum Ladegerät fürs Handy. Wenn du das zum ersten Mal machst, kann es sein, dass du ziemlich viel Zeit brauchst, um all diese Entscheidungen zu durchdenken. Vielleicht verwendest du auch nicht genug Zeit darauf, und du kommst am Zielort an und merkst, dass ein paar wichtige Dinge fehlen. Für deinen *nächsten* Ausflug könnte es *unheimlich viel* bringen, wenn du eine Liste mit den Sachen erstellst, die du für den ersten Ausflug gepackt hast, und das anfügst, was du vergessen hast. Damit wird dein Denken zur Checkliste gelenkt. Eine Packliste wird dir ermöglichen, künftig viel schneller und effektiver zu packen.

Checklisten können eine Vielfalt von Aktivitäten unterstützen, doch alle bieten die Vorteile des Vorausdenkens – so sparen sie die Zeit und die Energie, die das »Überdenken« verbrauchen würde. Einige Musterlisten, die sich beim Durcharbeiten ergeben können:

- Checkliste für morgens vor der Schule
- Liste der Hockeyausrüstung
- Liste Weihnachtsgeschenke
- Checkliste für die Rückkehr zur Schule nach den Sommerferien
- Liste für Vorbereitung eines Tests

Falls du nach weiteren Gelegenheiten suchst: Teil 3 dieses Buches enthält eine Auswahl von Checklisten, die du ausprobieren kannst.

Kein Handlungsbedarf – Kategorie #3: **Listen für Irgendwann/Vielleicht**
Irgendwann/Vielleicht: Alles, was du vielleicht später gern in Angriff nehmen möchtest, was aber im Moment kein Handeln erfordert.

Gibt es Dinge, die du zu einer bestimmten Zeit gerne machen würdest, auch wenn du sie nie wirklich tun *musst?* All das passt wahrscheinlich in eine Kategorie namens Irgendwann/Vielleicht.

Positionen dieser Kategorie *erfordern* kein Handeln; es handelt sich aber um Dinge, die du vielleicht tatsächlich anpacken willst, wenn die Voraussetzungen stimmen. Indem du solche Sachen der Kategorie Irgendwann/Vielleicht erkennst und aufbewahrst, kannst du potenzielle Gelegenheiten schaffen, die sich später auszahlen. Ir-

IRGENDWANN/
VIELLEICHT

gendwann/Vielleicht katalogisiert Filme, die du dir ansehen willst, zu lesende Bücher, mögliche Reisen oder Wunschlisten, in denen Aktivitäten aufgeführt sind wie etwa Skydiving, das Besteigen des Mount Everest, eine Reise nach Rom, Spieler der NBA werden oder einen Platz für ein Studium an deiner Lieblings-Uni bekommen. Würde es nicht beispielsweise Spaß machen, mit Beginn der Sommerferien eine Liste von Kinofilmen durchzugehen, die du gerne mit Freunden ansehen möchtest, oder eine Liste von Büchern zu sichten, die du gesammelt hast und vielleicht gern mit an den Strand nehmen willst?

Wenn etwas unter Irgendwann/Vielleicht einsortiert wurde, bringt das große Erleichterung für das Gehirn. Du beschließt nicht, in Hinblick auf solche Dinge *nie* etwas zu unternehmen, sondern ordnest sie gedanklich in eine Kategorie ein, die lediglich »jetzt nicht« sagt. Das ermöglicht es diesen Einfällen, einzusickern, zu wachsen und zu gedeihen. Außerdem nimmt es Druck und Schuldgefühle, die sich einstellen, wenn etwas hinausgeschoben wird.

Wenn du später mithilfe der fünf Phasen ein wenig mehr Zeit, Kontrolle und Freiraum zur Verfügung hast, findest du möglicherweise heraus, dass du diese Dinge auf eine Weise kreativ angehen kannst, die dir zuvor verschlossen war.

Doch während Aufschieben schädlich für die Produktivität ist,
habe ich – gegen meine Neigung – gelernt,
dass es ein Segen für die Kreativität ist.

Adam Grant

Kein Handlungsbedarf – Kategorie #4: **Referenzmaterial**
Referenzmaterial: Alles, was kein Handeln erfordert, aber zu einem späteren Zeitpunkt gebraucht werden könnte.

REFERENZ-
MATERIAL

Referenzmaterial steht für alles, was keine unmittelbare Aktion verlangt, später aber gebraucht werden könnte.

Dazu können beispielsweise Gebrauchsanweisungen, Rezepte, Garantiescheine, ein Kurslehrplan, ein Führerschein, Passwörter für Websites usw. gehören. Sie können zu einem bestimmten Zeitpunkt nützlich sein, und wenn du sie nicht hast, kann es dich später einige Zeit und Energie kosten, sie zu finden.

Sobald du angefallenes Zeug als Referenzmaterial erkannt hast und weißt, dass du es behalten solltest, führt das natürlich zu der Frage »Wohin damit?«. Lass diese Frage erst mal stehen. Bei Phase 3, Organisieren, werden wir ein paar Hilfsmittel einrichten, mit denen du Referenzmaterial einfach und effektiv aufbewahren kannst. Im Augenblick konzentrieren wir uns darauf, deinem Gehirn bei der Entscheidung zu helfen, in welche Kategorie jedes Element des Zeugs fällt.

Übersichtsplan für Positionen ohne Handlungsbedarf
Um den bisherigen Ablauf zu rekapitulieren, schau
dir den **Umwandler** noch einmal an. Jedes anfallende
Element durchläuft den grundlegenden Denkprozess,
durch den alles zu Abfall, Checkliste, Irgendwann/Viel-
leicht oder Referenzmaterial wird.

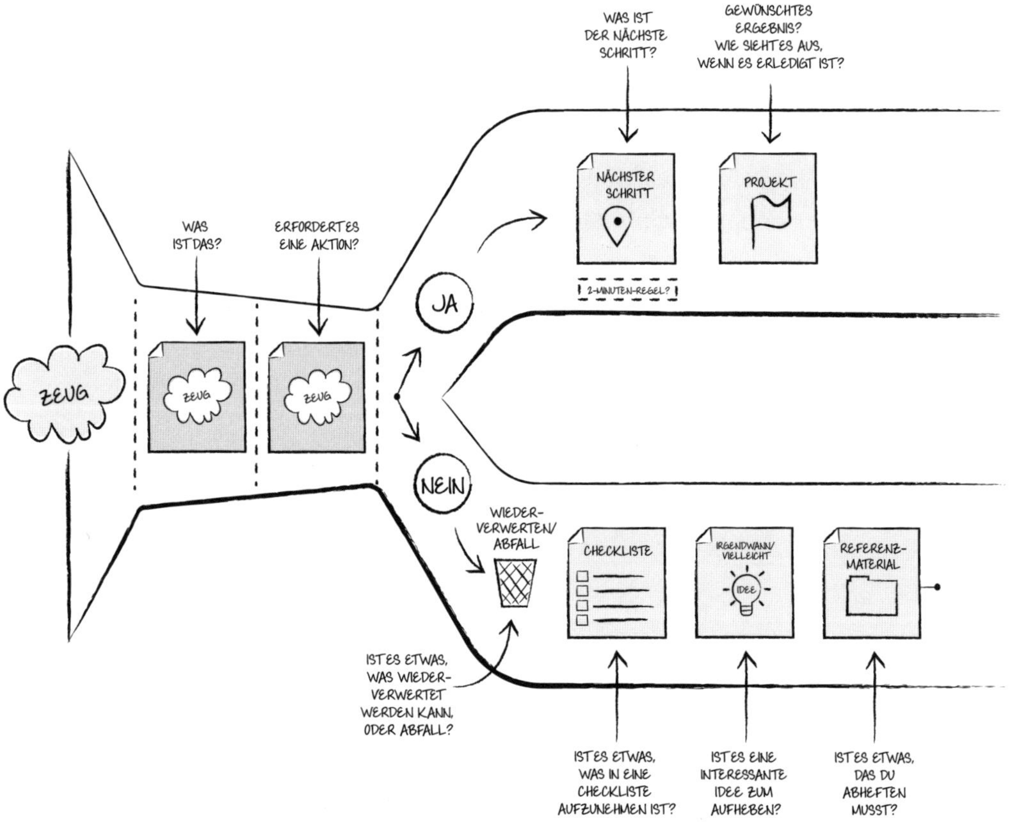

WAS IST
DER NÄCHSTE
SCHRITT?

GEWÜNSCHTES
ERGEBNIS?
WIE SIEHT ES AUS,
WENN ES ERLEDIGT IST?

NÄCHSTER
SCHRITT

PROJEKT

WAS
IST DAS?

ERFORDERTES
EINE AKTION?

2-MINUTEN-REGEL?

JA

ZEUG

ZEUG

ZEUG

NEIN

WIEDER-
VERWERTEN/
ABFALL

CHECKLISTE

IRGENDWANN/
VIELLEICHT
IDEE

REFERENZ-
MATERIAL

IST ES ETWAS,
WAS WIEDER-
VERWERTET
WERDEN KANN,
ODER ABFALL?

IST ES ETWAS,
WAS IN EINE
CHECKLISTE
AUFZUNEHMEN IST?

IST ES EINE
INTERESSANTE
IDEE ZUM
AUFHEBEN?

IST ES ETWAS,
DAS DU
ABHEFTEN
MUSST?

Elemente mit Handlungsbedarf

Wie du gesehen hast, kann Zeug ohne Handlungsbedarf nur vier Formen annehmen. Sehen wir uns jetzt an, was geschieht, wenn die Antwort auf die Frage »Erfordert es eine Aktion?« Ja lautet. Wenn mit dem Element etwas zu *tun* ist, gibt es zwei relevante Kategorien: **Nächste Schritte** und **Projekte**.

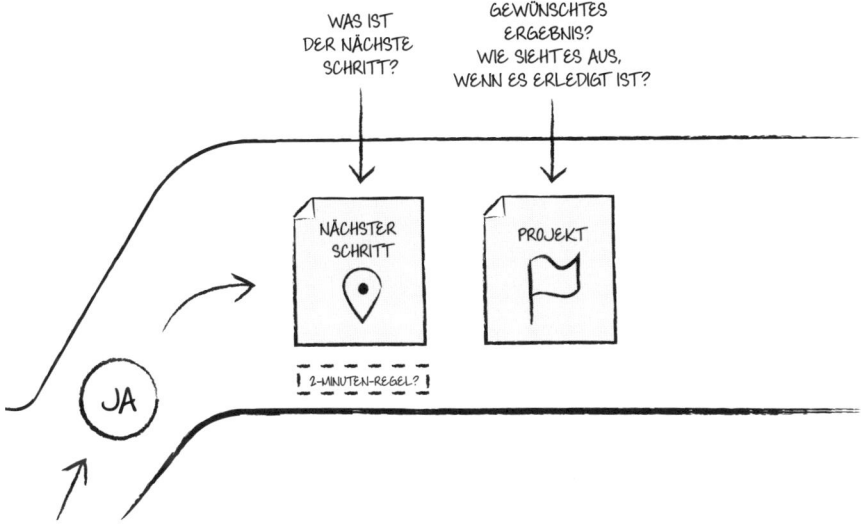

Zeug mit Handlungsbedarf – Kategorie #1: **Der nächste Schritt**
Nächster Schritt: Die nächste physische, sichtbare Handlung, die etwas seiner Vollendung näherbringt.

Der **nächste Schritt** steht für die unmittelbar folgende, physische Handlung, mit der etwas vorangebracht wird. »Physisch« heißt, dass du etwas Bestimmtes machst, was Bewegung einschließt. »Sichtbar« heißt, dass jemand, der dich beobachtet, sehen kann, was du machst.

Beispiele für nächste Schritte:

- Beantwortung der Wiederholungsfragen auf Seite 12.
- Nora anrufen und wegen Abschlussball fragen.
- Tyrell die Anweisungen für das Turnier mitteilen.
- Kapitel 4 lesen.

Meistens ist offensichtlich, wie der nächste Schritt aussieht. Du führst ihn aus, ohne großartig darüber nachzudenken. Beispielsweise kann es auf der Hand liegen, was zum Abschließen einer Hausarbeit erforderlich ist, weil du zuvor schon viele Hausarbeiten abgeschlossen hast.

Wenn dagegen ein **nächster Schritt** nicht klar erkennbar ist, kann das zu Stress oder zum Aufschieben führen. Hattest du je das Gefühl, irgendwo steckenzubleiben? Hast du je etwas auf die lange Bank geschoben, weil es überwältigend oder verwirrend erschien? In solchen Momenten kann die Kraft des nächsten Schritts den großen Unterschied ausmachen.

Dinge kommen selten wegen Zeitmangels ins Stocken.
Sie bleiben hängen, weil nicht festgelegt wurde,
wie sie zu erledigen sind.

David Allen

DIE KRAFT DES NÄCHSTEN SCHRITTS

Nichts, was Menschen je getan oder geschaffen haben, wurde nicht mit einer bestimmten Handlung begonnen. Damit eine Idee zur Bewegung wird, eine Inspiration zu einem Song, eine Vision zu einem Gemälde, eine wunderbare Geschichte zu einem Film, ein 3-Punkte-Wurf im Korb landet, trifft stets jemand eine Entscheidung darüber, wie das erwünschte Ergebnis aussehen sollte, und unternimmt dann den nächsten Schritt, um es wahr werden zu lassen.

So viele wundervolle Ideen sterben am Ende einen langsamen Tod, weil nie festgelegt wurde, wie der nächste Schritt erfolgt. So können viele Einfälle, die zunächst verrückt und unmöglich aussehen, tatsächlich realisiert werden, wenn sie mit genügend nächsten Schritten ausgeführt werden.

Gibt es Dinge in deinem Leben, von denen du dir wünschst, dass sie wahr wären? Gibt es etwas, was du gern erreichen würdest, aber nicht geschafft hast? Hast du Leidenschaften, die du gern ausleben würdest, aber nicht verwirklichst? Hast du einen verrückten Einfall, den du gern ausprobieren würdest, jedoch nie versucht hast?

Die Fähigkeit, etwas in die Tat umzusetzen, beginnt damit, dass du nur einen nächsten Schritt ausfindig machst und voranbringst. Schauen wir uns an, wie diese wirkungsvollen Entscheidungen für den nächsten Schritt zu treffen sind.

AUFSCHIEBEN

Hast du dich je dabei ertappt, dass du etwas immer wieder hinausschiebst oder mürrisch auf die Vorstellung reagierst, mit etwas anzufangen? Hast du je darüber nachgedacht, *warum* du dich so fühlen könntest?

Es stimmt zwar, dass gelegentlich unerfreuliche Aufgaben vorkommen, für die ein wenig Mumm und Anstrengung erforderlich sind, doch meistens wird etwas aufgeschoben, weil der angemessene nächste Schritt erst noch festzulegen ist. Manchmal *glauben* wir zu wissen, was wir tun müssen, schieben aber weiterhin etwas auf die lange Bank.

In dieser Situation ist unter anderem zu überlegen, ob du den nächsten Schritt überhaupt festgelegt hast. Meist wirst du feststellen, dass das nicht geschehen ist. Ein nächster Schritt sollte so eindeutig und einfach sein, dass zu seiner Ausführung nur sehr wenig Denken oder Mühe nötig ist.

Für dein Gehirn besteht ein riesiger Unterschied zwischen »Mathe« und »Mathe lernen – Kapitel 7 Übung 1«. Das eine fühlt sich vielleicht niederschmetternd an, während das andere lächerlich einfach erscheint. Doch um »Hausaufgaben zu machen«, musst du tatsächlich erst mal das Buch aus dem Rucksack holen. Sobald das erledigt ist, dürfte es ziemlich leicht sein, das Mathe-Problem zu beenden. Wenn du eine Reihe solcher simplen Handlungen aneinanderhängst, führt das zur »Erledigung der Hausaufgaben«.

Wie also kannst du erkennen, ob du beim Verarbeiten den allernächsten Schritt festgelegt hast?

Hier ein paar hilfreiche Merkmale:

- Ist deine nächste Handlung durch ein Verb ausgedrückt?
- Ist sie so spezifisch, dass klar ist, wo sie stattfindet?

- Ist sie so genau umrissen, dass alle erforderlichen Hilfsmittel aufgezählt werden?
- Lässt sie sich einfach und ohne weiteres Denken oder Entscheiden in Gang setzen?

Wenn du Probleme hast, mit einer Aufgabe zu beginnen, solltest du in Betracht ziehen, dass vielleicht erst noch der erste Schritt festgelegt werden will. Wenn du das getan hast, unternimmst du genau diesen ersten Schritt und denkst dann über den nächsten nach. Alles, was du je machen wirst, wird auf natürliche Weise so ablaufen. Handlungen bringen Bewegung rein, und Bewegung schafft Dynamik.

Verwechsle Bewegung nie mit Handeln.

Benjamin Franklin

Mit dem Nachdenken über Handlungen soll *Dynamik* erzeugt werden, anstatt sich über Erfolg oder Abschluss einer Aufgabe zu sorgen. Erfolg und Abschluss stellen sich als *Ergebnis* ausreichender Dynamik ein.

Die folgende Tabelle zeigt eine herkömmliche To-do-Liste im Vergleich zu einer Liste echter **nächster Schritte**. Jede Zeile steht für zwei unterschiedliche Herangehensweisen für dieselbe Aufgabe.

TO-DO-LISTE	AKTIONSLISTE
Hausaufgaben	Bio-Hausaufgaben: Fragen auf S. 28 beantworten
Uni	Bewerbungsbogen der Uni runterladen
Mama	Geburtstagsgeschenk für Mama bestellen
Zimmer	Schmutzige Klamotten aufräumen
Die Toten Hosen	2 Karten für das Tote-Hosen-Konzert organisieren

Schau dir beide Seiten genau an: Wie *schwierig* wäre es, die Angelegenheiten der jeweiligen Liste zu erledigen? Mit welcher Liste könntest du leichter für Dynamik sorgen? Da die Liste der Handlungen spezifische Schritte vorsieht, ist es klar und einfach, aktiv zu werden.

DIE ZWEI-MINUTEN-REGEL

Sobald der nächste Schritt eindeutig festgelegt ist, solltest du als Unterfrage des Denkvorgangs überlegen, ob du *sofort* handeln kannst. Wenn die Aktion einfach ist und nicht viel Zeit beansprucht, ist es am besten, sich gleich darum zu kümmern. Offene Enden schließt du am schnellsten, wenn du sie so-

ZWEI-MINUTEN-REGEL

2:00

WENN ES WENIGER ALS ZWEI MINUTEN BEANSPRUCHT – MACH ES SOFORT.

fort verknüpfst. Die Zwei-Minuten-Regel besagt, dass du alles, was du in weniger als zwei Minuten abschließen kannst, sofort erledigst. Wenn es also länger dauert, etwas aufzuschreiben, als es zu erledigen: Tu es sofort! Was geschafft ist, musst du nicht mehr im Kopf behalten!

Zwei-Minuten-Aufgaben können schnelle Handgriffe sein: eine Hausarbeit abgeben, schmutzige Kleidung in einen Wäschekorb werfen, Mama einen Erlaubniszettel geben, auf eine Textnachricht reagieren usw. Wenn Zwei-Minuten-Handlungen nicht sofort abgearbeitet werden, können sie sich schnell zu einem Rückstau aufbauen und dich ausbremsen. Das Abschließen von Zwei-Minuten-Aufgaben ist eine einfache Möglichkeit, Volumen abzubauen und gewisse Freiräume zu schaffen – das bringt schnellen Gewinn. Wenn du etwas nicht in zwei Minuten erledigen kannst, musst du es bis zu einem späteren Zeitpunkt im Auge behalten.

FÜR SPÄTER AUFSCHREIBEN

Weil die meisten nächsten Schritte nicht in weniger als zwei Minuten zu schaffen sind, fallen sie in eine Kategorie *als Nächstes*, aber auch *nicht sofort*. Das nennen wir *verschobene* Handlung. Auf später verschieben heißt, dass du vorhast, es zu tun, aber einsiehst, dass du dich nicht auf der Stelle darum kümmern kannst.

Auch wenn es hilfreich sein kann, mithilfe der Zwei-Minuten-Regel durch den Tag zu kommen, ergibt sich der größte Unterschied durch das, was du beim Verschieben machst.

Erinnerst du dich an unsere Worte, dass die Phase des Verarbeitens geeignet sei, das Spiel zu drehen? Schnall dich an, denn die letzten Abschnitte des Denkvorgangs sind wie dafür gemacht, dein Leben zu verändern.

Wenn du anfängst, Dinge in die Tat umzusetzen,
beginnst du wirklich daran zu glauben,
dass du etwas schaffen kannst. Und das sorgt dafür,
dass etwas Wirklichkeit wird.

David Allen

BIST DU FERTIG?

Wenn eine Handlung nicht schnell abgeschlossen werden kann, bleibt noch eine letzte Unterfrage zu klären.

Die erste hast du schon beantwortet: Welcher nächste sichtbare Schritt bringt diese Position voran? (Wie sieht es aus, hier etwas *zu tun*?)

Die letzte Unterfrage lautet: Bin ich nach diesem Schritt fertig? Und falls nicht, wann bin ich wirklich durch? (Wie sieht es aus, wenn es »fertig« ist?)

Die erste Frage hilft, einen einzelnen Handlungsschritt zu bestimmen, mit dem du anfängst, während die zweite festzustellen hilft, wann du *aufhörst*, etwas zu tun. Um zu wissen, wann du aufhörst, brauchst du vor allem ein klares Bild von dem, was du bei Vollendung sehen willst.

Daraus, zu verarbeiten, was als nächster Schritt zu tun ist, und festzulegen, wie ein abgeschlossenes Ergebnis aussieht, ergibt sich ein wirkungsvolles Vorgehen, das den wichtigsten Teil dieses Buches bildet. Weil die beiden Fragen entscheidend für Kontrolle und Perspektive sind, wollen wir uns genauer ansehen, was wir unter einem abgeschlossenen Ergebnis verstehen und wie wir bestimmen, wie »fertig« aussieht.

Zeug mit Handlungsbedarf – Kategorie #2: **Projekt**

Wenn man irgendetwas voranbringen will, muss man in erster Linie festlegen, wie »ausführen« (der nächste Schritt) aussieht. Eng mit dieser Festlegung verbunden ist die Einsicht, wie »fertig« (gewünschtes Ergebnis) aussieht. Diese Ergebnisse nennen wir **Projekte**.

PROJEKT

Projekt: Jedes Ergebnis, für das mehr als ein Schritt oder eine Sitzung notwendig ist.

Ein Projekt ist die Darstellung eines vollendeten Ergebnisses.

Ein gewünschtes **Ergebnis** beschreibt, was du verwirklicht sehen willst, wenn du fertig bist. »Fertig« heißt, dass von da an keine Handlungen mehr erforderlich sind. Ein *erfolgreicher* Abschluss sollte so aussehen. Das ist ähnlich wie das Überqueren der Ziellinie am Ende eines Rennens – sobald du das geschafft hast, ist das Rennen für dich zu Ende.

Ein paar Beispiele für **Projekte**:

- Abgabe der fertigen Buchbesprechung
- Führerschein erwerben

- Abschluss der Vorbereitung
  auf die Biologieprüfung
- Ausfüllen der Bewerbung
  für die Uni

Achte darauf, wie diese Projekte einen Abschluss wiedergeben. Wenn die Beschreibung des Projekts erfüllt ist, gibt es nichts mehr zu tun.

Wenn du genau weißt, wohin du gehst (Ergebnis) *und* den konkreten
nächsten Schritt kennst, der dich dorthin führt, dann verfügst du über das,
was sowohl für die Kontrolle als auch für die Perspektive erforderlich ist,
und du bist für den Erfolg gerüstet. Du bist bereit.

Selbst ausgesuchte Projekte vs. zugewiesene Projekte
Wenn du Schüler bist, hast du Lehrer, die dir Arbeit zuteilen. Wenn sie sogenannte »Projekte« zuweisen, ist der Prozess des Verarbeitens weiterhin an-
wendbar. Solche Projekte könnten nach dem Verarbeiten ungefähr so aussehen:

- Referat zum Wandel der Umwelt halten.
- Service-Projekt für Sozialstudien fertigstellen.

Auch Eltern können dir Projekte zuteilen:

- Garage ausräumen.
- Zimmer aufräumen.

Andere Projekte könntest du dir selbst vorgeben:

- Auto ausräumen.
- Party für Kathleen geben.
- Einen Arbeitsroboter konstruieren, der mein Zimmer für mich
  aufräumt.

Wer immer das Projekt *erstellt* – du bist derjenige, der steuert, wie es durchzuarbeiten ist, und entscheidet, wie ein erfolgreicher Abschluss (das gewünschte Ergebnis) aussieht.

DER PROZESS DER UMWANDLUNG

Sobald du imstande bist, alles Zeug mit Handlungsbedarf umzuwandeln, wirst du es nie mehr auf die gleiche Art betrachten. Alles durchführbare Zeug wird Chancen für Ergebnisse und Handlungen bieten.

Wenn anfallendes Zeug mit dem *grundlegenden Denkprozess* verarbeitet wird, ist es immer möglich, die Kontrolle zu erlangen, zu behalten oder zurückzugewinnen. Das hört sich vielleicht an, als sei es zu schön, um wahr zu sein. Es hört sich vielleicht an wie Klischees wie: »Du kannst alles machen, was du dir vornimmst!« Sehen wir uns diesen Umwandlungsprozess näher an – wir schürfen tiefer, damit er von der Theorie zur Praxis wird.

LERNEN, WIE DU DIE VORAUSSETZUNGEN SCHAFFST

Die Vorstellung, Zeug mit Handlungsbedarf in Ergebnisse und Handlungsschritte umzuwandeln, ist sowohl ein simples Konzept als auch eine raffinierte Form der Kunst. Wie wir eingangs festgestellt haben, hast du zwar *nicht* die Kontrolle über all das Zeug, das in deiner Welt anfällt, jedoch hast du sehr wohl die Kontrolle, wie du dich darauf einlässt. Du kannst den Prozess steuern, Zeug in Handlungsschritte und Ergebnisse umzuwandeln, und dir selbst die Fähigkeit und Beweglichkeit vermitteln, entsprechend zu handeln.

Zur Erinnerung: Du kannst nicht kontrollieren, wie viel Hausaufgaben du vom Lehrer bekommst, du kannst allerdings sehr wohl kontrollieren, wie du mit den Hausaufgaben umgehst. Du hast keine Kontrolle darüber, wen die Trainer bei der Zusammenstellung des Teams auswählen, du kannst allerdings sehr wohl kontrollieren, wie du dich darauf vorbereitest. Du kannst nicht kontrollieren, wie Freunde auf das reagieren, was du mitteilst, du kannst allerdings sehr wohl kontrollieren, wie du andere behandelst und wie du dein Leben mit anderen teilst. Du kannst nicht kontrollieren, welchen Platz du bei einer Abschlussprüfung belegst, du kannst allerdings sehr wohl kontrollieren, wie gut du für die Prüfung vorbereitet bist.

Wenn du Ergebnisse festlegst, kommt es entscheidend darauf an, dass du dich auf das konzentrierst, was du tatsächlich unter Kontrolle hast. Wenn du ein Ergebnis ausgemacht hast, das im Rahmen deiner operativen Kontrolle liegt, hängt der Erfolg stark von *dir* ab. Mit diesem Vorgang *schaffen wir die Voraussetzungen*. Selbst wenn du nicht umfassend kontrollieren kannst, wie die Ergebnisse ausfallen, kannst du die Bedingungen für den Erfolg schaffen. So kannst du dafür sorgen, dass du beim Auswahlverfahren deine besten Leistungen bringst, für eine Prüfung oder für eine lustige Party-Nacht mit Freunden vorbereitet bist.

Wenn du deinen Erfolg dagegen auf äußere Faktoren gründest, die sich deiner operativen Kontrolle entziehen, wirst du ständig mit Enttäuschungen konfrontiert werden. Äußere Faktoren sind beispielsweise, dass du andere glücklich machen willst, den ersten Platz belegst oder nur mit Leuten wie dir zu tun hast.

Wenn du lernst, Ergebnisse auf das zu gründen, was im Rahmen deiner operativen Kontrolle liegt, bist du auf Erfolgskurs – egal wobei.

Um es praxisnäher zu formulieren: Wie sehen diese Umwandlung und diese operative Kontrolle aus? Hier ein paar Beispiele. Merkst du die feinen Unterschiede?

AUSSERHALB DER KONTROLLE	INNERHALB DER KONTROLLE
ins Uni-Team aufgenommen werden	beim Auswahlverfahren in Bestform sein
eine »1« in Algebra bekommen	für die Algebraprüfung vorbereiten
mehr Freunde finden	neue Beziehungen knüpfen
an die Wunschuni gehen	Bewerbung für die Wunschuni einreichen

Die Ergebnisse in der linken Spalte sind von *äußeren* Faktoren abhängig (Trainer, Lehrer, Kumpel, der Prüfungsausschuss der Uni). Die Ergebnisse in der rechten sind allein von dir abhängig. Auch wenn die Ergebnisse auf der rechten Seite keine Garantie für die Resultate der linken darstellen, stehen sie für die Voraussetzungen, die du schaffen kannst, damit sie sich einstellen. Das ist *echte* Kontrolle!

DURCHMARSCHIEREN

Das Verarbeiten verteilt das gesamte anfallende Zeug auf sechs Kategorien: **Nächste Schritte, Projekte, Checklisten, Irgendwann/Vielleicht, Referenzmaterial** oder **Abfall**.

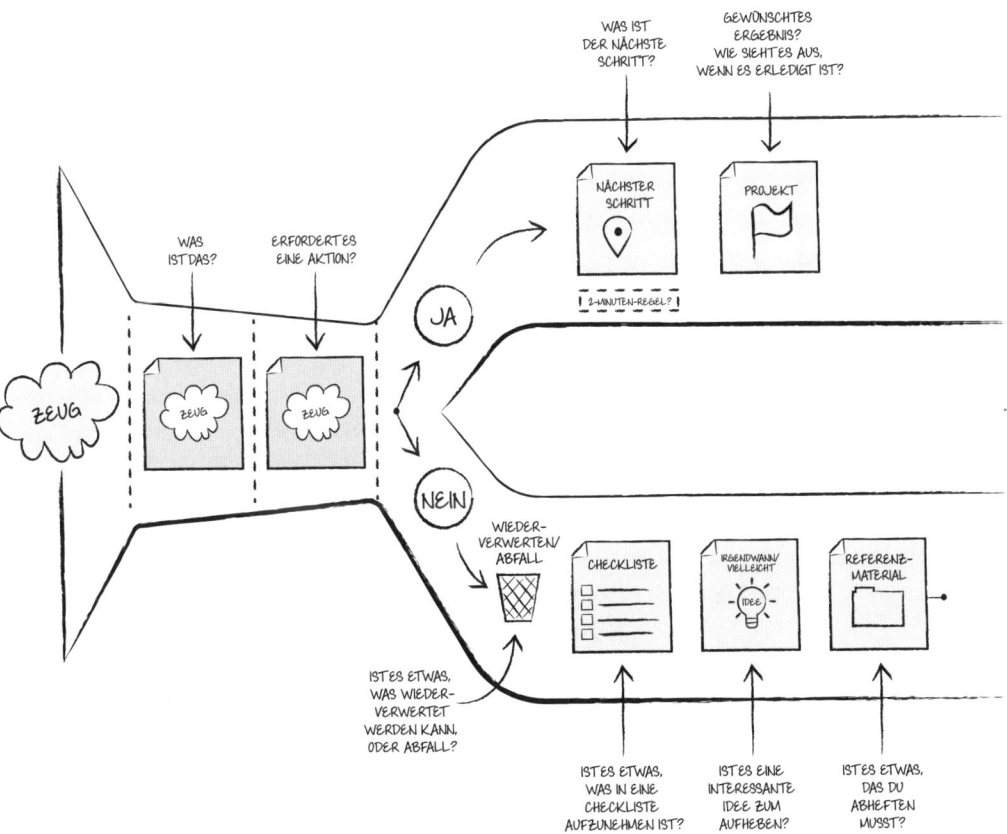

Schauen wir uns den vollständigen *grundlegenden Denkprozess* noch einmal an: Wir nutzen den Umwandler und wenden das Verfahren auf Beispiele
aus dem echten Leben an.

Zeug: E-Mail vom Lehrer mit Stundenplan
Handlungsbedarf?: Nein
Später notwendig?: Möglicherweise
Neuer Status: **Referenzmaterial**

Zeug: Antrag auf Führerschein einreichen
Handlungsbedarf?: Ja
Wann erledigt?: Wenn ich den Führerschein habe
Was kommt als Nächstes?: Fahrstunden nehmen
Neuer Status: **Projekt:** Führerschein machen
Nächster Schritt: Termine für Fahr-
stunden im Netz ausfindig machen

Zeug: Exemplar der Skater-Zeitschrift
Handlungsbedarf?: Nein
Später notwendig?: Nein, schon gelesen
Neuer Status: **Abfall**

Zeug: Basketball-Auswahlverfahren
Handlungsbedarf?: Ja
Wann erledigt?: Wenn die Auswahlspiele vorbei sind
Was kommt als Nächstes?: Trainieren
Neuer Status: **Projekt:** Auf Auswahlspiele vorbereiten
Nächster Schritt: 50 3-Punkte-Würfe
im Park erzielen

Zeug:	Abschlussball
Handlungsbedarf?:	Ja
Wann erledigt?:	Nach dem Abschlussball
Was kommt als Nächstes?:	Eine Begleitung finden
Neuer Status:	**Projekt:** Voraussetzungen schaffen, damit der Ball ein unvergessliches Erlebnis wird **Nächster Schritt:** An Julias Freundin schreiben, um herauszufinden, ob sie mit jemandem zum Abschlussball geht
Zeug:	Neuer Harry-Potter-Film
Handlungsbedarf?:	Eigentlich nicht. Ich will ihn sehen, muss aber nicht.
Neuer Status:	**Irgendwann/Vielleicht**

WIE OFT VERARBEITEN?

Dieser Schritt erfordert Denken und Entscheiden. Wir empfehlen, das in Eingangsbehältern gesammelte Zeug jeweils alle 24 bis 48 Stunden durchzugehen. Zur Erinnerung: Nachdem du dein ganzes angefallenes Zeug zum ersten Mal verarbeitet und den Rückstau aufgearbeitet hast, wird bei weitem weniger Zeug für deine Eingangskörbe auftauchen.

Damit du dein Zeug gemäß diesem Plan erfolgreich verarbeiten kannst, nimm dir für den *grundlegenden Denkprozess* etwas Zeit. Das kann früh am Morgen vor der Schule, direkt nach der Schule oder abends am besten sein. Wenn du es in einer ruhigen Bibliothek oder mit den Hintergrundgeräuschen eines Cafés erledigst, kann es für dich am effektivsten ablaufen.

Weil dieser Prozess wertvolle Zeit beansprucht, solltest du nicht mehr Zeit darauf verwenden, als tatsächlich nötig ist. Wenn du mit Phase 2 Erfahrungen gesammelt hast, wird dir der Prozess mehr oder weniger in Fleisch und Blut übergegangen sein und weniger Zeit brauchen.

Ein paar Tipps für den Anfang:

- Wann funktioniert dein Denken am besten – vormittags oder nachmittags?
- Gibt es in deinem Wochen-Zeitplan schon Zeitblöcke, in denen dieser Vorgang funktionieren kann? Während der Besprechungsstunde mit dem Klassenlehrer? Im Studienraum? An einem ruhigen Abend?

Als Folge deiner Entscheidungen ist dein angefallenes Zeug umgewandelt und damit kein Zeug mehr. Nun müssen diese wertvollen Entscheidungen konserviert werden – so werden sie daran gehindert, wieder »in den Eingang« zurückzukehren. Dafür speicherst du all dein wertvolles Denken und deine Entscheidungen.

Es ist an der Zeit, Phase 3 anzugehen: Organisieren.

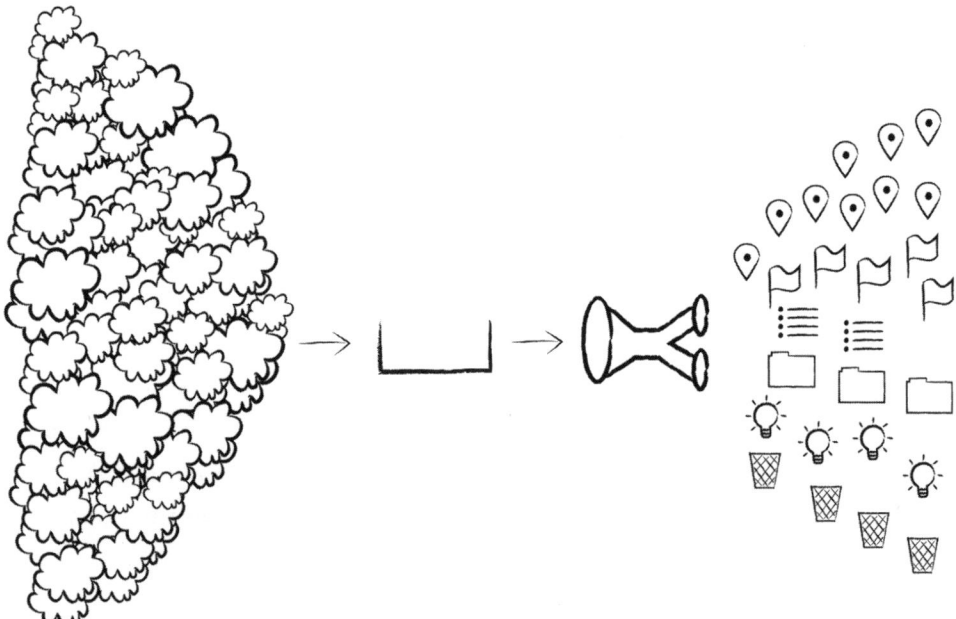

ZUSAMMENFASSUNG

Jede erfasste Position des angefallenen Zeugs erfordert eine Entscheidung, mit der sie in eine nützlichere Form umgewandelt wird. Der **Umwandler** ist eine visuelle Anleitung für den *grundlegenden Denkprozess*. Dieser beginnt mit der Frage: »Was ist das?« Mit der Erkenntnis, ob eine Position mit Handlungsbedarf verbunden ist oder nicht, wird all dein Zeug in zwei Kategorien eingeordnet.

Positionen, bei denen etwas unternommen werden kann, erfordern einen **nächsten Schritt** und ein gewünschtes **Ergebnis**. Positionen ohne Handlungsbedarf werden in die Kategorien **Abfall, Checkliste, Irgendwann/ Vielleicht** oder **Referenzmaterial** einsortiert und für später abgelegt.

Der Prozess des Verarbeitens ist der wirkungsvollste aller **fünf Phasen.**

Schlüsselbegriffe

- Abfall
- Referenzmaterial
- Irgendwann/Vielleicht
- Nächster Schritt
- Ergebnis
- Projekte

Fragen zum Überlegen oder Diskutieren

- Warum wird deiner Ansicht nach so viel Wert auf die Phase des Verarbeitens gelegt?
- Warum wenden deiner Ansicht nach so wenige Leute die in dieser Phase notwendige Zeit und Energie auf?
- Welche möglichen Folgen könnte es haben, den Prozess des Verarbeitens wegzulassen?
- Nimm ein Element des Zeugs aus deiner Welt. Beantworte anhand der Umwandler-Grafik die Frage: »Was ist das?« Kommst du zu einer eindeutigen Antwort?

PHASE 3: ORGANISIEREN

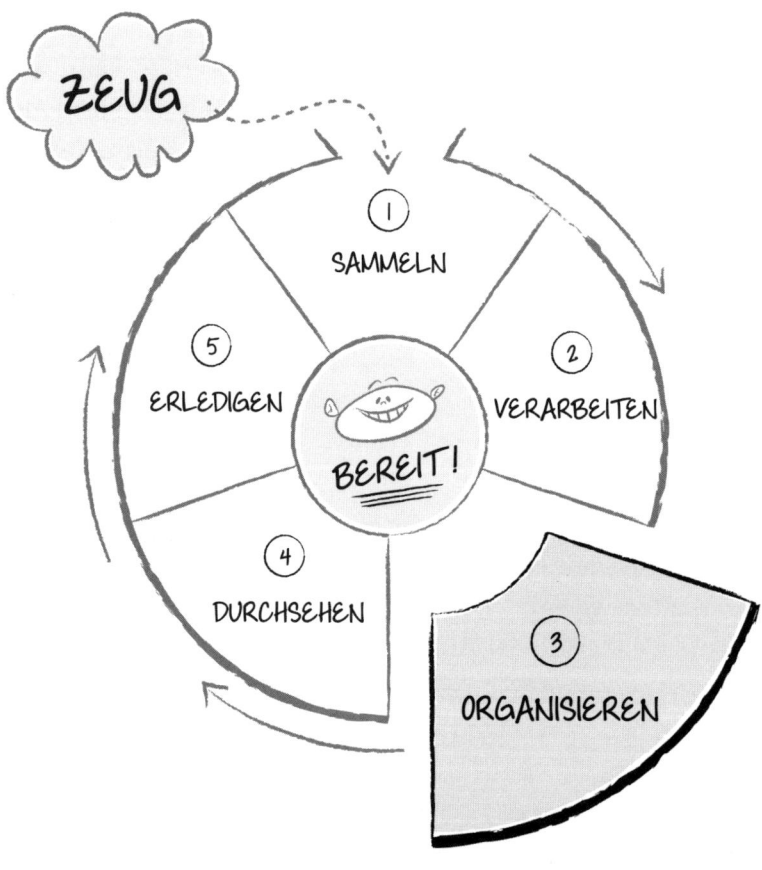

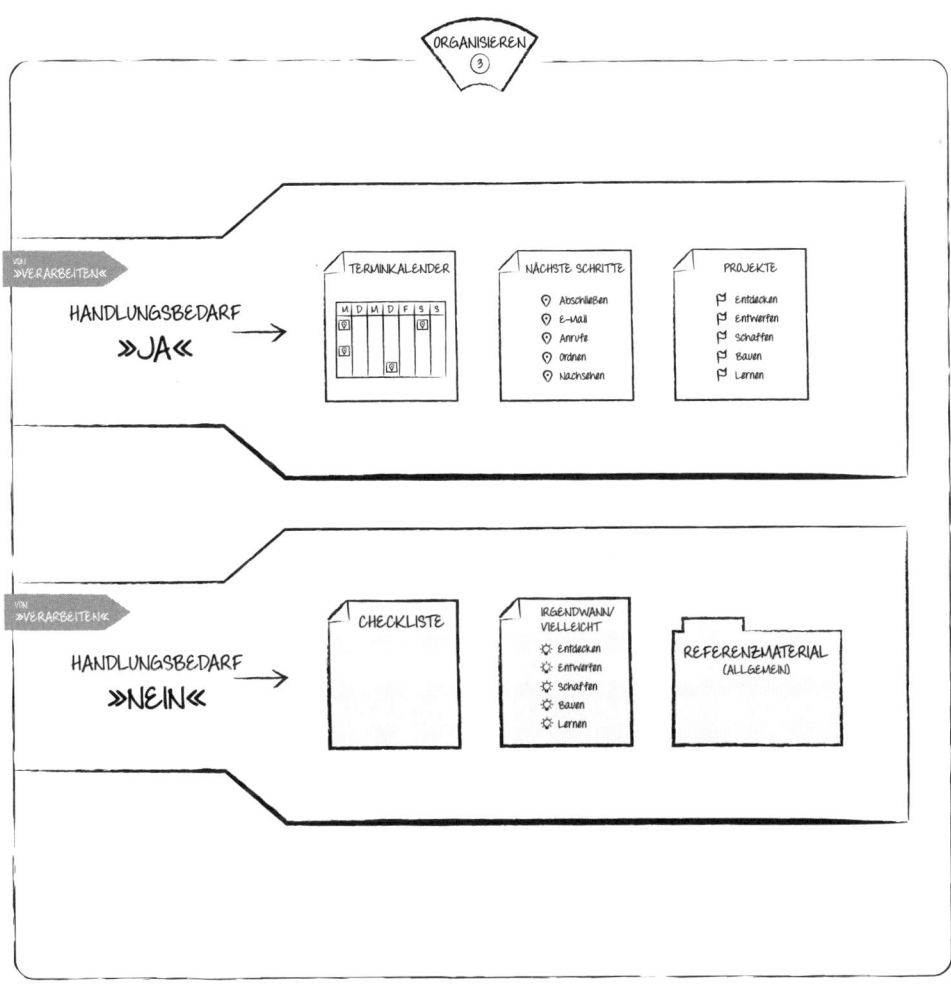

ORGANISIEREN
③

VON
»VERARBEITEN«

HANDLUNGSBEDARF
»JA«

TERMINKALENDER

M	D	M	D	F	S	S

NÄCHSTE SCHRITTE

- Abschließen
- E-Mail
- Anrufe
- Ordnen
- Nachsehen

PROJEKTE

- Entdecken
- Entwerfen
- Schaffen
- Bauen
- Lernen

VON
»VERARBEITEN«

HANDLUNGSBEDARF
»NEIN«

CHECKLISTE

IRGENDWANN/
VIELLEICHT

- Entdecken
- Entwerfen
- Schaffen
- Bauen
- Lernen

REFERENZMATERIAL
(ALLGEMEIN)

WIE BEHALTE ICH ALL DIE VERARBEITETEN DINGE IM AUGE?

Im zweiten Schritt hattest du den als **Verarbeiten** bezeichneten *grundlegenden Denkprozess* abgeschlossen. Das Zeug wurde in eine von sechs neuen Formen umgewandelt, und alles liegt nun als Position entweder mit oder ohne Handlungsbedarf vor. Anders gesagt, Zeug bildet nicht länger zufällige Posten in deinem Leben.

Um vom Sammeln und Verarbeiten profitieren zu können, musst du auf »Speichern« drücken und die Ergebnisse aufbewahren. Zu diesem Zweck wird in Phase 3 alles an Orten geparkt, wo es später, wenn es gerade passt, leicht abrufbar ist. Das ist die nächste Phase: **Organisieren**.

Im Rahmen der fünf Phasen läuft »Organisieren« nicht darauf hinaus, alles hübsch, makellos, aufgereiht und perfekt zu ordnen. Organisieren heißt lediglich, alle Positionen an Stellen unterzubringen, die ihrer Bedeutung gerecht werden. Diese Orte werden intuitiv gewählt und können später mit wenig mentaler oder physischer Mühe angesteuert werden. Beim Organisieren geht es darum, dir die bestmögliche Chance für reibungsloses Vorankommen zu bieten.

Organisieren: Positionen mit ähnlicher Bedeutung physisch, visuell oder digital in definierte Kategorien und Örtlichkeiten einsortieren.

HILFSMITTEL FÜR DAS ORGANISIEREN

Wenn die Leute nicht entschieden haben, wo etwas hingelegt werden soll, scheinen sie es in der Regel irgendwo abzulegen, wo gerade Platz ist. Dieses Verhalten ist eine der Erklärungen dafür, warum sich in Rucksäcken, Spinden, auf Schreibtischen, Regalen, Bänken und anderen Orten Berge von Post, Notizen und Zeitschriften anzuhäufen pflegen. Selbst wenn diese Art der Aufbewahrung ordentlich gestaltet wird, entsteht dadurch keine Ordnung – zumindest keine von der Art, die wir hier schildern. Wenn du Stapel von Zeug hast, musst du immer noch nach den Sachen suchen und sie immer wieder von Neuem durchsehen.

Deshalb musst du, bevor du bereit bist, die in Phase 2 getroffenen Entscheidungen zu sortieren, ein paar **Hilfsmittel für das Organisieren** bereitstellen. Sobald diese greifbar sind, bist du **organisationsbereit**. Damit du deine Positionen mit und ohne Handlungsbedarf nachverfolgen und organisationsbereit werden kannst, wirst du dir ein paar einfache Listen und Ordner schaffen müssen. Für die Posten mit Handlungsbedarf brauchst du erst mal drei Listen. Für die Posten ohne Handlungsbedarf brauchst du zwei Listen und einige Ordner.

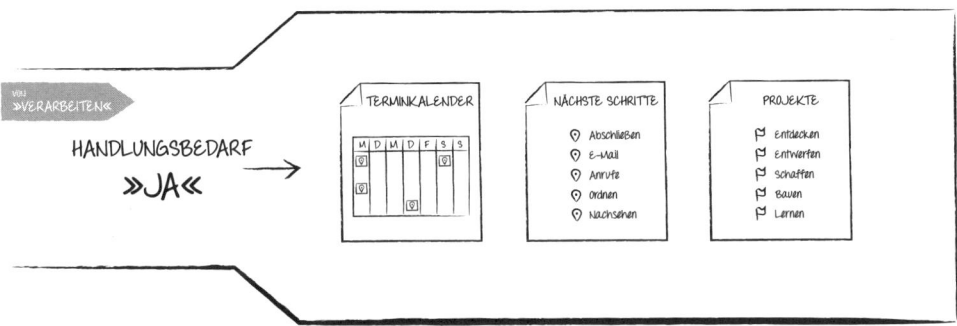

Die drei Listen für Handlungen

Für den Anfang richten wir die drei Listen ein, die du für Positionen mit Handlungsbedarf brauchst. Diese Listen bezeichnen wir manchmal als Aktionspläne, weil sie als dynamische Leitlinien dienen, mit denen du das nachverfolgen kannst, was du als wichtig definiert hast. (»Liste« beschreibt ihre *Form*, »Aktionsplan« ihre *Funktion*.) Mit diesen Plänen werden die in Handlungen umsetzbaren Entscheidungen aus Phase 2 festgehalten. Wenn du sie erstellst und lernst, angemessen darauf zuzugreifen, trägt das dazu bei, dass du mehr Kontrolle und Klarheit gewinnst; außerdem sorgen sie für mehr Zeit, Raum und Energie für andere Dinge. Das meiste Zeug, das mit dem Verarbeiten umgewandelt wurde, wird mithilfe dieser Aktionspläne weiterverfolgt.

Als Start für deine Aktionspläne genügen drei Blatt liniertes Papier oder ein schlichtes Google Doc. Manche meinen, der Listenmanager, der auf dem Smartphone vorinstalliert ist, täte es auch ganz gut. Du kannst ausprobieren, welche spezielle Form von Aktionsplan für dich am besten passt, bis du die eine findest, die sich für dich am einfachsten und problemlos nutzen lässt.

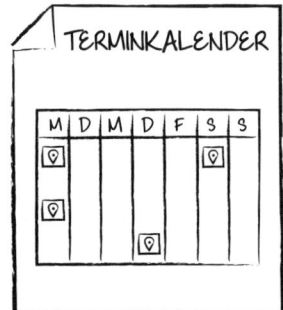

Schauen wir uns diese Aktionspläne genauer an, um zu entscheiden, welcher Inhalt auf jedem gespeichert wird.

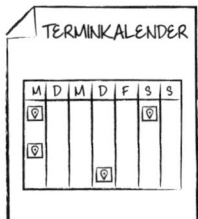

Terminkalender

Für die meisten Leute ist das der bekannteste Aktionsplan. Der erste Blick gilt jeden Tag dem Kalender, in dem du siehst, für welche Aktionen du dich verpflichtet hast.

Ein Terminkalender sollte ein simples Schema mit den Monaten und Wochentagen aufzeigen. Dieser Plan dient als »feste Landkarte« und speichert Informationen zu den Orten, an denen du zu bestimmten Zeiten sein sollst. Dazu kommt alles, was du zu bestimmten Zeitpunkten zu tun hast, und das, was an bestimmten Tagen geschieht.

Der Terminkalender enthält nur drei Arten von Informationen:

1. Zeitspezifische Aufgaben (Fußballspiel, Konzert der Band, Kinozeit, Termin beim Zahnarzt usw.)
2. Tagesspezifische Aufgaben (Abgabetermine, Verkauf von Konzertkarten usw.)
3. Tagesspezifische Informationen (Geburtstage, Feiertage usw.)

Nächste Schritte

Die Liste der **nächsten Schritte** ist eine vollständige Aufzählung der Handlungen, die *nicht* zu einer bestimmten Zeit oder an einem bestimmten Ort stattfinden. Die auf dieser Liste verzeichneten Handlungen zeigen den jeweils nächsten Schritt an, der etwas voranbringt, was aufgrund deiner Entscheidung deine Aufmerksamkeit erfordert.

Diese Liste hilft dir am effektivsten dabei, dass alles in die richtige Richtung läuft – sie ist eine Sammlung von Beschreibungen, wie es aussieht, etwas zu »machen«. Deshalb solltest du sie möglichst einfach und deutlich formulieren.

Solche Handlungen sind beispielsweise Besorgungen, zu erfüllende Aufgaben, zu verschickende Nachrichten und Aktivitäten, für die du dich eintragen willst. Die Handlungen auf dieser Liste schließen zwar eine gewisse Selbstdisziplin und Bemühung ein, sollten aber nicht mehrere Schritte oder zusätzliche Entscheidungen erfordern. Falls doch, solltest du möglicherweise noch einmal zum Verarbeiten zurückkehren und den besten nächsten Schritt festlegen.

Diese Liste wird wahrscheinlich der umfangreichste deiner Aktionspläne werden. Sie wird eine breite Sammlung von Handlungen enthalten, die vereint echte Dynamik erzeugen können. Es ist auch die veränderlichste Liste – sie wird sich von Tag zu Tag ein wenig ausweiten oder schrumpfen, wenn du dich damit beschäftigst.

Ob eine Handlung nach dem Verarbeiten im Terminkalender oder bei den nächsten Schritten eingetragen werden sollte, hängt insbesondere davon ab, ob die Handlung zu einer bestimmten Zeit oder an einem speziellen Datum auszuführen ist.

Beispiele:

- Am Samstag findet eine Party mit selbst mitgebrachtem Essen statt. Das trägst du im Terminkalender ein: »Party in der Schule, Samstag 18 Uhr«.
- Für diese Party wirst du etwas zum Essen besorgen. Das kommt auf die Liste der nächsten Schritte: »Zusammen mit Mama Nachtisch für die Schulparty einkaufen.«
- In ein paar Wochen steht ein Fußballturnier an. Das gehört in den Kalender: »8. Juli Fußballturnier, 9:00 Uhr, Platz 6.«

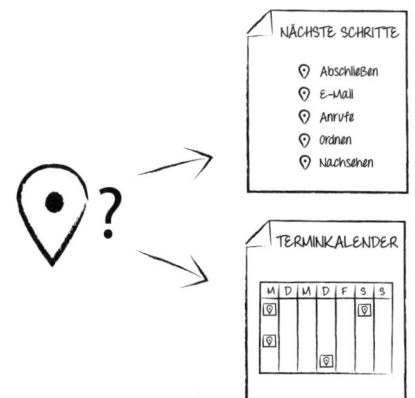

- Du brauchst deine Eltern beim Ausfüllen eines Schulformblatts. Das notierst du auf der Liste der nächsten Schritte: »Paps soll das Formular für den Schulausflug unterschreiben.«
- Dein Orchesterleiter teilt dir mit, wann du für ein Konzert ankommen sollst. In den Kalender schreibst du: »Konzert mit dem Orchester – Eintreffen um 18:45, Konzertbeginn 19:00.«
- Die Eltern haben dir eine lästige Arbeit aufgetragen. Die gehört auf die Liste der nächsten Schritte: »Hundehaufen im Hof wegschaffen«.
- Die Konzertkarten für deine Lieblingsband kommen an einem bestimmten Tag zu einer bestimmten Zeit in den Handel, und du willst gute Plätze kriegen. Die Erinnerung an diesen Termin notierst du im Kalender: »Tickets für [hier die Lieblingsband eintragen] besorgen.«
- Freunde treffen, um in einem bestimmten Kino einen speziellen Film anzusehen? Kalender.
- Einladung zum Abendessen? Kalender.
- Schulausflug? Kalender.

Projekte

Die **Projektliste** enthält keine nächsten Schritte oder Kalendereinträge. Vielmehr hilft sie dir, den Kurs zu halten,
weil sie alle gewünschten Ergebnisse (wie die Dinge aussehen, wenn sie »fertig« sind) für die Aufgaben enthält,
zu denen du dich verpflichtet hast, sofern ihr Abschluss
mehr als einen Handlungsschritt oder eine Sitzung erfordert. Zu den Projekten gehören Dinge wie umfangrei-

chere Schularbeiten, die Erkundung kreativer Einfälle oder zu nutzende Gelegenheiten. Diese Liste siehst du dir an, wenn du sicherstellen willst, dass
du für jedes deiner Projekte mindestens einen nächsten Schritt festgelegt
hast. Sie verändert sich viel seltener als die Liste der nächsten Schritte, weshalb du sie nicht so oft durchgehen wirst.

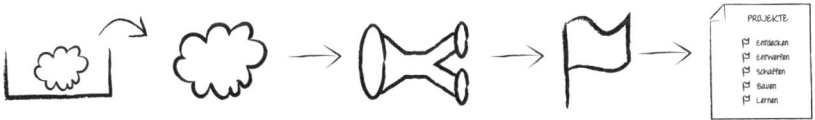

POSITIONEN OHNE HANDLUNGSBEDARF ORGANISIEREN

Nun wollen wir die Positionen ohne Handlungsbedarf ordnen, die wir in
Phase 2 ausgemacht haben. Dafür brauchen wir als Hilfsmittel zwei Arten
von Listen und ein paar Ordner.

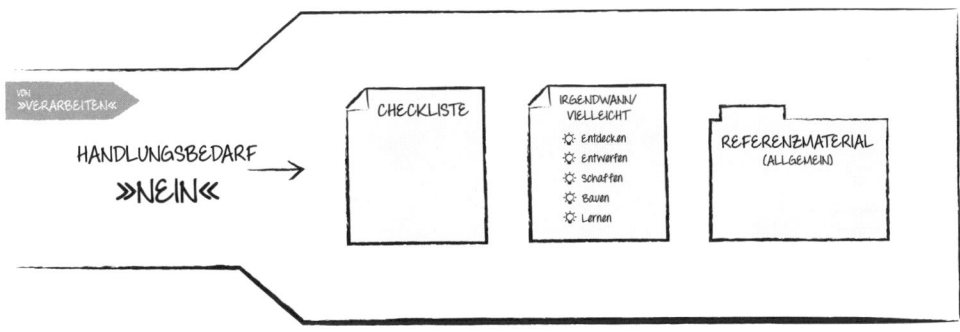

Irgendwann/Vielleicht

Auf dieser Liste landen Positionen, bei denen du entschieden hast, dass du sie vielleicht wahrnehmen willst, wenn sich irgendwann die Gelegenheit ergibt.

Allgemein empfiehlt es sich, diese Liste nach Themenbereichen zu gliedern: Filme, die du sehen willst, Reisen, Freunde kennenlernen, Bücher, Websites usw. Dieses Verzeichnis ziehst du nur zurate, wenn du nach einer Inspiration suchst oder dir Freizeit und Freiraum geschaffen hast.

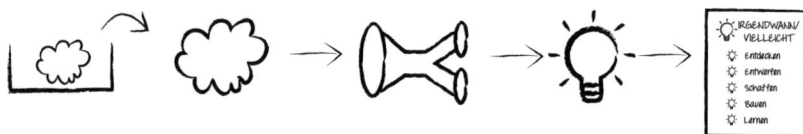

Diese Liste ist zwar sehr wertvoll, doch es ist nicht erforderlich, sie häufig durchzusehen, um die Kontrolle zu behalten und erfolgreich zu sein. Es ist völlig in Ordnung, die dort notierten Positionen aufzuschieben. Die Punkte von »Irgendwann/Vielleicht« werden greifbar, wenn *du* bereit bist und dich gerne damit befassen möchtest. In dem Maß, in dem du die Kontrolle gewinnst, wird sie immer mehr Chancen bereithalten.

Checklisten

Routineabläufe und Verfahren, die du beschlossen hast und die dir noch nicht zur Gewohnheit geworden sind, nehmen die Form von Checklisten an.

Doch im Gegensatz zu anderen Listen ist die Art, *wie* du eine Checkliste organisierst, von ihrem *Inhalt* abhängig.

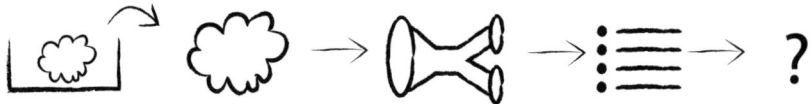

Der größte Vorteil einer Checkliste ist, dass du *dann* darauf zugreifen kannst, *wenn* du sie brauchst. Wenn du beispielsweise Fußball spielst und garantieren willst, dass du alles dabeihast, wenn du zum Training aufbrichst, dürfte eine Checkliste sehr hilfreich sein. Eine rasche Durchsicht stellt sicher, dass du nichts vergessen hast und für ein gutes Training bereit bist. Als bester Ort für eine solche Checkliste empfiehlt sich grundsätzlich ein Platz, an dem du sie mit größter Wahrscheinlichkeit siehst, wenn du zum Training gehst. Das könnte ein an deiner Sporttasche befestigtes oder an der Vordertür aufgehängtes Schildchen sein.

Grundprinzip ist, dass du deine Checklisten an Orten organisierst, an denen du sie gewöhnlich benutzt. Sieh dir folgende Beispiele an: Wo würdest du sie hinterlegen, damit sie bei Bedarf am einfachsten zugänglich sind?

Liste	Ort
Packliste	_____
Bevor ich zur Schule aufbreche	_____
Trainings-Checkliste	_____

Ordner für Referenzmaterial

Positionen ohne Handlungsbedarf, die du behalten willst, die aber kein Handeln erfordern, sind Referenzmaterial.

Obwohl Referenzmaterial recht häufig auftritt und leicht zu erkennen ist (»Das brauch ich irgendwann noch!«), wird es, weil das schneller geht, oft in den Eingangskorb zurückgelegt oder gelangt in einen »Eingangsbereich«, wo du hoffst, es später wiederzufinden (z. B. E-Mails im Posteingang der App). Wenn du für solche Positionen keinen eigenen Behälter eingerichtet hast, ist so etwas wie der Posteingang der sicherste und bequemste Aufbewahrungsort. Das Problem liegt jedoch darin, dass dabei Posteingänge herauskommen können, in denen Hunderte oder gar Tausende E-Mails lagern, oder Hefter und auch Rucksäcke, die von Papieren überquellen. Das sorgt zwar tatsächlich dafür, dass Referenzmaterial nicht »verloren geht«, aber es ermöglicht kein schnelles und einfaches Auffinden. Und es führt vielleicht sogar dazu, dass es mehr Arbeit, geistige Anstrengung und Energie erfordert, was dem Zweck des Organisierens zuwiderläuft.

Wenn du Vorgänge, wie z. B. eine E-Mail im Posteingang, liegenlässt, musst du bei jedem raschen Blick auf neue Mails einige Entscheidungen noch einmal treffen. Dein Gehirn muss sich noch einmal damit befassen und sagen: »Okay ... die Info ist dafür, die dafür usw.« Auch wenn du meinst, der Vorgang dauere nicht sehr lang, können Hunderte oder gar Tausende von E-Mails, zu denen du schon eine Entscheidung getroffen hast, deine Aufmerksamkeit zum Teil absorbieren, was einen unnötigen Aufwand wertvoller geistiger Energie bedeutet.

KARTEI

Effektiver ist es, vorausschauend ein paar Entscheidungen darüber zu treffen, wo du dein physisches/analoges und digitales Referenzmaterial aufbewahren willst, um dann die entsprechenden **Karteien für Referenzmaterial** einzurichten. Sobald das geschafft ist, kannst du Positionen mit Referenzmaterial, wenn sie beim Verarbeiten auftauchen, sofort am richtigen Ort ablegen. Wenn du darauf zugreifen willst, weiß dein Gehirn genau, wo es nachsehen muss. Das ist Organisation vom Feinsten: einfache Ablage, einfaches Wiederfinden, minimale Anstrengung. Seine Sachen geordnet zu haben ist für das Gehirn eine Art Leckerbissen.

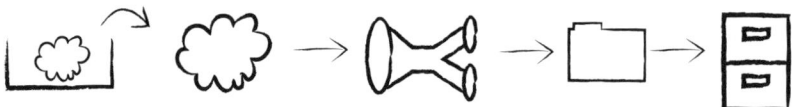

Als Kartei für physisches Referenzmaterial auf Papierbasis genügt den meisten eine Karteischublade oder ein Behälter, wo sie Ordner unterbringen können. Zur Organisation digitaler Karteien gibt es viele Dienste, die für alle Inhaltsformen eine Speicherung bereitstellen. Karteien mit digitalem Referenzmaterial können mithilfe von Google Drive, Apples iCloud Drive, Dropbox und vielen anderen aufbewahrt werden.

Sobald du den Ort festgelegt hast – die Stelle, an der deine Karteien mit Referenzmaterial zu finden sind –, kannst du damit anfangen, das Material in Ordner einzuheften und diese zu sortieren.

Für die Bereitschaft zum Ordnen spielt es wirklich keine Rolle, *wie* du dein Referenzmaterial organisierst, solange Ablegen und Wiederfinden rasch und effizient ablaufen. Ein aufgeräumtes und sauberes System ist nicht erforderlich – wenn dir deine eigene Art, das zu erledigen, besser gefällt, kannst du sie beibehalten. Du musst nur sicherstellen, dass du alles reibungslos und einfach wiederfindest.

BEREIT ZUM ORGANISIEREN

Wenn du für die Positionen mit und ohne Handlungsbedarf, die sich beim Verarbeiten ergeben haben, schon Hilfsmittel für das Sortieren zur Hand hast, kann der *grundlegende Denkprozess* rasch und natürlich ablaufen, ohne dass du groß überlegen musst. Du hast ein Wenn/Dann-Verfahren eingeführt, das im Weiteren leicht zu befolgen ist.

WENN ————————— [Kategorie], DANN ————————— [hier] einordnen

Wenn ich beispielsweise Referenzmaterial per E-Mail erhalte, dann bringe ich das alphabetisch geordnet in Google Drive unter.

Um dieses Niveau der Organisationsbereitschaft zu erreichen, braucht es kein ausgeklügeltes oder komplexes Verfahren. Es geht wirklich nur darum, ein paar Listen und Karteischubladen vorzubereiten und – das ist noch wichtiger – zu entscheiden, *wo* die einzelnen Positionen abgelegt werden. Das System, das du zur Verwaltung deiner Welt einrichtest, muss *nur* so komplex sein, wie du es brauchst, damit du alles unter Kontrolle hast. Mach es nicht schwieriger oder komplizierter als nötig.

Leg also eine kleine Pause ein und überlege: Bist du im Moment zum Sammeln bereit? Bist du bereit zum Organisieren? Um welche Hilfsmittel könntest du dein System erweitern, um für beide Schritte bereit zu sein?

ARBEITSPLÄTZE

Ein zusätzliches Hilfsmittel zur Erzeugung der Organisationsbereitschaft ist dein Arbeitsplatz. Das ist jeder Ort, an dem du auf alles zugreifen kannst, was du für die Phasen 1 bis 3 brauchst.

Piloten haben das Cockpit, Berufssportler haben einen Übungsraum oder eine Trainingseinrichtung, Büroangestellte haben ihren Schreibtischplatz. Wie ist es bei dir? Hast du einen Ort, an dem ohne große Reibungsverluste alles verfügbar ist, *was* du brauchst, *wenn* du es brauchst, und der dich anregt, bestmöglich zu arbeiten? Ein eigener Arbeitsplatz kann erheblichen Schub in Richtung Kontrolle und Kreativität liefern.

Der Arbeitsplatz kann in vielen Formen vorkommen: als Schreibtisch im Schlafzimmer, als Ecke in der Küche, ja sogar als mobiler Arbeitsplatz in einem Rucksack, sodass du an jedem beliebigen Ort bereit sein kannst. Entscheidend ist, dass du rasch und ohne große Mühe in Bestform bist. Ein Arbeitsplatz ist ein Raum, der so aussieht, sich so anfühlt und so ausgestattet ist, dass du dein Bestes geben kannst. Dieser Arbeitsplatz sollte alle Hilfsmittel aufweisen, die du brauchst, um zum Sammeln wie zum Organisieren bereit zu sein.

Wenn du deinen aktuellen Arbeitsplatz einrichten oder verbessern willst, solltest du überlegen, was du noch brauchst, um Erfolg zu haben (Eingangsbehälter, Ladekabel, Kugelschreiber/Bleistifte, Papier, Mobilgeräte, mobile Datenträger, Ordner/Bücher usw.). Nimm dir genug Zeit, diesen Raum sorgfältig einzurichten und dir einen Schub in Richtung Organisationsbereitschaft zu geben.

AUF DIE PLÄTZE ... FERTIG ... AKTIONSPLÄNE ÜBERPRÜFEN?

Bisher haben wir untersucht, wie eine weite Spanne von anfallendem Zeug mithilfe von Eingangskörben und Sammelwerkzeugen einzugrenzen und zu erfassen ist, damit wir die Kontrolle gewinnen und die Gedanken beruhigen.

Wir haben beschrieben, wie im *grundlegenden Denkprozess* klärende Entscheidungen zu jedem Element des Zeugs getroffen werden (visualisiert im Bild des Umwandlers). Danach haben wir all das in besser nutzbare Formen umgewandelt - nächste Schritte, Projekte, Checklisten, Irgendwann/Vielleicht, Referenzmaterial und Abfall.

Wir haben erklärt, wie diese Entscheidungen in Aktionsplänen festgehalten werden, die dich im Weiteren leiten werden, oder wie sie in einem System für Referenzmaterial archiviert werden, das rasches Ablegen und Wiederfinden ermöglicht.

Wenn du all das erledigt hast, verfügst du über die Voraussetzungen, erfolgreich Kontrolle auszuüben. Du kannst jetzt anfangen, aktiv voranzukommen und Dinge wirklich werden zu lassen. Damit du dich bei diesem Fortschritt wohlfühlst und auf ihn vertraust, musst du vor allem wissen, dass du nicht in *irgendeine* Richtung unterwegs bist, sondern auf dem *richtigen* Weg bist. Die Stolperfallen, die weiterhin lauern, darfst du dabei nicht vergessen.

Achte nach wie vor darauf, dass du deine Aufmerksamkeit auf *die richtigen Angelegenheiten* lenkst. Das ist *wahre* Kontrolle. Um das zu erreichen, legst du eine Pause ein und nimmst eine **Überprüfung der Aktionspläne** vor.

An dieser Stelle solltest du langsamer werden, um schneller werden zu können.

Willkommen zu Phase 4: Durchsehen.

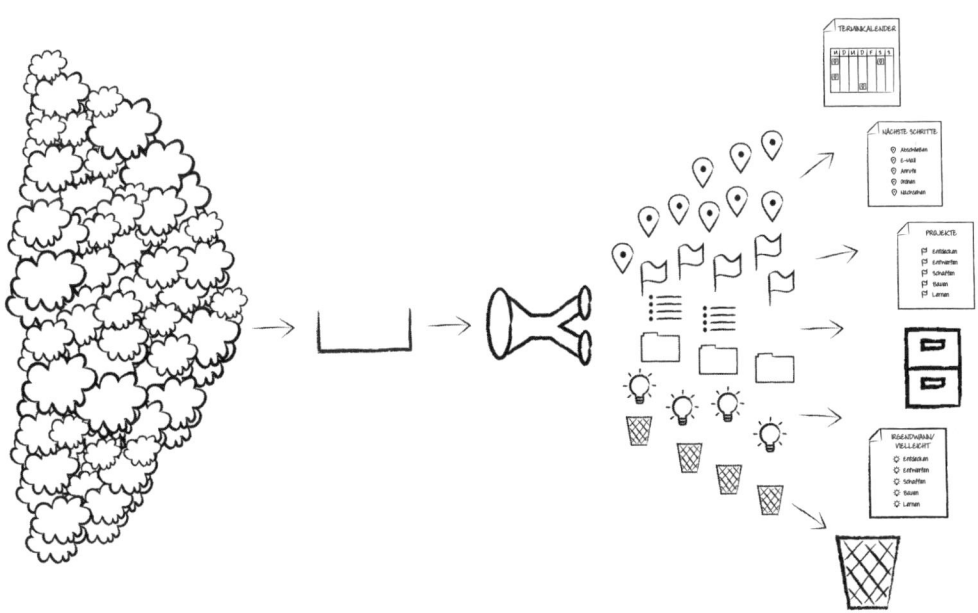

ZUSAMMENFASSUNG

Sobald du beim Verarbeiten Entscheidungen getroffen hast, solltest du keine Zeit mehr damit verschwenden, diese Beschlüsse noch einmal zu fassen. Wenn du die Ergebnisse deiner Entscheidungen festlegst, erreichst du höchste Effizienz mit geringstem Aufwand. Es gibt ein paar Aktionspläne, mit denen du diese Ergebnisse konservierst und dich auf dem Laufenden hältst. Der Terminkalender erinnert an Handlungen, bei denen Datum und Uhrzeit relevant sind. Die Liste der nächsten Schritte enthält ein Verzeichnis aller sichtbaren nächsten Handlungsschritte. Die Projektliste verzeichnet umfassendere gewünschte Ergebnisse, die zu verfolgen sind. Die Liste Irgendwann/Vielleicht enthält einen Vorrat von Ideen, die du erkunden kannst, wenn du die Kontrolle gewonnen hast. Checklisten helfen dabei, neue Gewohnheiten zu etablieren. Referenzmaterial wird so archiviert, dass es leicht wiederzufinden ist.

Schlüsselbegriffe

- Organisieren
- Organisations-werkzeuge
- Liste der nächsten Schritte
- Terminkalender
- Projektliste
- Irgendwann/Vielleicht
- Kartei für Referenz-material
- Checklisten
- Bereitschaft zum Organisieren

Fragen zum Überlegen oder Diskutieren

- Wie würdest du den Unterschied zwischen »aufgeräumt« und »geordnet« definieren?
- Wie würdest du Form und Funktion der verschiedenen Aktionspläne beschreiben? Hast du schon eine Form von Aktionsplan erstellt?
- Welche Hilfsmittel brauchst du noch, um zum Organisieren bereit zu sein?
- Hast du einen Arbeitsplatz? Falls nicht: Gibt es einen Ort, der dir sinnvoll dafür erscheint? Falls ja: Was könntest du tun, um ihn effizienter zu gestalten?

PHASE 4: DURCHSEHEN

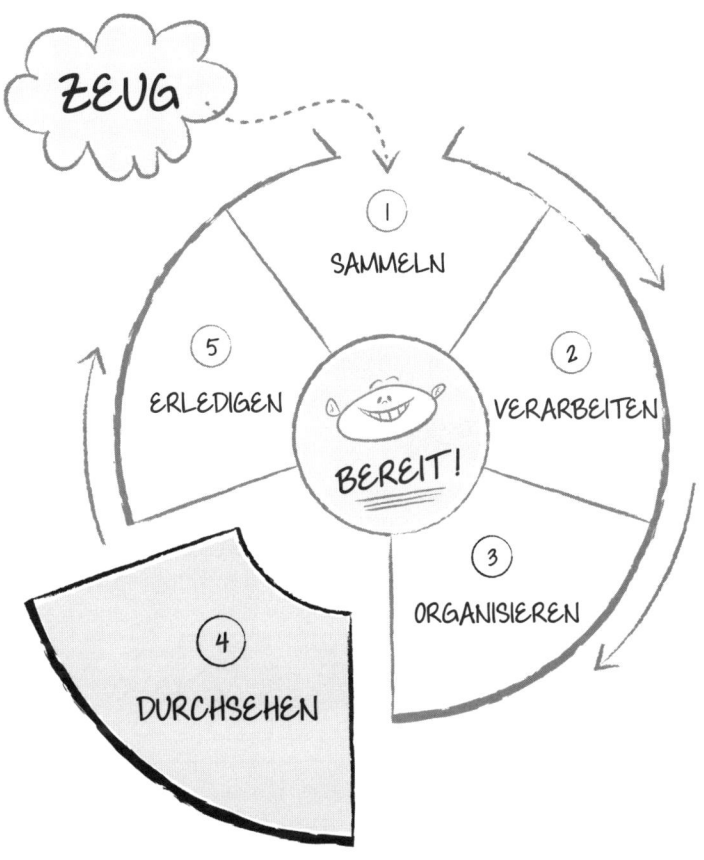

ZEUG

1 SAMMELN
5 ERLEDIGEN
BEREIT!
2 VERARBEITEN
3 ORGANISIEREN
4 DURCHSEHEN

DURCHSEHEN
4

TÄGLICHE DURCHSICHT

1. TERMINKALENDER PRÜFEN
2. LISTE DER NÄCHSTEN SCHRITTE PRÜFEN
3. RELEVANTE CHECKLISTEN PRÜFEN

Prüfen am Vormittag
↕
Prüfen am Abend

TERMINKALENDER

NÄCHSTE SCHRITTE
- Abschließen
- E-Mail
- Anrufe
- Ordnen
- Nachdenken

CHECKLISTE
(WÖCHENTLICH)

WOCHENÜBERBLICK

KLARHEIT SCHAFFEN

1. Lose Zettel und Materialien sammeln
2. Den Kopf leer bekommen
3. Eingangskorb leeren

Klarheit schaffen ▶

1 LOSE ZETTEL SAMMELN 2 KOPF LEER BEKOMMEN 3 EINGANGS-KORB LEEREN

AUF DEN AKTUELLEN STAND KOMMEN

4. Frühere Kalendereinträge durchsehen
5. Anstehende Kalendereinträge durchsehen
6. Liste der nächsten Schritte durchsehen
7. Projektliste durchsehen
8. Alle relevanten Checklisten durchsehen

Auf den aktuellen Stand kommen ◀ 4 — 5 ▶

6 TERMINKALENDER 6 NÄCHSTE SCHRITTE
- Abschließen
- E-Mail
- Anrufe
- Ordnen
- Nachdenken

7 PROJEKTE
- Entdecken
- Entwerfen
- Schaffen
- Bauen
- Lernen

8 CHECKLISTE
(WÖCHENTLICH)

KREATIV WERDEN

9. Liste Irgendwann/Vielleicht durchsehen
10. Sei kreativ und mutig

Kreativ werden ▶

9 IRGENDWANN/VIELLEICHT
- Entdecken
- Entwerfen
- Schaffen
- Bauen
- Lernen

10 SEI KREATIV UND MUTIG

WAS WANN DURCHSEHEN?

Die Phase des Durchsehens ist eine Art Pause-Knopf für das Leben. Dabei überprüfst du, was in deiner aktuellen Wirklichkeit geschieht, und sichtest deine künftigen Pläne. Dann bringst du deine Entscheidungen auf den neuesten Stand.

Beim Sammeln, Verarbeiten und Organisieren geht es im Grunde darum, dass du Informationen in dein System schreibst. Insofern bist du der »Autor« deiner Geschichte. Mit dem Schritt »Durchsehen« nimmst du ein wenig Abstand und wirst zum »Redakteur« deiner Geschichte. Ergänzt du dein System um Phase 4, hilft dir das dabei, die Geschichte deines Lebens zu präzisieren, die du dir vorgestellt hast.

Durchsehen: Damit überprüfst du die Inhalte deiner Aktionspläne und bringst sie auf den aktuellen Stand deiner Lebenswirklichkeit, sodass du sachkundige und effektive Entscheidungen treffen kannst.

Während die Phasen 1 bis 3 dich dabei unterstützen können, die Kontrolle zu erlangen oder wiederzugewinnen, hilft dir Schritt 4, sie *aufrechtzuerhalten*. Er verbessert die Kontrolle, die du erreicht hast, um einige höhere Ebenen der **Perspektive**. Hier treffen das »Was« und das »Warum« deiner Tätigkeiten zusammen. Von Woche zu Woche wird dir dieser Schritt dabei helfen, den Kopf freizubekommen, dein System auf dem Laufenden zu halten, deine kreative Energie anzufachen und dir Mut zu machen.

DIE 3-D-BRILLE

Bisher hast du Zeit, Konzentration und Energie investiert, um Entscheidungen zu treffen und deren Ergebnisse übersichtlich festzuhalten. Die Aktionspläne, die du erstellt hast, dienen als Leitlinien, um Resultate zu erhalten, die Kontrolle zu erlangen und dafür zu sorgen, dass etwas Wirklichkeit wird.

3-D-BRILLE

Doch *wie oft* solltest du einen Blick auf deine Pläne werfen? *Auf welche* solltest du schauen? *Wann* solltest du sie dir ansehen?

Im realen Leben ermöglichen 3-D-Brillen, Filme und Gegenstände mit einem stärkeren Gefühl für Tiefe und Perspektive zu betrachten. Zum »Durchsehen« setzt du dir sozusagen eine spezielle 3-D-Brille auf. In Hinblick auf die von dir erstellten Aktionspläne steht diese Brille als Sinnbild für drei verschiedene Dimensionen der Überprüfung.

Jede Ebene zeigt dir, was du zu einem entsprechenden Zeitpunkt zu tun hast:

1. Tägliche Durchsicht (Was muss ich machen?)
2. Wochenüberblick (Habe ich alles im Griff? Bin ich auf dem Laufenden? Bin ich kreativ?)
3. Überprüfung der Fokushorizonte (Wohin gehe ich? Warum?)

In Phase 4 werden wir uns auf die ersten beiden Ebenen konzentrieren – die tägliche Durchsicht und den Wochenüberblick. Im nächsten Teil des Buches werden wir die dritte Dimension erkunden – die Fokushorizonte.

> *Ich weiß, wohin ich gehe, und ich kenne die Wahrheit,*
> *und ich muss nicht sein, wie ihr mich haben wollt.*
> *Ich bin frei zu sein, was ich sein will.*
>
> Muhammad Ali

TÄGLICHE DURCHSICHT

Die tägliche Durchsicht ist die erste Dimension. Sie zeigt dir, was *heute* zu erledigen ist.

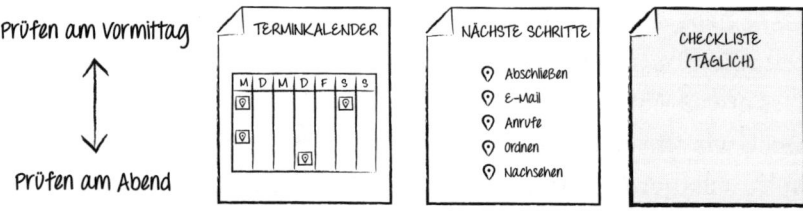

Um das festzulegen, verwendest du die zwei Listen, die alle deine Handlungen enthalten: deinen Terminkalender und die Liste der nächsten Schritte. Du solltest dich bemühen, diese Listen mindestens zweimal täglich durchzusehen: als erste Aktion am Morgen und vor dem Zubettgehen. Du dürftest es auch hilfreich finden, eine Durchsicht aller relevanten Checklisten einzubeziehen (z. B. die Liste »Bevor ich zur Schule aufbreche«, die Checkliste Sport und die Liste der privaten Aktivitäten).

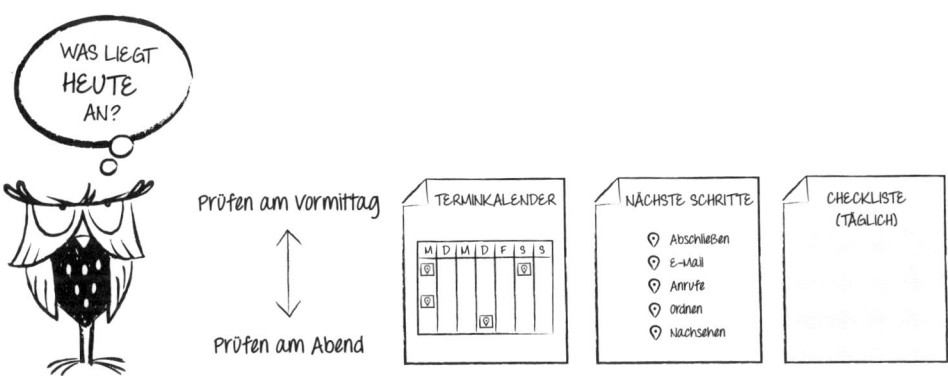

TERMINKALENDER – Diese Übersicht prüfst du jeden Tag als Erstes, um dich daran zu erinnern, wo du wann zu erscheinen hast. Je nach der Zahl der Einträge in deinem Plan wirst du den Terminkalender möglicherweise den ganzen Tag über nutzen.

LISTE DER NÄCHSTEN SCHRITTE – Diese Liste gehst du jeden Morgen durch, um zu entscheiden, was du an diesem Tag zu tun hast oder nicht. Das heißt nicht, dass du etwas erledigen *musst*, was da eingetragen ist – ganz im Gegenteil. Wenn du diese Liste durchsiehst und erkennen kannst, dass du bei deinen Verpflichtungen gut im Plan liegst, bekommt dein Gehirn die Möglichkeit, loszulassen. Du kannst dich entspannen und dich ganz ohne schlechtes Gewissen, Vorbehalte oder nagende Zweifel auf etwas einlassen, was dir am Herzen liegt. Es gehört zu den verborgenen Qualitäten deiner Aktionspläne, dass du ohne Sorge oder Stress beschließen kannst, dich *nicht* auf einen der Einträge einzulassen. Warum? Weil du auf sie zurückkommen kannst und sofort genau weißt, was zu tun ist. Das ist Freiheit.

CHECKLISTEN – Deine Checklisten checkst du, wo und wann es hilfreich ist. Jede dieser Listen dient einem jeweils anderen Zweck – wann und wie oft du einen Blick darauf wirfst, hängt vom Inhalt der Liste ab. So hast du möglicherweise eine Checkliste, die du vor dem Aufbruch zur Schule durchsehen willst. In deinem Spind in der Schule könnte eine Liste hängen, die du durchsehen willst, ehe du nach Hause zurückkehrst.

Das tägliche Durchsehen dauert immer nur ein paar Sekunden. Je mehr du es praktizierst, desto besser wird dein Gehirn lernen, dem Terminkalender, der Liste der nächsten Schritte und den Checklisten als verlässlichen Teilen deines Systems zu vertrauen. Tägliches Durchsehen vermittelt das Gefühl, auf kurze Sicht alles unter Kontrolle zu haben. Damit du diese Kontrolle *beibehältst*, verschaffst du dir einen umfassenderen Blick auf deine Welt. Dazu ist eine tiefer gehende Durchsicht erforderlich – der Wochenüberblick.

Gewöhnlich dauert das tägliche Durchsehen
nur ein paar Sekunden, solange du zur richtigen Zeit
an die richtigen Dinge denkst.

David Allen

WOCHENÜBERBLICK

Diese Übersicht soll dir dabei helfen, den Kopf aufzuräumen und damit die Kontrolle zu behalten, dein System auf dem Laufenden zu halten und deine kreative Energie zu aktivieren.

Der Wochenüberblick liefert das Signal, anzuhalten,
zu schauen und zuzuhören. Er bringt deine Handlungen
mit deinem Denken in Einklang,
während du über deine Handlungen nachdenkst.

David Allen

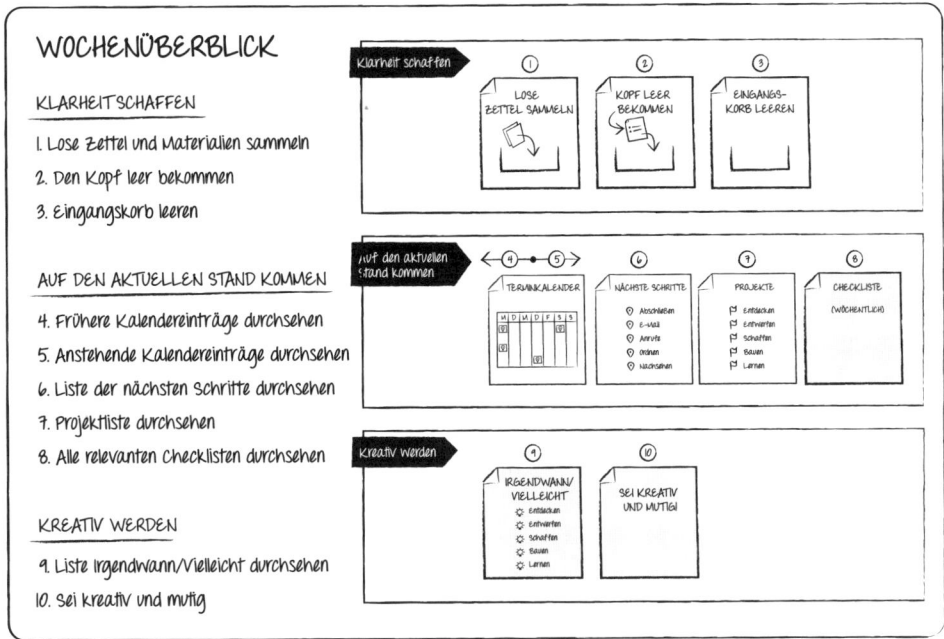

Teil 1: Klarheit schaffen

Diese Durchsicht hilft dir, alles Zeug aufzusammeln, das in der letzten Woche angefallen sein könnte. Dazu gehören *physisches*, *digitales* und das subtilere *mentale* Zeug, das möglicherweise in deinem Kopf herumspukt.

So wird aufgeräumt

Lose Zettel und Materialien sammeln – Mit einer Jagd nach Zeug spürst du alles auf, was während der vergangenen Woche liegen geblieben ist. Suche nach Zeug, das nicht RADV (Referenzmaterial, Ausrüstung, Dekoration, Verbrauchsmaterial) ist. Du könntest beispielsweise den Inhalt deines Rucksacks ausleeren und ihn neu packen: altes Sandwich (RADV = nein, in Eingangsbehälter), Formular, das die Eltern unterschreiben sollen (RADV = nein, in Eingangsbehälter), schmutzige Sportklamotten (RADV = nein, in Eingangsbehälter), Bücher (RADV = ja, zurück in den Rucksack), Bleistifte und Kugelschreiber (RADV = ja, zurück in den Rucksack), Notebook (RADV = ja, zurück in den Rucksack).

Kopf leer bekommen – Damit entlastest du deinen Kopf und erfasst alles, was dir auf der Seele liegt. Die Ergebnisse der Entrümpelung kommen in den Eingangsbehälter.

Eingangsbehälter leeren – Deine Eingangskörbe leerst du mithilfe der Schritte Verarbeiten und Organisieren. Beispiele: altes Sandwich (Handlungsbedarf = nein, Abfall), Formular, das die Eltern unterschreiben sollen (Handlungsbedarf = ja, in Mamas Eingangsbehälter, Zwei-Minuten-Regel), schmutzige Sportklamotten (Handlungsbedarf = ja, in den Wäschekorb, Zwei-Minuten-Regel). So klärst du alle Positionen auf deiner Liste für das Leeren des Kopfes.

Nachdem dieser Teil der Durchsicht erledigt ist, bist du wieder aufgeräumt und klar im Kopf. Alles, was deine Aufmerksamkeit beanspruchen könnte, ist wieder eingesammelt und erfasst.

Teil 2: Auf den aktuellen Stand bringen

Damit stellst du sicher, dass die Aktionspläne, auf die du dich verlässt, vollständig und korrekt sind. Dazu gehört, überholte Erinnerungen zu entfernen und alle neuen Informationen hinzuzufügen. Am Ende dieses Teils des Wochenüberblicks kannst du dir, deinen Eltern oder deinen Lehrern selbstbewusst sagen: »Ich bin auf dem Laufenden. Ich weiß, wie ›machen‹ aussieht [Kalender, nächste Schritte]. Ich weiß, wie ›erledigt‹ aussieht [Projekte].«

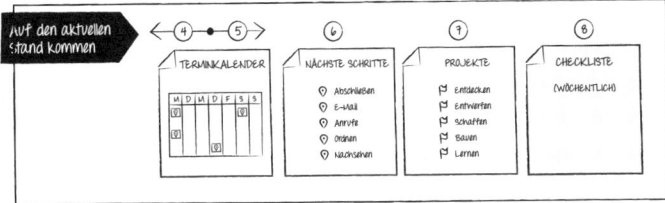

So bringst du alles auf den aktuellen Stand

Frühere Kalendereinträge durchsehen – Sieh dir die letzten zwei Wochen deines Terminkalenders an. Findest du Erinnerungen an etwas, was du tun wolltest? Dabei fällt dir beispielsweise ein: »Letzte Woche war doch meine Geburtstagsparty. Klar, ich möchte mich schriftlich bei allen bedanken.« Das kommt auf deine Liste der nächsten Schritte.

Anstehende Kalendereinträge durchsehen – Schau dir die kommenden zwei Wochen an. Erfasse alle Handlungen zu Projekten oder Aktionen, die für anstehende Ereignisse erforderlich sind. Wenn du beispielsweise siehst, dass in zwei Wochen ein Schulausflug stattfindet, erinnert dich das daran, dass du deinen Erlaubnisschein abgeben musst. Oder du siehst, dass bald die Geburtstagsparty eines Freundes stattfindet und du immer noch kein Geschenk besorgt hast. Beides erfasst du auf deiner Liste der nächsten Schritte.

Liste der nächsten Schritte durchsehen – Geh die Liste durch und streiche alle Handlungen, die du erledigt hast. Dann trägst du neue Aktionen ein.

Projektliste durchsehen – Überprüfe deine Projektliste und stelle sicher, dass mit jedem Projekt zumindest ein nächster Schritt verbunden ist. Beispiel: In zwei Wochen ist eine Buchbesprechung fällig, und du hast noch keinen nächsten Schritt festgelegt. Du könntest erfassen: »In der Bücherei *Wer die Nachtigall stört* ausleihen.« Jetzt ist dieses Projekt auf dem aktuellen Stand und mit einem aktuellen nächsten Schritt verknüpft.

Alle relevanten Checklisten durchsehen – Neben deinen täglich durchzusehenden Checklisten gibt es möglicherweise Listen oder Checklisten, die du gern wöchentlich überprüfen möchtest. Durchsehen willst du beispielsweise:

- Kalender mit Sport- oder Privatterminen
- Eine Liste deiner Lieblingszitate für die wöchentliche Inspiration
- Eine Liste von Fragen, die du dir selbst stellen möchtest

Denk darüber nach, ob es eine Liste oder Checkliste gibt, deren wöchentliche Überprüfung für dich vorteilhaft ist.

Teil 3: Kreativ werden

GTD ist nicht nur eine Methode, Listen zu erstellen und sie auf dem Laufenden zu halten. Dies sind zwar entscheidende Bestandteile bei der Verwendung eines zuverlässigen Systems, doch letztlich kann dich dein System auf ein neues Niveau von Freiräumen und Möglichkeiten bringen. Der Schritt, mit dem du kreativ wirst, dreht sich darum, die Grenzen deiner Kreativität und Zuversicht auszuloten.

So wirst du kreativ

Irgendwann/Vielleicht – Schau dir an, welche Ideen du im Lauf der Zeit erfasst und auf dieser Liste festgehalten hast. Es wirkt zwar befreiend, Ideen zu erfassen, ohne etwas dazu unternehmen zu müssen, doch es ist eine gute Übung, diese Listen ab und zu durchzugehen und zu fragen: »Steht da irgendwas, zu dem ich jetzt etwas unternehmen will?« Lautet die Antwort bei einer Position »ja«, überträgst du diesen Punkt auf deine Projektlisten oder auf die Liste der nächsten Schritte. Damit werden sie »aktiviert«; sie bekommen einen Platz in deinen Tages- und Wochenübersichten, was dich verpflichtet, dich mit ihnen zu befassen und eine Aktion zu finden, mit der sie in Bewegung kommen.

Vielleicht hast du zum Beispiel nach dem Besuch eines inspirierenden Films vor einigen Jahren den Punkt »Nach Paris reisen« erfasst. Und kürzlich hing in der Schule ein Aushang, auf dem Stipendien für einen Sommerausflug nach Paris angekündigt wurden. Du fragst dich: »Warum nicht ich? Ich trage das in meinem System ein und sehe mir an, wie weit ich damit komme. Was kann da schlimmstenfalls passieren?«

Projekt: Schauen, wie das mit der Schulreise nach Paris ist.

Nächster Schritt: E-Mail an die Kontaktadresse, Informationen über Reise und Stipendien anfordern.

Sei kreativ und mutig! – Gibt es noch mehr neue, wundervolle, zum Denken anregende Ideen, die du sammeln und in dein System einbringen kannst? Dies könnte der richtige Augenblick sein – auf geht's!

Wenn du dir die Zeit und Energie nimmst, tägliche und wöchentliche Überprüfungen durchzuführen, stellst du sicher, dass du bereit *bleiben* kannst. Es hilft dir dabei, das Gefühl der Kontrolle aufrechtzuerhalten, und lässt dich jeden Tag und jede Woche mit Zuversicht beginnen – du bist bereit für das, was auf dich zukommt.

Es heißt oft, Motivation halte nicht lange vor.
Das gilt auch für das Duschen –
deshalb empfehlen wir es täglich.

Zig Ziglar

ZUSAMMENFASSUNG

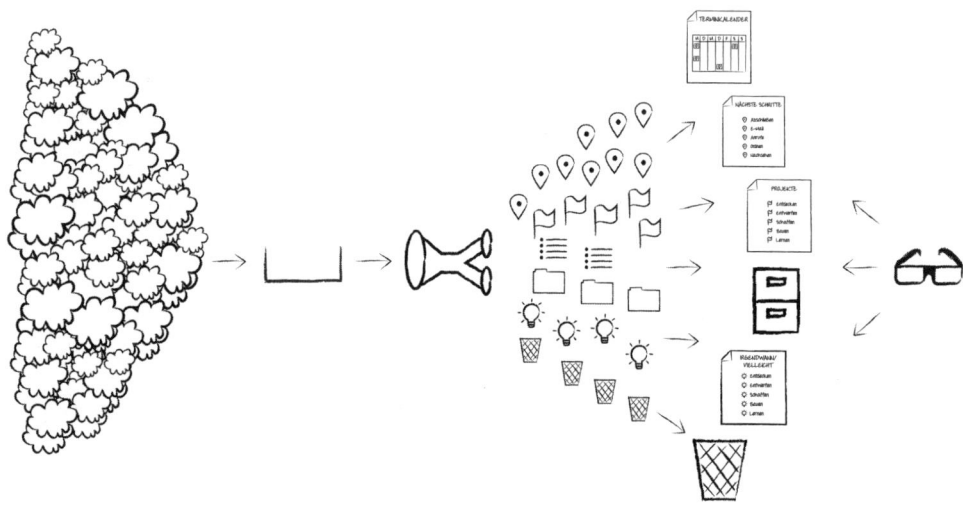

Durchsehen bedeutet auch, für einen Moment einen Schritt zurück zu treten und zurückzuschauen. Es beginnt mit dem Sammeln und Verarbeiten all des Zeugs, das noch nicht bearbeitet ist. Anschließend überprüfst du alle Aktionspläne, um sicherzustellen, dass du auf dem richtigen Weg bist und bereits getroffene Entscheidungen voranbringst.

Wie oft du alles durchgehst, hängt sowohl von der Art des Aktionsplans als auch von der Komplexität deiner aktuellen Wirklichkeit ab. Die 3-D-Brille steht für drei unterschiedliche Dimensionen der Übersicht – die tägliche, die wöchentliche sowie die Fokushorizonte.

Der Wochenüberblick ist entscheidend für die Aufrechterhaltung der Kontrolle. Sie besteht aus drei Schritten: »Klarheit schaffen«, »Auf den aktuellen Stand kommen« und »Kreativ werden«.

Schlüsselbegriffe
- Durchsehen
- Tägliche Durchsicht
- Wochenüberblick

Fragen zum Überlegen oder Diskutieren

- Wie oft solltest du deiner Ansicht nach die Aktionspläne überprüfen, damit du die Kontrolle behältst?
- An welchem Ort könntest du den Wochenüberblick optimal durchführen? Was ist erforderlich, damit du einen Wochenüberblick verwirklichen kannst?
- Welche möglichen Vorteile ergeben sich, wenn du den Wochenüberblick konsequent durchführst?

PHASE 5: ERLEDIGEN

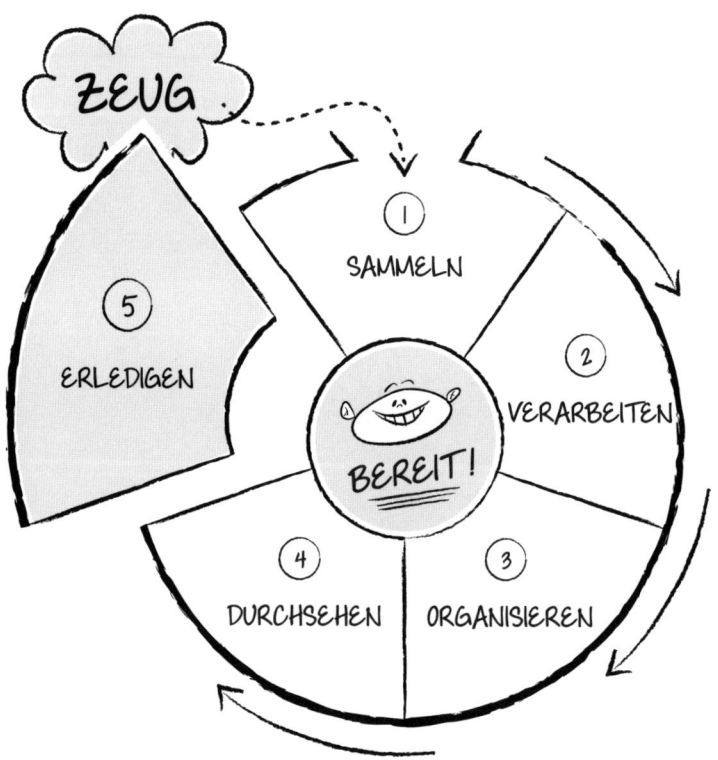

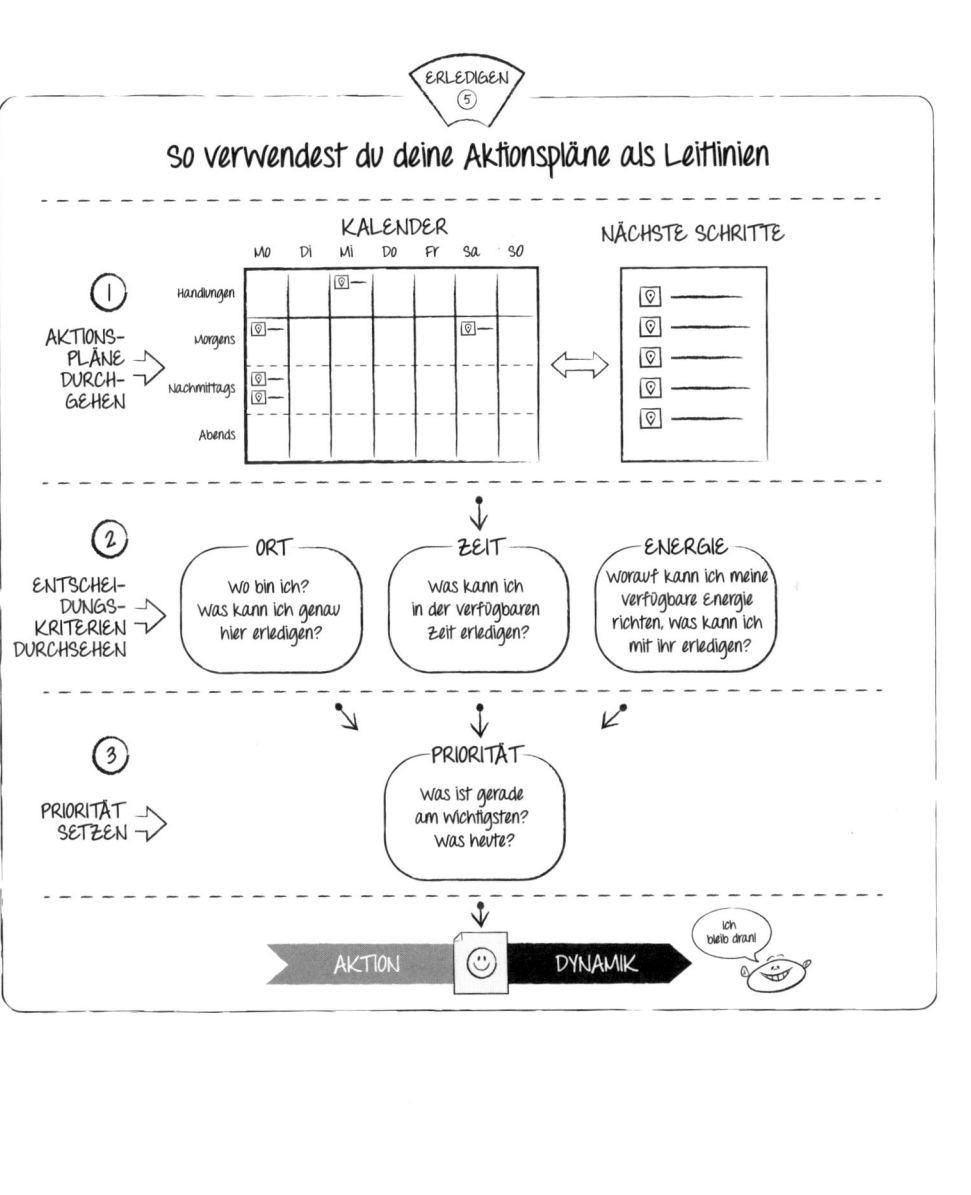

ERLEDIGEN
⑤

So verwendest du deine Aktionspläne als Leitlinien

KALENDER

MO Di Mi DO Fr Sa SO

NÄCHSTE SCHRITTE

① AKTIONS-PLÄNE DURCH-GEHEN

Handlungen
Morgens
Nachmittags
Abends

② ENTSCHEI-DUNGS-KRITERIEN DURCHSEHEN

ORT
Wo bin ich?
Was kann ich genau
hier erledigen?

ZEIT
Was kann ich
in der verfügbaren
Zeit erledigen?

ENERGIE
Worauf kann ich meine
verfügbare Energie
richten, was kann ich
mit ihr erledigen?

③ PRIORITÄT SETZEN

PRIORITÄT
Was ist gerade
am wichtigsten?
Was heute?

AKTION   ☺   DYNAMIK

Ich
bleib dran!

PHASE 5: ERLEDIGEN

Das ist sie – die letzte der **fünf Phasen**. Hier kommt die Belohnung für all die Denkarbeit, die du schon geleistet hast.

Mit dieser Phase wählst du anhand deiner Aktionspläne und deiner Intuition eine Handlung aus und führst sie durch.

Damit erreichst du Fortschritte bei deinen Plänen.

Erledigen: Klar, umfassend und zuversichtlich genau das ausführen, was du in diesem Augenblick tun solltest.

Die Werkzeuge und Strategien für diesen Schritt unterstützen dich dabei, zuverlässig zu beschließen, wie du deine Zeit und deine Energie verwendest. Mithilfe deiner Listen der nächsten Schritte erledigst du die Dinge mit der *geringstmöglichen* Mühe.

Wenn du zu viel Zeit damit verbringst,
über etwas nachzudenken, kriegst du es nie geregelt.

Bruce Lee

ERLEDIGEN HAT MIT ACHTSAMKEIT ZU TUN

Phase 5 dient dem Ziel, in jedem Augenblick angemessen engagiert und präsent zu sein – das gilt auch für die Zeiten von Vergnügen und Unterhaltung. Das heißt außerdem, dass du dich auf die weniger erfreulichen Momente einlässt, die eine gewisse Selbstdisziplin und Mumm erfordern.

Einer der unterschätzten und möglicherweise unerwarteten Vorteile von GTD ist die Fähigkeit, auch dann ruhig, cool und gefasst zu bleiben, wenn alles um dich herum ein wenig verrücktspielt. Wenn du nicht einknickst, in Panik gerätst und dir Stress machst, hast du die Chance und die Energie, dich auf die Leute und die Umstände einzustellen.

Weil du außerdem das Gefühl gewonnen hast, alles im Griff zu haben, und ein umfassendes Verzeichnis dessen zusammengetragen hast, was in deiner Welt geschieht, dürftest du häufig feststellen, dass du deine Zeit, Konzentration und Energie am besten nutzt, wenn du *gar nichts unternimmst*. Das nennen wir **Freiraum**, und der wird im Zeitalter der Vernetzung immer seltener.

Freiraum zu schaffen und zu entdecken bietet eine neue Chance für:

- Chillen.
- Entspannen und deine Lieblingsmusik hören.
- Ganz für einen Freund da sein.
- Mit neuen Menschen ins Gespräch kommen.
- Tagträume zu Ideen zu haben, die du auf deiner Liste Irgendwann/ Vielleicht vermerkt hast, oder sie auszuführen.

Wenn du dem Zeug, das auf dich zurollt, nicht mehr ausgeliefert bist, hast du erheblich mehr Auswahl, was du machen willst und wann das geschieht. Doch wenn du eine so große Zahl an Wahlmöglichkeiten erkannt hast, taucht oft eine neue Frage auf: Wie kann ich herausfinden, was ich wann zu tun habe?

Sehen wir uns an, wie du eine Handlung auswählen und zuversichtlich Entscheidungen treffen kannst, die dich voranbringen.

Wo immer du bist: Sei ganz und gar dort.

Jim Elliot

NUTZE DEINE AKTIONSPLÄNE

Damit du zuversichtlich entscheiden kannst, wie du deine Zeit verbringst, ist zunächst ein schneller Blick auf deine Aktionspläne clever. Dein Terminkalender und die Liste der nächsten Schritte können sicherstellen, dass du da

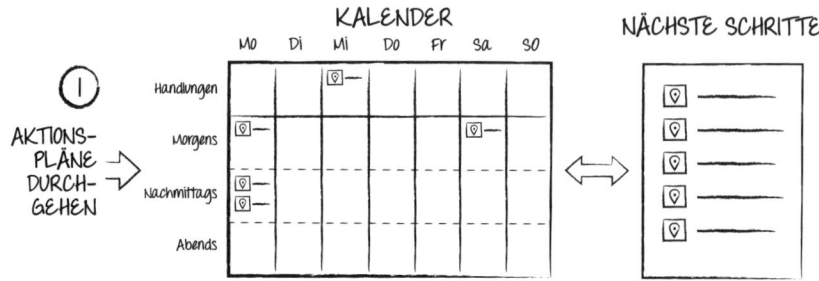

bist, wo du sein sollst, und dass du dich um alle dringenden Angelegenheiten gekümmert hast.

Wenn nichts Dringendes anliegt, was sofort zu erledigen ist, wirst du zwischen einer Menge Optionen zu wählen haben. Es gibt ein Hilfsmittel, das dich dabei unterstützen kann, die beste auszuwählen. Hier kommt der Scheinwerfer.

DIE VIER KRITERIEN DES SCHEINWERFERS

Als du in die Mittelstufe oder in die Oberstufe gewechselt bist, hast du in Hinblick auf die Frage, was du zu einem gegebenen Zeitpunkt tun musst, schon ein paar gute oder schlechte Angewohnheiten entwickelt – ob bewusst oder unbewusst. Manche neigen dazu, bis zur letzten Minute zu warten – bis der Druck so hoch geworden ist, dass sie keine andere Wahl haben, als die Dinge in Angriff zu nehmen (z. B. lang aufbleiben oder früher aufstehen, um Schularbeiten fertigzumachen). Andere entscheiden je nach Lust und Laune, was zu tun ist (z. B. die leichtere Aufgabe wählen, obwohl sie wissen, dass die schwierigere wichtiger ist).

Auch wenn das gängige Strategien sind, werden sie meistens aufgrund von Emotionen und unter dem Druck des sozialen Umfelds eingesetzt. Doch Strategien – selbst wenn sie von vielen genutzt werden – sind nicht zwangsläufig auch *effektiv*. Phase 5 soll dich in die Lage versetzen, dich »ungewöhnlich« zu verhalten – du sollst dich von der Masse unterscheiden und zu größtmöglicher Effizienz auflaufen.

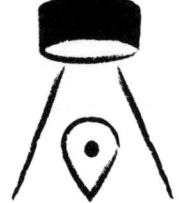

Als Alternative zu der Strategie, den jeweils letzten Punkt oder das Dringendste zu erledigen, gibt es die sogenannte **Scheinwerfer-Strategie**. Sie nutzt die Aktionspläne, die du erstellt hast, um effektiver entscheiden zu können. Der Scheinwerfer unterstützt dein Gehirn bei der Abwägung eines einzigartigen Gemenges aus vier Kriterien:

- Ort
- Zeit
- Energie
- Priorität

Diese Kriterien können dir dabei helfen, bei den Entscheidungen für den nächsten Schritt ruhig und zuversichtlich zu bleiben. Gehen wir sie nacheinander durch.

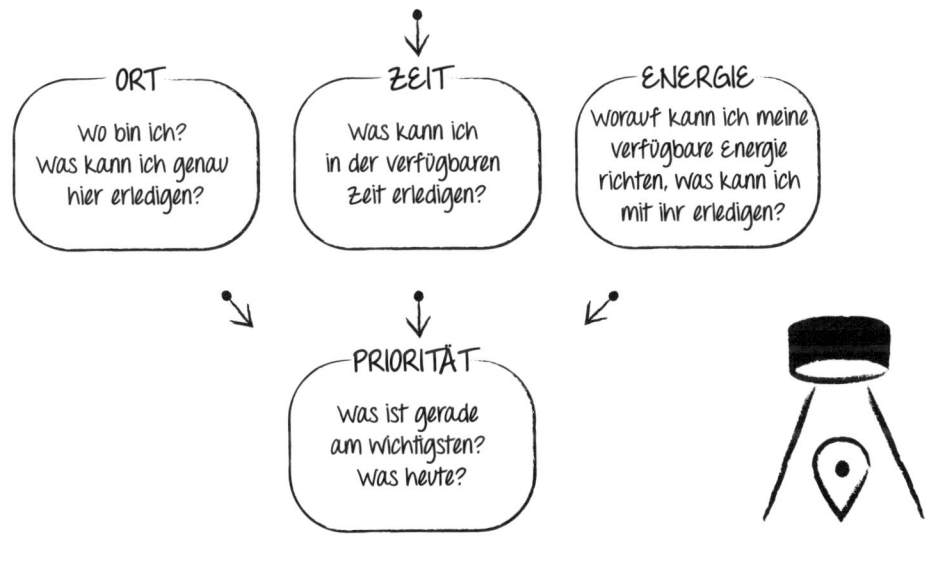

Ich fühle mich ein wenig wie ein Moskito im Nudistencamp. Ich weiß, was ich machen möchte, aber ich weiß nicht, wo ich anfangen soll.

Stephen Bayne

Zeit

Rund um die Idee des »Zeitmanagements« ist eine Multimillionen-Dollar-Branche aufgekommen. Doch in Wahrheit lässt sich Zeit nicht »managen«. Die Zeit läuft weiter, ob du das willst oder nicht. Es gibt Perioden, in denen die Minuten und Stunden langsam vergehen, und solche, in denen sie zu fliegen scheinen!

> **ZEIT**
>
> Was kann ich in der verfügbaren Zeit erledigen?

Du kannst aber steuern, wie du dich auf die Zeit *einlässt*. Hier ein paar Fragen, die dir zeigen können, wie du angemessen damit umgehst:

- Wie viel Zeit hast du vor deiner nächsten möglichen Aktivität zur Verfügung? Fünf Minuten? Zehn Minuten? 3 Stunden?
- Je nach deiner Antwort: Was könntest du in diesem Zeitfenster effektiv angehen oder erledigen?

Wenn nur fünf Minuten verfügbar sind, dürfte es nicht die beste Entscheidung sein, über ein großes Projekt nachzudenken. Bei einer so kurzen Spanne reicht die Zeit vielleicht nur für eine kurze Nachricht, das rasche Überfliegen einer Website oder das rasche Aus- und Einpacken deines Rucksacks. Diese Fünf-Minuten-Investitionen sind *nicht* belanglos. Wenn du sie umfassend nutzt, kann dir das später einigen Freiraum einbringen.

Bietet sich ein Zeitfenster von 3 Stunden, dürfte es nicht die beste Option sein, eben noch diese kurze Nachricht zu senden oder eine Website zu überfliegen. Denn das könnte sich tatsächlich als Ablenkungsfalle erweisen und zum Hinausschieben führen.

Ein Block von 3 Stunden könnte dir ausreichend Zeit geben, etwas Konkreteres zu machen. Wahrscheinlich gibt es bei dir Handlungen, die ausführlicher durchdacht werden wollen und mehr Material oder eine Reihe von Schritten erfordern, damit sie Schwung aufnehmen. 3 Stunden können eine gute Spanne für das Brainstorming und den Planungsbeginn für ein neues Projekt, ausführlichere Lektüre oder das Durcharbeiten von Zeug sein, das sich in deinen Eingangsbehältern angesammelt hat.

Wenn du lernst, die verschiedenen Arten von Handlungen zu erkennen, die sich am besten für die unterschiedlich großen Zeitblöcke eignen, kannst du sicherstellen, dass du bereit bist, in jedem Zeitfenster das Richtige zu tun.

Energie

Energie tritt in vielen Formen auf – physisch, mental und emotional. Um ständig das Gefühl zu haben, dass du bereit bist und alles unter Kontrolle hast, musst du dich nicht auf dem Niveau der vollen Energie befinden. Du kannst sogar müde sein und immer noch wirkungsvoll aktiv werden.

> **ENERGIE**
> Worauf kann ich meine verfügbare Energie richten, was kann ich mit ihr erledigen?

Es kann hilfreich für dich sein, deine eigenen Energieniveaus grundsätzlich zu verstehen und zu wissen, wie sie sich auswirken – wann du am besten *denkst*, *arbeitest* und dich *entspannst*. Das befähigt dich nicht nur, Zeitblöcke mit einer passenden Handlung in Einklang zu bringen, sondern auch, dein Energieniveau zu berücksichtigen. Wie geht das?

Hier ein paar Fragen, die bei der Antwort helfen können:

- Wann bist du am besten in Form? Früh am Morgen? Mittags? Spätabends?
- Wann fühlst du dich am wachsten und aufmerksamsten und hast die größte Ausdauer für herausfordernde Tätigkeiten?

> **WAS KLAPPT GERADE AM BESTEN?**

Zu verstehen, wann du mit der höchsten Kapazität arbeitest, kann dir die Entscheidung erleichtern, wann du dich mit den herausforderndsten Angelegenheiten befasst, zu denen du dich verpflichtet hast.

Gibt es eine Tätigkeit oder ein Projekt, das von dir einiges an zusätzlicher Motivation erfordert? Wenn du es bis zur letzten Minute aufschiebst, schlägst du dich möglicherweise genau dann damit herum, wenn du am Tiefpunkt deiner Energie und Motivation bist. Solche anspruchsvollen Angelegenheiten solltest du besser angehen, wenn du am leistungsfähigsten bist.

Und umgekehrt: Wann fängst du an, nachzulassen? Wann bist du ganz einfach geschafft?

Wenn du dir klarmachst, wann diese Tiefpunkte typischerweise eintreten, kannst du den Tiefstand deiner eigenen Energie besser erkennen und lernen, wann du Dinge angehst, die eher wenig Konzentration erfordern.

Zeiten mit wenig Energie können eine gute Gelegenheit darstellen, eine schnelle Nachricht zu verschicken oder eine Schublade aufzuräumen, während du einen Film anschaust. Wenn du deine nächsten Schritte wirklich gut dokumentiert hast, kannst du immer Handlungen finden und durchführen, die einiges an Schwung bringen. Dieser Zustand der Bereitschaft funktioniert einfach nur mit geringerer Kapazität.

Ort

Damit wird angezeigt, wann und wo du etwas angehen *kannst*. Das heißt, dass du erkennst, was du an einem gegebenen *Ort* und zu dieser *Tageszeit* realistischerweise erledigen kannst.

Beispielsweise kannst du nicht um 10 Uhr beim Friseur anrufen und einen Termin ausmachen, wenn

> **ORT**
> Wo bin ich?
> Was kann ich genau
> hier erledigen?

der Laden geschlossen ist. Du kannst keine E-Mail verschicken, wenn du an einer Stelle ohne Wi-Fi oder eine andere Netzverbindung bist. Du kannst keine Besorgungen in einem Laden machen, wenn der zu weit entfernt liegt.

Anstatt dich von allem, was »nicht geht«, blockieren zu lassen, fragst du dich im Zusammenhang mit dem Ort: »Was *geht* angesichts der Tageszeit, der Örtlichkeit und der hier verfügbaren Ressourcen – was kann ich hier machen?« Die Antwort dürfte deine Optionen verringern und gleichzeitig sicherstellen, dass du dich angemessen engagierst.

Priorität

Von den vier Kriterien des Scheinwerfers wirkt sich das letzte, die Priorität, am stärksten aus.

Manches muss einfach genau *jetzt* erledigt werden. Wenn du eine Aufgabe hast, die am Morgen fällig ist, kann es sein, dass Energie, Zeit und Ort in den Hintergrund treten. Manchmal wird durch die Priorität recht eindeutig und offensichtlich festgelegt, was du als Nächstes anzugehen hast.

Wenn in einer Stunde eine Prüfung ansteht, dürfte Lernen wichtiger sein als die Rücksicht auf deine aktuelle Energie und Stimmung. Wenn du ein dringendes Gespräch mit einem Freund führst, dürften Energie und Zeit keine Rolle spielen.

Die Kriterien des Scheinwerfers kannst du immer dann auf deine Welt anwenden, wenn sie nützlich sein dürften. Wenn du Tageszeit, Örtlichkeit, Energie und alles, was gerade so anliegt, in Betracht ziehst: Was machst du *genau jetzt* am besten?

Bist du bereit, weiterzulesen, oder gibt es noch etwas anderes, was deine Aufmerksamkeit beansprucht? Falls ja, weißt du, was du zu tun hast.

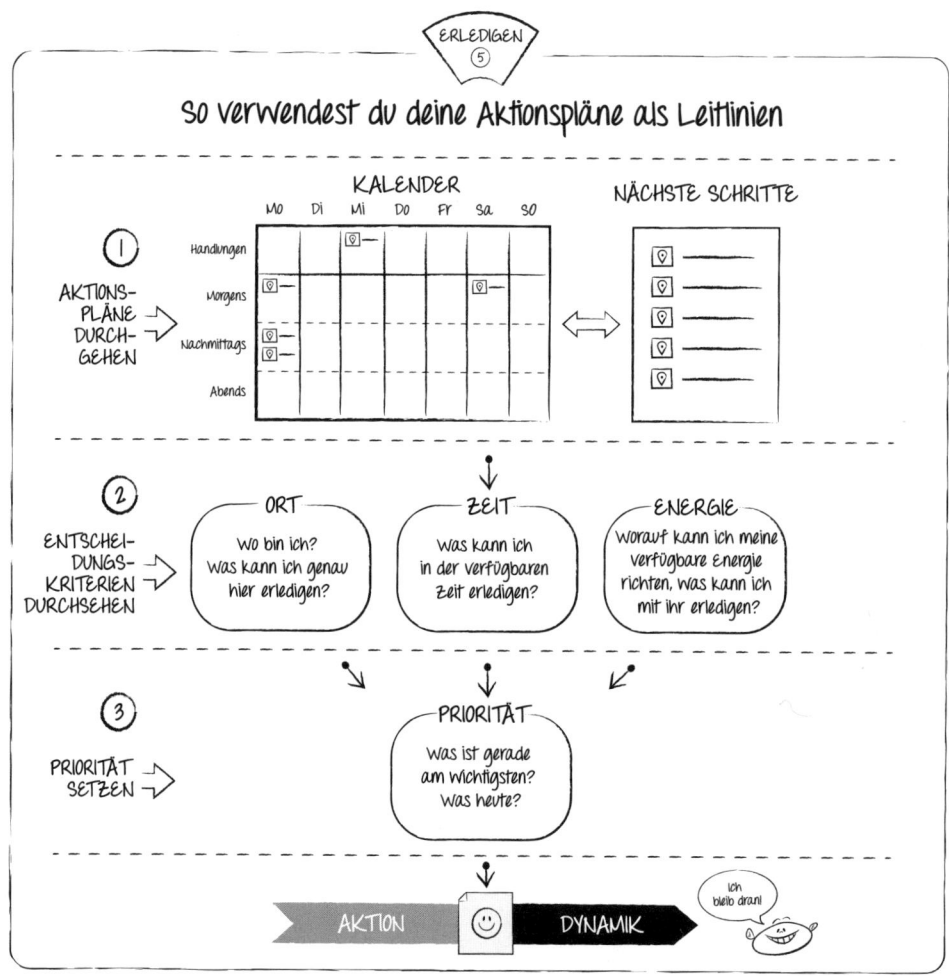

So verwendest du deine Aktionspläne als Leitlinien

ZUSAMMENFASSUNG

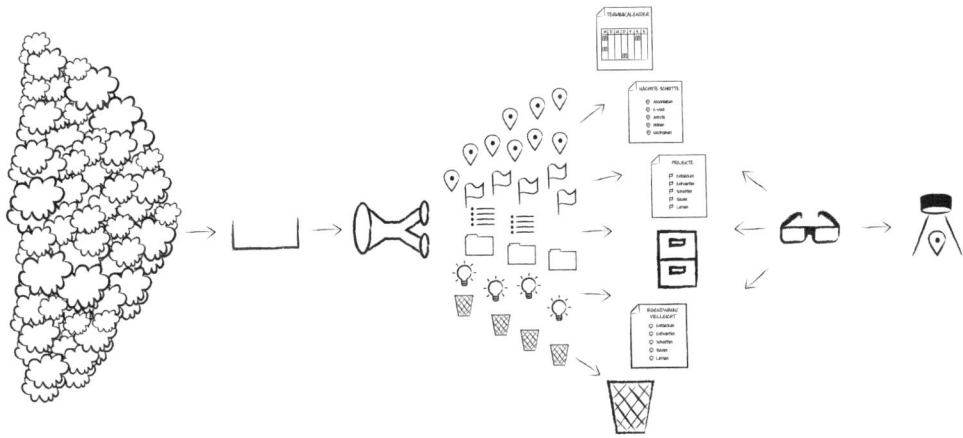

Etwas zu erledigen heißt, dass du entscheidest, wie du am besten mit deinen aktuellen Bedingungen umgehst. Die Entscheidung, was du als Nächstes am besten machst, kannst du erleichtern, wenn du Aktionspläne durchgehst und auf einige Kriterien zur Entscheidungsfindung zurückgreifst. Der Scheinwerfer ist ein Werkzeug, das vier nützliche Kriterien bietet.

Schlüsselbegriffe

- Erledigen
- Zeit
- Ort
- Priorität
- Energie

Fragen zum Überlegen oder Diskutieren

- Wie entscheidest du, was du machst, wenn sich ein Zeitfenster – ein Abend nach der Schule, ein freier Samstagvormittag – bietet? Wie sehr bist du davon überzeugt, dass du die beste Wahl triffst?
- Wie könntest du die vier Kriterien des Scheinwerfers auf dein Lernverhalten oder deine Arbeit anwenden?

PERSPEKTIVE GEWINNEN: FOKUSHORIZONTE

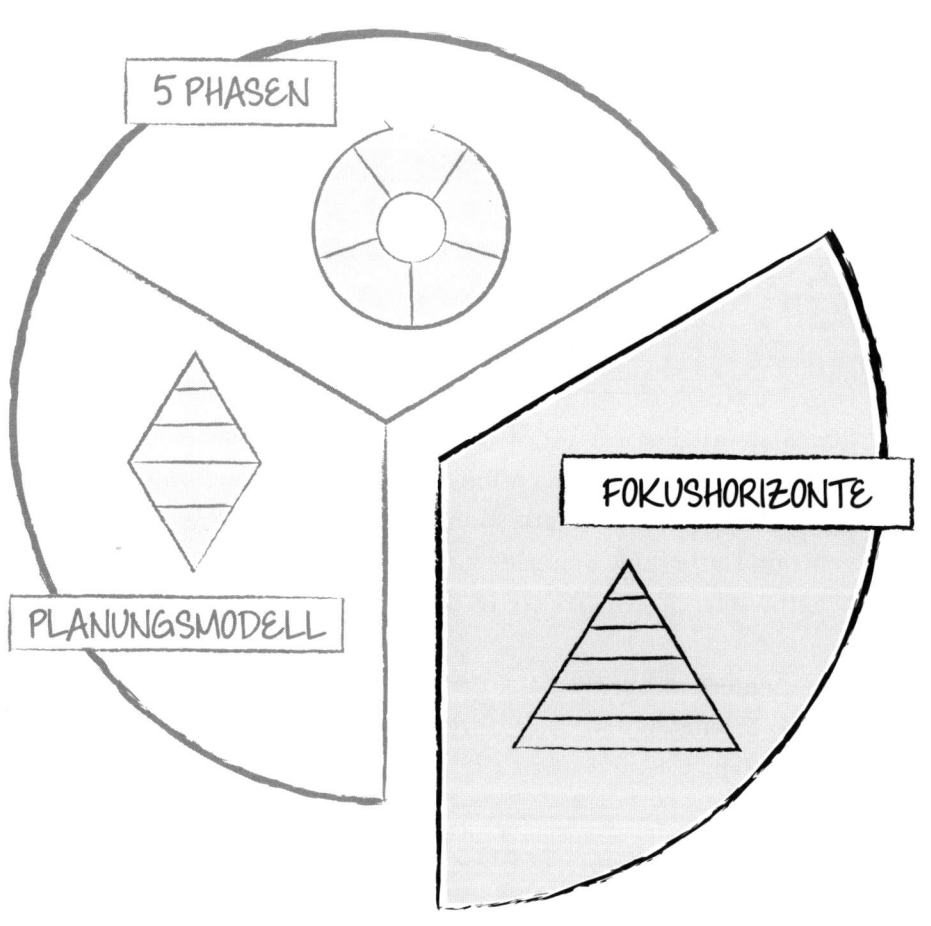

Im vorigen Abschnitt haben wir vermittelt, wie du mithilfe der fünf Phasen wieder in den Zustand der Bereitschaft zurückkehren und erleben kannst, wie wertvoll es ist, das angefallene Zeug zu verarbeiten. Nachdem du das jetzt verstanden hast und weißt, wie du die Kontrolle erlangst, gehen wir weiter voran!

Die Kontrolle zu gewinnen dient vor allem dazu, Ablenkungen auszuräumen, sodass du dich konzentrieren kannst. Nachdem du nun bereit bist, stellt sich die Frage: Worauf richtest du deinen Fokus?

In diesem Teil des Buches wollen wir mithilfe der Fokushorizonte, der dritten und dynamischsten Dimension des 3-D-Modells aus Phase 4, ausloten, was Perspektive heißt.

Überleg mal: Wie fühlst du dich im Allgemeinen, wenn dir andere sagen, was du tun sollst? Ödet dich das an, freust du dich, bist du frustriert oder fröhlich oder kreativ – oder vielleicht alles bunt gemischt? Und wie fühlst du dich andererseits, wenn *du* derjenige bist, der Entscheidungen trifft, Ideen auswählt und das ausführt, was dir wichtig ist? Das fühlt sich wahrscheinlich ein wenig anders an.

Unabhängigkeit und Freiheit zu erreichen hat mit deiner Fähigkeit zu tun, deinen Fokus zu steuern – mit deiner Fähigkeit, Perspektive zu gewinnen. In diesem Abschnitt bekommst du die Gelegenheit, deine Gedanken und Ideen auf jedem Horizont des Fokusplans zu erfassen. Die Fokushorizonte werden dir dabei helfen, deine Ausrichtung und Perspektive *im Lauf der Zeit* zu erfassen, durchzuarbeiten und zu lenken. Wenn du deine Fokushorizonte aufstellst, sie auf den aktuellen Stand bringst und damit neue Perspektiven gewinnst, wirst du wahrscheinlich einige neue und spannende Möglichkeiten entdecken. Diese Horizonte wollen wir uns eingehender ansehen.

FOKUSHORIZONTE

Wenn du mehr Aktivitäten brauchst, steigst du zu den höheren Horizonten auf.

Wenn du mehr Klarheit brauchst, steigst du zu den niedrigeren Horizonten ab.

ZUSÄTZLICHE
UNTERSTÜTZUNGSMATERIALIEN

SINN & ZWECK
Ich glaube, ich bin auf der Welt, weil _____

NOTIZEN
DESWEGEN
BIN ICH DA

CHECKLISTE   REFERENZ-MATERIAL

VISION
Bilder, Zeichnungen und/oder Notizen zu meiner
Vision: Idealvorstellung

NOTIZEN
ODER BILDER
VISION

CHECKLISTE   REFERENZ-MATERIAL

ZIELE
»Was« will ich »wann« erreichen
Liste der Ziele

LISTE DER
ZIELE

CHECKLISTE   REFERENZ-MATERIAL

FOKUSBEREICHE
Meine wichtigsten Verantwortungsbereiche und Rollen

FAMILIE
SOHN/TOCHTER
SCHÜLER
LISTE DER FOKUS-BEREICHE
WOHLBEFINDEN
PRIVATE AKTIVITÄTEN
SPORT   SPIRITUALITÄT

CHECKLISTE   REFERENZ-MATERIAL

PROJEKTE
Meine gewünschten
kurzfristigen Ergebnisse

PROJECTS
PROJEKTPLAN/VIELLEICHT

CHECKLISTE   REFERENZ-MATERIAL

AKTIONSLISTEN
zu tun

TEAMKALENDER   NÄCHSTE SCHRITTE

CHECKLISTE   REFERENZ-MATERIAL

REINZOOMEN, RAUSZOOMEN

Mithilfe der Fokushorizonte lassen sich Informationen aus verschiedenen Blickwinkeln erzeugen, aufbewahren und wiederfinden. Die Fokushorizonte kannst du dir ähnlich wie die Karten-Apps auf deinem Smartphone als dynamisches Orientierungswerkzeug vorstellen. Wenn du in größerem Maßstab erkennen willst, wohin dein Leben dich führt, zoomst du raus, um einen besseren Überblick zu gewinnen. Wenn etwas geschehen soll, was spezifischer und mehr auf Handeln ausgerichtet ist, zoomst du rein, um genauer hinschauen zu können.

Stell dir Google Maps vor. Wenn du die Erde insgesamt erfassen willst, könntest du rauszoomen und den Planeten von einem viel höheren Blickwinkel aus als Ganzes in den Blick nehmen. Weil du sie nicht auf der Ebene einzelner Straßen oder Häuser siehst, bemerkst du möglicherweise gewisse Aspekte größe-

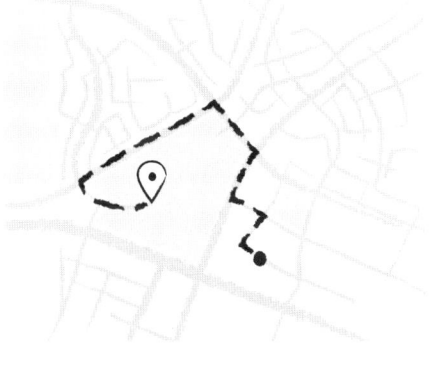

ren Maßstabs, was wiederum gewisse weiter gefasste Fragen aufwirft. Woran denkst du, wenn du diese Perspektive betrachtest?

Nehmen wir andererseits an, du versuchst, einen Platz für ein Fußballspiel ausfindig zu machen. In diesem Fall zoomst du gewöhnlich zu einem Kartenausschnitt, der dir Schritt für Schritt Informationen zum Weg von dir zu Hause zum Spielfeld liefert. Dieser Blickwinkel liegt tiefer und bietet eine ganz andere Perspektive für einen anderen Zweck. Beim Anblick dieses Kartenausschnitts bemerkst du wahrscheinlich andere Aspekte und stellst andere Fragen. Welche Gedanken löst dieser Anblick bei dir aus?

Zwischen den verschiedenen Fokushorizonten wechselst du schon von Natur aus hin und her. Wenn du mehr über das Werkzeug der Fokushorizonte erfährst, kannst du dieses Denken mittels Raus- bzw. Reinzoomen dazu nutzen, auf deinem Weg die Kontrolle und die Perspektive zu behalten.

WOZU DIENEN DIE HORIZONTE?

Die Fokushorizonte sind Teil des GTD-Systems. Sie können Informationen mit den Hinweisen enthalten, die du zum passenden Zeitpunkt zu allem brauchst, was dir wichtig ist. Die Fokushorizonte kannst du dir als Kapitel eines Buches mit dem Titel *Meine Lebensgeschichte* vorstellen. Die hier vorhandenen Informationen können dir dabei helfen, bei Abenteuern und Herausforderungen Kurs zu halten, sodass du siehst, *was* du tust und wie das mit dem zusammenhängt, *warum* du es machst.

Wenn du lernst, Ideen zu erfassen und sie auf den passenden Horizonten einzuordnen, schreibst du tatsächlich einen Teil deiner eigenen Geschichte. In diesem Sinne hast du als *Autor* deiner Geschichte eine gewisse operative Kontrolle. Wenn du lernst, einen Schritt zurückzutreten, den Inhalt auf jeder einzelnen Ebene durchzusehen und darüber nachzudenken, wird dir allmählich auffallen, wenn etwas verbessert, gelöscht oder nachjustiert werden sollte – dann kannst du die erforderlichen Änderungen vornehmen. In diesem Sinn bist du auch der *Redakteur* deiner Lebensgeschichte.

Im Lauf der Zeit wirst du viele Gelegenheiten bekommen, deine Geschichte zu redigieren und den Kurs zu korrigieren. Und in gar nicht so ferner Zukunft wirst du völlige Freiheit und Verantwortung dafür übernehmen, wo du hingehst. Die Fokushorizonte werden dich dabei unterstützen, zuversichtlich und erfolgreich durchs Leben zu navigieren.

FOKUSHORIZONTE

Dieses Hilfsmittel weist sechs Ebenen auf; jede davon hilft dir, das Leben unterschiedlich zu betrachten und zu bestimmen, worauf du dich warum fokussieren willst. Sehen wir uns diese Ebenen an: Dazu legen wir eine Pause ein, damit du deine aktuellen Gedanken und Ideen auf jeder der Ebenen in der passenden Planskizze erfassen kannst.

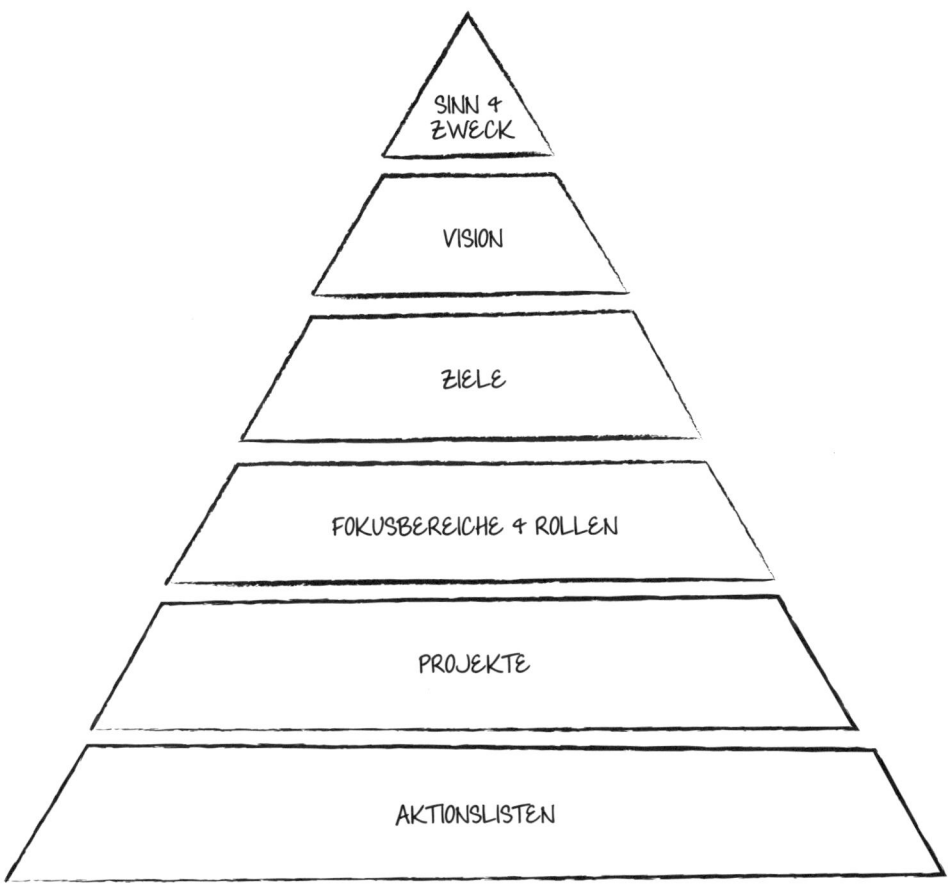

FOKUSHORIZONTE

SINN & ZWECK

VISION

ZIELE

FOKUSBEREICHE & ROLLEN

PROJEKTE

AKTIONSLISTEN

Sinn & Zweck

Das ist der oberste aller Horizonte. Hier befindet sich die Gesamtübersicht deines Lebens – ähnlich der Erdkugel in Google Earth. Sie stellt die einfache, aber bedeutsame Frage nach dem »Warum«.

Zum Beispiel: »Warum bin ich hier? Ich glaube, ich bin auf der Welt, weil _____.« Oder: »Warum bin ich hier? Ich glaube, ich bin deswegen da, damit ich _____.«

Wie würdest du als der Mensch, der du im Augenblick bist, diese bedeutsame Frage beantworten? Anhand des Aktionsplans auf der folgenden Seite kannst du deine ursprünglichen Gedanken zum Sinn & Zweck deines Daseins erfassen. Du musst keinen perfekten, ausgefeilten oder für die Ewigkeit gültigen Text schreiben. Gestatte dir selbst, auch sehr grobe Vorstellungen zu notieren. Nutze den Raum, um einfach zu skizzieren oder als Plan aufzuzeichnen, was dir heute wichtig erscheint – im Bewusstsein, dass du das später redigieren wirst. Es ist in Ordnung, wenn du dich bei deinen Antworten unsicher fühlst. Das Modell soll dir helfen, fortwährend daran zu arbeiten, wer du auf jeder einzelnen Ebene bist. Am wichtigsten ist, dass du innehältst und das wahrnimmst und erfasst, was du *derzeit* denkst. Das kann die richtigen Fragen aufwerfen und dazu beitragen, ein paar angemessene nächste Schritte zu planen.

Ich spüre den Drang, immer kreativ zu sein und zu reden,
den Menschen etwas mitzuteilen und ihnen Informationen
zu vermitteln und ihr Feedback zu bekommen.
Es gibt so viele Fragen, die ich stellen möchte,
und ich habe noch lange nicht alles gesagt, was ich zu sagen habe.

Chance the Rapper

Übersichtsplan Sinn & Zweck

SINN & ZWECK

Ich glaube, ich bin auf der Welt, um _____

(Im Ordner SINN & ZWECK ablegen)

Vision

Auf dieser Ebene stellst du dir vor, was du in der Zukunft gern verwirklicht hättest – beispielsweise, was in der Oberstufe, nach der Oberstufe, an der Uni und daran anschließend geschieht. Die entscheidende Frage dieser Ebene lautet: Angenommen, du wärst in den folgenden Jahren ungeheuer erfolgreich – womit wärst du dann in deiner Vorstellung beschäftigt?

Zur Verwendung des Übersichtsplans »Vision« auf der folgenden Seite solltest du dir ein wenig Zeit nehmen und notieren, wie dein ideales Szenario aussehen könnte. Nicht kleckern, sondern klotzen! Mal dir ungeheuren Erfolg aus! Wir nennen diesen Erfolg auch »wilde Wünsche«. Schreib Notizen auf, lass dir etwas einfallen, stelle Collagen zusammen, entwickle Listen, setze Zitate ein und erfasse alles an Informationen, was aus deiner Sicht für Erfolg steht. Wenn du lieber mit digitalen Werkzeugen (Computer, Tablet, Smartphone) arbeitest, speicherst du Bilder durch Kopieren und Einfügen. Es kommt darauf an, dass du die Übersicht mit deiner *Zukunftsvision* ausfüllst – wer du sein wirst, mit wem du zusammen sein wirst, was du tun wirst.

Erfolg hat mit Einsatzbereitschaft zu tun.
Wenn du unterwegs bist, befindest du dich vielleicht nicht da,
wo du sein möchtest, und machst nicht das, was du willst.
Doch du musst bereit sein, eine Idealvorstellung und
eine Vision zu haben, die dich zu einem unglaublichen Ende führt.

Usher

Übersichtsplan Vision

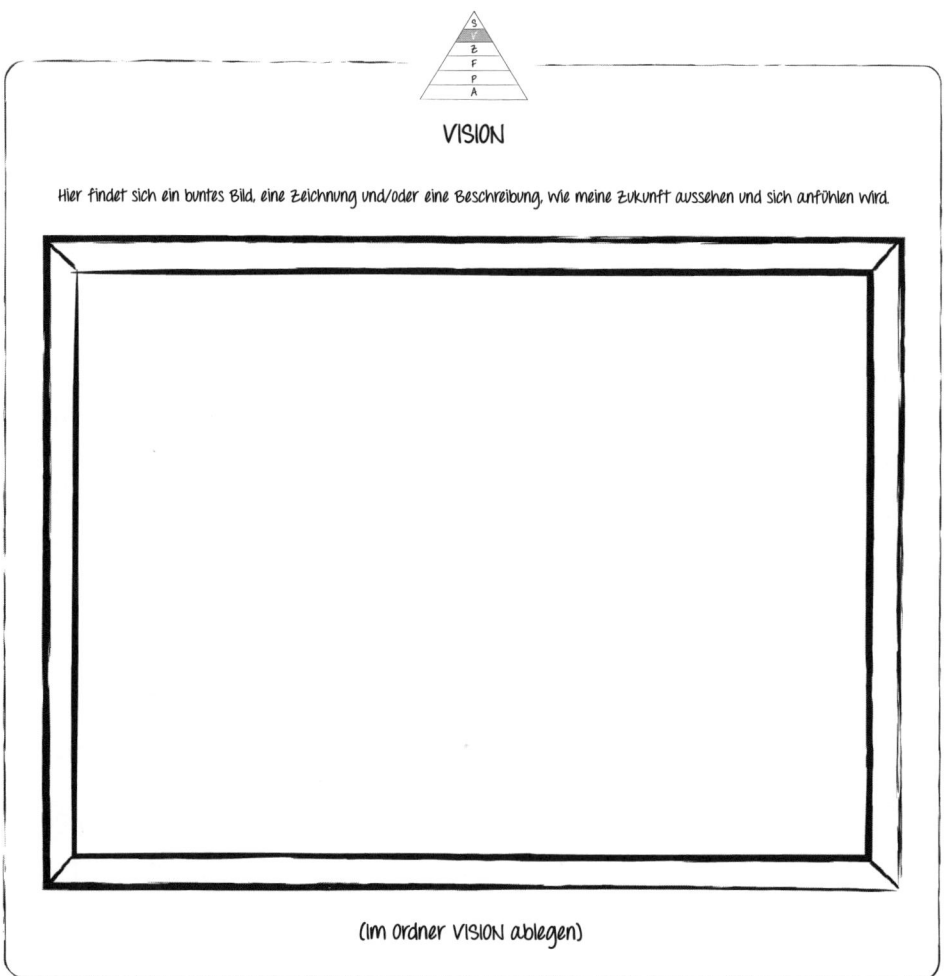

VISION

Hier findet sich ein buntes Bild, eine Zeichnung und/oder eine Beschreibung, wie meine Zukunft aussehen und sich anfühlen wird.

(Im Ordner VISION ablegen)

Ziele

Wirf noch einmal einen Blick auf das, was du für deine Übersichtspläne »Sinn & Zweck« und »Vision« erfasst hast. Welche Anregungen gibt dir das für dein Leben in diesem Jahr? Gibt es irgendwelche größeren Vorhaben, die du gern als vollendet abhaken würdest? Wann?

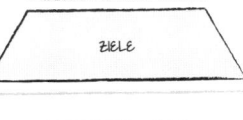

Solche Positionen sind auf dem Horizont der Ziele einzutragen – Ziele sind größere Wünsche in einem kürzeren Zeitrahmen, aus denen du ableiten kannst, worauf du deine Konzentration und deine Aufmerksamkeit richtest. Diese Ebene hilft auch abzuschätzen, ob deine Ziele in Verbindung mit deinem Sinn & Zweck und deiner Vision stehen. Hier ein paar Beispiele für Ziele:

- Abitur bestehen
- Eine Band gründen
- Eine App entwerfen
- Uni-Abschluss erhalten
- In die Schulauswahl kommen
- Einen erfolgreichen YouTube-Kanal starten
- Führerschein bestehen
- Einen Berg besteigen
- Hauptrolle im Stück bekommen
- Zu den besten zehn Prozent der Klasse gehören

Verwende den Übersichtsplan »Ziele« auf der folgenden Seite, um einige Punkte zu erfassen, die dir im Augenblick wichtig sind. Zugleich sollten sie potenziell zu Ende zu bringen sein und als erledigt abgehakt werden können. Schreibe das »Was« auf und setze einen Haken in die entsprechende Spalte »Wann«.

Ziele zu setzen ist der erste Schritt,
um das Unsichtbare sichtbar zu machen.

Tony Robbins

Übersichtsplan Ziele

ZIELE

Ich würde gern (WAS)   binnen   (WANN)

	I Monat	I Semester	I Jahr	I+ Jahre

(Im Ordner ZIELE ablegen)

Ich konzentriere mich nicht auf das, was mir nicht passt.
Ich konzentriere mich auf meine Ziele und bemühe mich,
alles andere auszublenden.

Venus Williams

Fokusbereiche

Diese Bereiche versetzen dich in die Lage, die großen Teile des Lebens im Auge zu behalten, die deine Aufmerksamkeit *andauernd* brauchen.

Die Lebensbereiche, für die du verantwortlich bist, wachsen und verlagern sich mit der Zeit, weshalb dieser Horizont, wenn du älter wirst, immer dynamischer wird. Du wirst viele Übergänge durchlaufen, wahrscheinlich sogar innerhalb eines einzigen Jahres. Fokusbereiche ändern sich, wenn du nicht mehr länger von den Erwachsenen in deinem Leben abhängig bist, sondern die Unabhängigkeit – *Freiheit* – erreichst. Du übernimmst allmählich einen größeren Anteil der Verantwortlichkeiten, für die derzeit die Erwachsenen zuständig sind.

Beispielsweise ist es im Moment ein Erwachsener, der sich um deinen Transport kümmert und dich überallhin chauffiert, wo du hinmusst. Binnen weniger Jahre dürftest du diese Rolle selbst übernehmen – mit all den Verpflichtungen, die damit einhergehen.

Wenn du deine Fokusbereiche erstellst, regelmäßig durchsiehst und auf dem Laufenden hältst, gewinnst du ein Gefühl von Klarheit, Ausgeglichenheit und Ruhe. Außerdem wächst deine Zuversicht, dass du lernen kannst, das Leben nach der Oberstufe und der Uni zu meistern. Indem du deine Fokusbereiche ausfindig machst und steuerst, verhilfst du auch anderen dazu, dir Vertrauen und Zuversicht entgegenzubringen.

Wenn du älter wirst, fällt dir möglicherweise auf, dass dieser Horizont Rollen einschließt, die sich im Lauf der Zeit nicht sehr verändern:

- Ich bin ein Sohn/eine Tochter.
- Ich bin ein Bruder/eine Schwester.

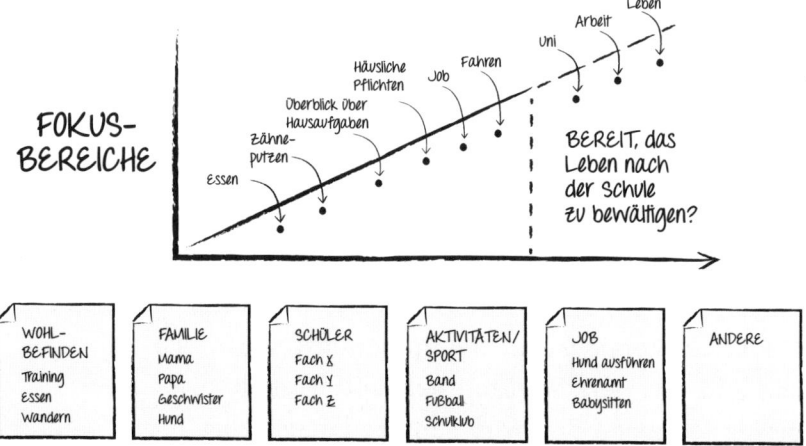

Außerdem wirst du Bereiche und Rollen entdecken, die sich schneller verändern:

- Erwartungen eines Schülers der Mittelstufe zu denen eines Schülers der Oberstufe
- Leben ohne Führerschein zum Leben mit Führerschein
- Leben ohne Job zum Leben mit Job
- Leben, ohne auf Gesundheit und Wohlbefinden zu achten, zu einem Leben, in dem du die Kontrolle darüber übernimmst

Mithilfe des Übersichtsplans der Fokusbereiche erfasst du das, was du als die entscheidenden Fokusbereiche deines *heutigen* Lebens ansiehst. Einige weitverbreitete Bereiche haben wir als Ausgangspunkte einbezogen.

Gibt es weitere Bereiche, auf die du zu achten und die du zu pflegen hast? Welche Verantwortungsbereiche (und Rollen) werden in naher Zukunft von Eltern oder Lehrern auf dich übergehen?

Verantwortlichkeit erzeugt Verantwortungsfähigkeit.

Stephen Covey

Übersichtsplan der Fokusbereiche

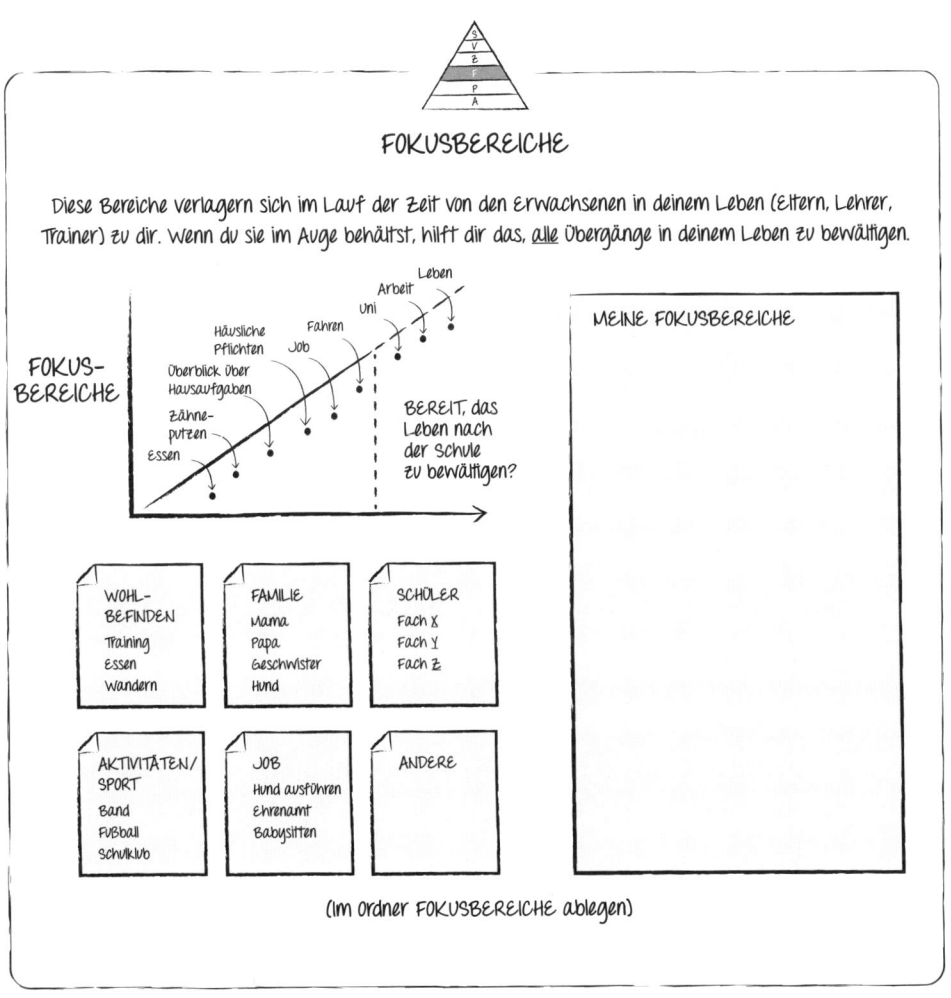

FOKUSBEREICHE

Diese Bereiche verlagern sich im Lauf der Zeit von den Erwachsenen in deinem Leben (Eltern, Lehrer, Trainer) zu dir. Wenn du sie im Auge behältst, hilft dir das, alle Übergänge in deinem Leben zu bewältigen.

FOKUS-BEREICHE

Leben
Arbeit
Uni
Fahren
Job
Häusliche Pflichten
Überblick über Hausaufgaben
Zähneputzen
Essen

BEREIT, das Leben nach der Schule zu bewältigen?

MEINE FOKUSBEREICHE

WOHL-BEFINDEN
Training
Essen
Wandern

FAMILIE
Mama
Papa
Geschwister
Hund

SCHÜLER
Fach X
Fach Y
Fach Z

AKTIVITÄTEN/SPORT
Band
Fußball
Schulklub

JOB
Hund ausführen
Ehrenamt
Babysitten

ANDERE

(Im Ordner FOKUSBEREICHE ablegen)

PAUSE EINLEGEN UND ZURÜCKSCHAUEN

Bis jetzt haben wir deinen ersten Entwurf von Sinn & Zweck, Vision, Zielen und Fokusbereichen erfasst. Das sind die höheren Horizonte. Sie tragen dazu bei, dass die Projekte und Schritte, die du von Tag zu Tag und von Woche zu Woche beschließt, mit Informationen unterlegt sind.

Ehe wir die zwei letzten Horizonte erörtern, wollen wir kurz die Blickrichtung umkehren. Nimm dir ein paar Augenblicke Zeit und schau dir die Inhalte an, die du für jede Ebene erfasst hast. Dadurch dürfte dir einiges klarer werden, sodass du jeden Horizont mit eventuell auftauchenden neuen Ideen auf den neuesten Stand bringen kannst.

- Fallen dir beim Blick auf deine Fokusbereiche neue Ziele ein, die du vielleicht im Übersichtsplan deiner Ziele hinzufügen willst?
- Fallen dir beim Blick auf deine Fokusbereiche und deine Ziele neue Elemente ein, die du vielleicht im Übersichtsplan deiner Idealvorstellung eintragen willst?
- Fallen dir beim Blick auf deine Fokusbereiche, deine Ziele und die Übersicht deiner Vision irgendwelche Korrekturen und Anpassungen ein, die du im Übersichtsplan deines Sinns & Zwecks vornehmen willst?

Hast du etwas hinzugefügt oder korrigiert? Oder hast du beim Anblick deiner Resultate beschlossen, dass es im Moment gut aussieht?

Abwärts hat der Autoren-Anteil deines Gehirns gearbeitet. Hat dein Gehirn beim *Aufsteigen* in den Fokushorizonten irgendwie anders gearbeitet? Aufwärts war der Redakteurs-Part deines Gehirns eingeschaltet.

Wie kommt das?

Der magische Moment ergibt sich, wenn du die Ideen aus deinem Gehirn in ein externes System (die Übersicht der Fokushorizonte) auslagerst. Denn nun bist du imstande, über sie nachzudenken und sie durchzugehen. Das System enthält die richtigen Hinweise zu den richtigen Angelegenheiten, die dir wichtig sind, und du wirst sie zum richtigen Zeitpunkt erkennen.

Zum Abschluss der Reise durch die einzelnen Horizonte wollen wir uns noch Projekte und Aktionslisten ansehen.

PROJEKTE UND AKTIONSLISTEN

Im vorigen Abschnitt über die fünf Phasen wird das angefallene Zeug mit Handlungsbedarf beim Verarbeiten auf Projekte und nächste Schritte reduziert. Projekte werden auf der Projektliste organisiert, Aktionen kommen in den Terminkalender oder auf die Liste den nächsten Schritten. Diese beiden Kategorien bilden die unterste der Fokushorizonte. Im Verlauf der fünf Phasen wirst du sie fortwährend mit neuem Material ergänzen.

Manche Projekte werden gut strukturiert auf dich zukommen (z. B. Buchbesprechung Englisch für nächsten Dienstag fertigmachen). Andere können erfordern, dass *du* festlegst, wie »erledigt« aussieht (z. B. Recherchen für den Aufsatz eingereicht, Ferienjob ergattert, Freiwilligenprojekt der Gemeinde abgeschlossen, Song aufgenommen). Letztere stehen für Projekte von der Art »Lass dir was einfallen, sorg dafür, dass es passiert«. Sie dürften allmählich den größten Teil der Einträge in deiner Projektliste ausmachen. Aktionen legen fest, was du *tun* musst, und verweisen auf alle physischen, sichtbaren nächsten Schritte, die du unternehmen kannst. Dieser Horizont wird oft als Horizont der Landebahn bezeichnet. Dort trifft der Reifengummi auf den Asphalt (z. B.: Mathe-Übungen Kapitel 2 durcharbeiten, Hund baden, mein Zimmer aufräumen, unterschriebenes Formblatt beim Lehrer abgeben, erste Fassung der Buchbesprechung schreiben, Klavier üben).

Deine Projektlisten, dein Terminkalender und die Listen der nächsten Schritte, die du im Abschnitt mit den fünf Phasen erstellt hast, dienen dir als Orientierung für diese beiden untersten Fokushorizonte.

Um zu beginnen, musst du aufhören zu reden und anfangen etwas zu tun.

Walt Disney

Übersichtsplan Projekte und Aktionslisten

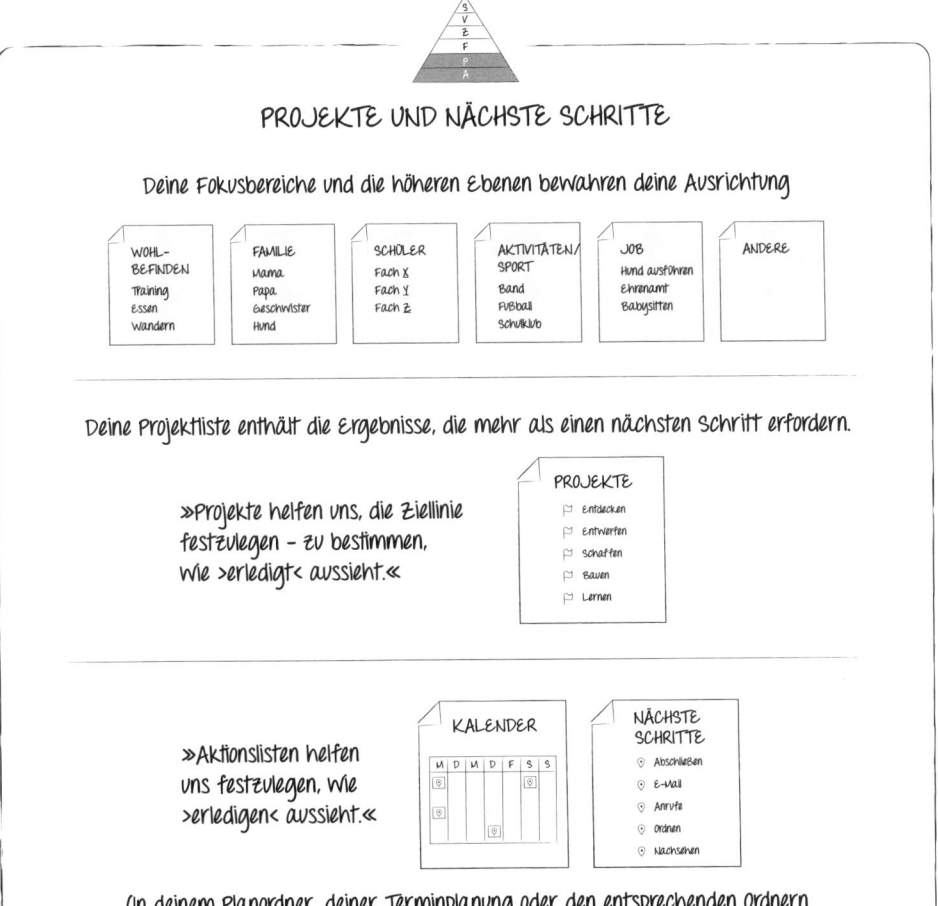

PROJEKTE UND NÄCHSTE SCHRITTE

Deine Fokusbereiche und die höheren Ebenen bewahren deine Ausrichtung

WOHL-BEFINDEN	FAMILIE	SCHÜLER	AKTIVITÄTEN/SPORT	JOB	ANDERE
Training	Mama	Fach X	Band	Hund ausführen	
Essen	Papa	Fach Y	Fußball	Ehrenamt	
Wandern	Geschwister	Fach Z	Schulklub	Babysitten	
	Hund				

Deine Projektliste enthält die Ergebnisse, die mehr als einen nächsten Schritt erfordern.

»Projekte helfen uns, die Ziellinie festzulegen – zu bestimmen, wie >erledigt< aussieht.«

PROJEKTE
- ▭ Entdecken
- ▭ Entwerfen
- ▭ Schaffen
- ▭ Bauen
- ▭ Lernen

»Aktionslisten helfen uns festzulegen, wie >erledigen< aussieht.«

KALENDER
M	D	M	D	F	S	S

NÄCHSTE SCHRITTE
- Abschließen
- E-Mail
- Anrufe
- Ordnen
- Nachsehen

(In deinem Planordner, deiner Terminplanung oder den entsprechenden Ordnern unter PROJEKTE + AKTIONSLISTE ablegen)

Mach es oder lass es. Es gibt kein Ausprobieren.

Yoda

KURZFASSUNG FOKUSHORIZONTE

Wenn du diese sechs Fokushorizonte zum ersten Mal ausgefüllt hast, verfügst du über einen vorläufigen Entwurf, der dir helfen wird, eine vertiefte Perspektive zu gewinnen – du verbindest deine Handlungen mit den Dingen, die du als wichtig erachtest.

Falls du bisher noch nichts gesammelt hast oder meinst, deine Horizonte seien unvollständig, ist das kein Problem. Du weißt, es gibt diese Horizonte, und du hast schon mal erlebt, wie es ist, zwischen den sechs verschiedenen Horizonten zu wechseln. Die Übersichtspläne warten darauf, dass du deine Gedanken und Einfälle erfasst oder redigierst, wenn du bereit bist.

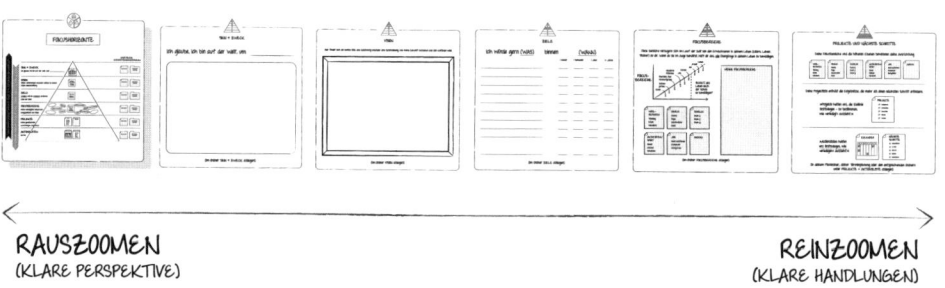

Noch ein paar Tipps, wie die Fokushorizonte zu nutzen sind:

- Wenn es in deinem Leben gerade nicht so läuft oder wenn du mit einem Problem oder einer schwierigen Entscheidung konfrontiert bist: Um klarer zu sehen, in welche Richtung es weitergeht, bewegst du dich in den Fokushorizonten *nach oben*, um mehr *Klarheit* zu gewinnen.
- Wenn du zu wissen glaubst, wo du hinwillst, deine Idee aber nur schwer in Schwung bringst oder nicht die erhofften Ergebnisse siehst,

bewegst du dich die Fokushorizonte *abwärts*, um die Idee besser in *Aktionen* umwandeln zu können.

- Du könntest deine Übersichtspläne der Fokushorizonte in deinen Wochenüberblick einbeziehen. Diese Pläne können als Auslöser dienen und sicherstellen, dass du dir weiterhin Fragen auf verschiedenen Ebenen stellst.

Jedes Mal, wenn du deine Fokushorizonte durchgehst, über sie nachdenkst und sie aktualisierst, verknüpfst du die Punkte zwischen deinen Fokushorizonten Sinn & Zweck/Vision/Ziele mit deinen Projekten/Aktionslisten. Damit schaffst du die Voraussetzungen, dass du die umfassendste, kreativste und coolste Version von dir in die Welt einbringst.

ZUSAMMENFASSUNG

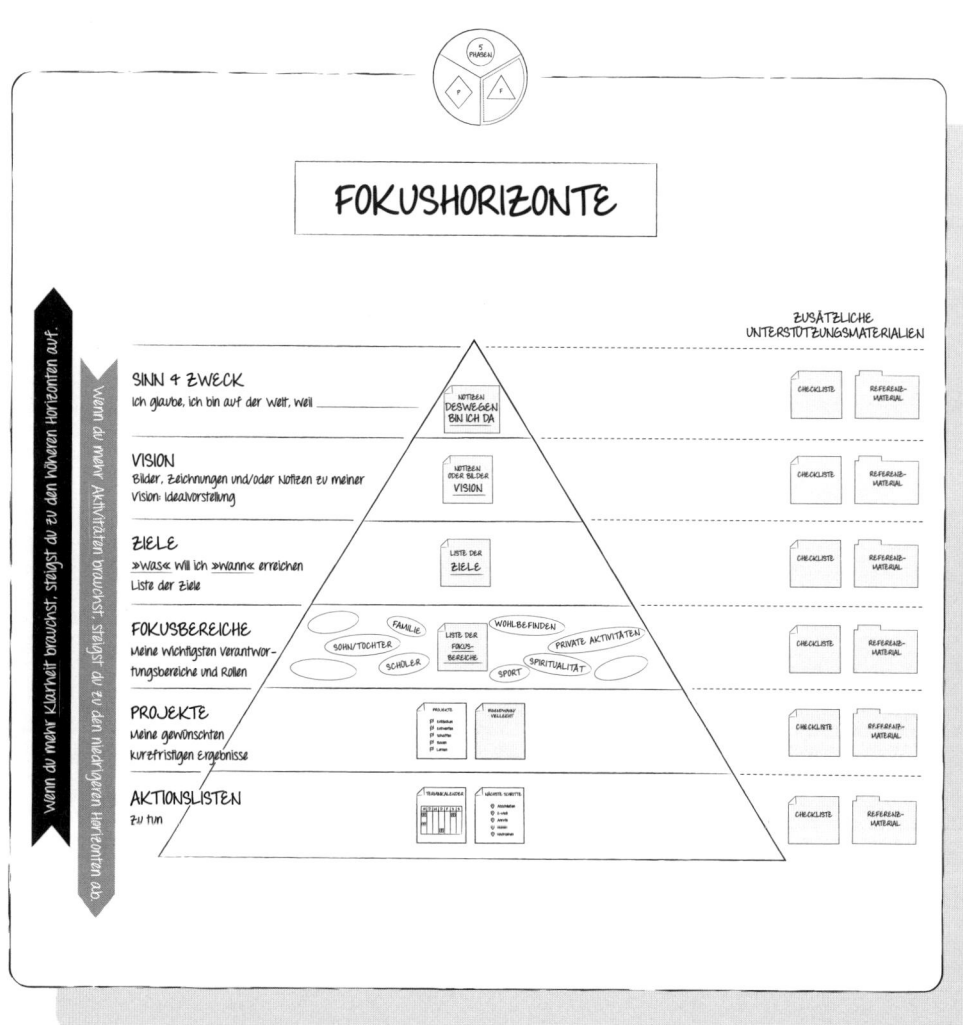

FOKUSHORIZONTE

Wenn du mehr Klarheit brauchst, steigst du zu den höheren Horizonten auf.

Wenn du mehr Aktivitäten brauchst, steigst du zu den niedrigeren Horizonten ab.

ZUSÄTZLICHE
UNTERSTÜTZUNGSMATERIALIEN

SINN & ZWECK
Ich glaube, ich bin auf der Welt, weil _____

NOTIEREN
DESWEGEN
BIN ICH DA

CHECKLISTE   REFERENZ-
MATERIAL

VISION
Bilder, Zeichnungen und/oder Notizen zu meiner
Vision: Idealvorstellung

NOTIEREN
ODER BILDER
VISION

CHECKLISTE   REFERENZ-
MATERIAL

ZIELE
»Was« will ich »wann« erreichen
Liste der Ziele

LISTE DER
ZIELE

CHECKLISTE   REFERENZ-
MATERIAL

FOKUSBEREICHE
Meine wichtigsten Verantwortungsbereiche und Rollen

FAMILIE   WOHLBEFINDEN
SOHN/TOCHTER   LISTE DER   PRIVATE AKTIVITÄTEN
FOKUS-
SCHÜLER   BEREICHE   SPORT   SPIRITUALITÄT

CHECKLISTE   REFERENZ-
MATERIAL

PROJEKTE
Meine gewünschten
kurzfristigen Ergebnisse

PROJEKTE   MASSNAHMEN
VIELLEICHT

CHECKLISTE   REFERENZ-
MATERIAL

AKTIONSLISTEN
zu tun

TERMINKALENDER   NÄCHSTE SCHRITTE

CHECKLISTE   REFERENZ-
MATERIAL

Mit den Fokushorizonten bekommst du ein Modell, wie du Perspektive gewinnen kannst. Es besteht aus sechs Ebenen. Jede bietet dir eine andere Sicht auf dein Leben, und wenn du zwischen ihnen wechselst, kannst du mehr Klarheit bekommen oder dein Handlungsvermögen verbessern.

Schlüsselbegriffe

- Fokushorizonte
- Sinn & Zweck
- Vision
- Ziele
- Fokusbereiche

Fragen zum Überlegen oder Diskutieren

- Auf welchem Horizont denkst du am längsten nach? Auf welchem Horizont denkst du am wenigsten nach?
- Auf welchem Horizont fällt es dir im Augenblick am schwersten, Klarheit zu gewinnen?
- Gibt es in deinem Leben etwas, das mehr Klarheit oder mehr Aktionen brauchen würde und auf das du das Modell der Fokushorizonte anwenden könntest?
- Was meinst du, welche Horizonte für andere deines Alters die schwierigste Ebene darstellen? Warum?

PROJEKTPLANUNG: DAS PLANUNGSMODELL

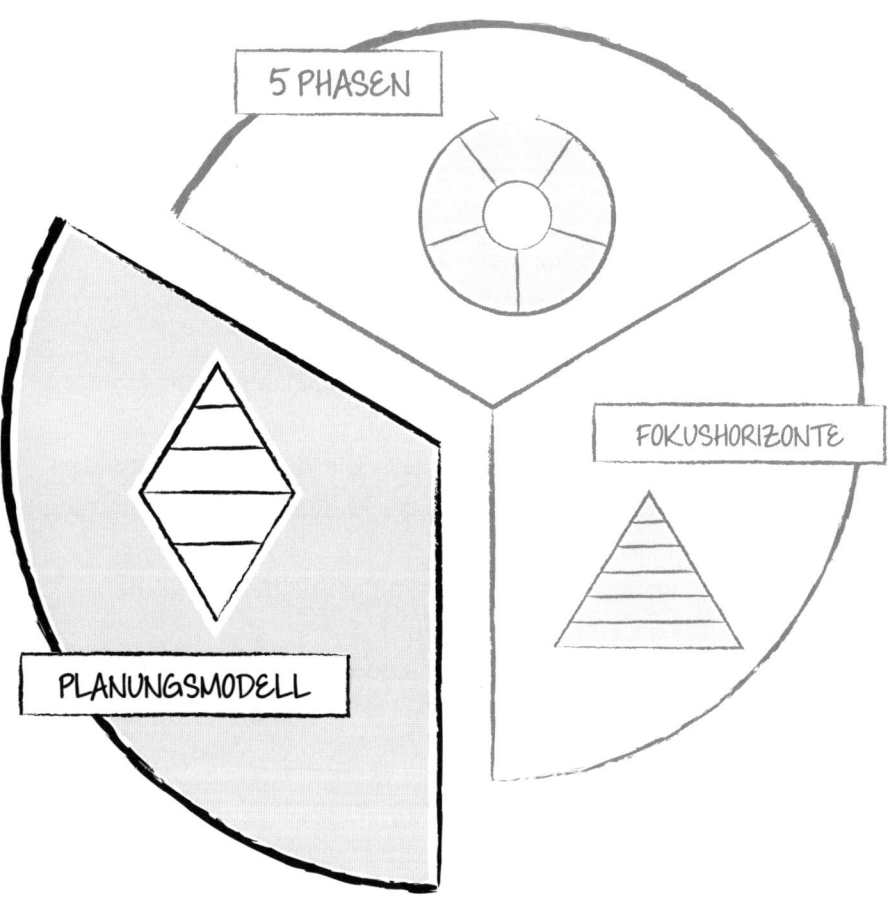

DAS PLANUNGSMODELL

Im ersten Teil des Buches hast du die fünf Phasen erlernt und gesehen, wie sie dir helfen können, die Kontrolle zu erlangen. Mit ihrer Hilfe kannst du auch wieder den Zustand der Bereitschaft zurückgewinnen, wenn das erforderlich ist.

Im zweiten Teil hast du an deinen Fokushorizonten gearbeitet und ausprobiert, wie du mit ihrer Hilfe Perspektive gewinnen kannst. Du hast gelernt, sie durch Raus- und Reinzoomen zu nutzen.

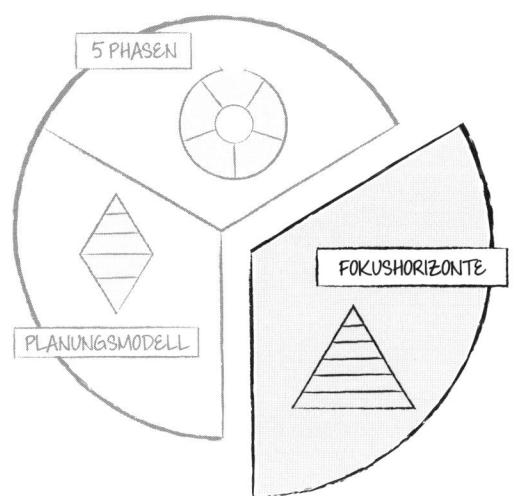

Im dritten Teil werden wir dich mit dem letzten Werkzeug des GTD-Systems bekanntmachen – dem Planungsmodell.

Das Planungsmodell ist ein schlichtes, aber starkes Hilfsmittel fürs Nachdenken. Er kann dir helfen, dich mit weniger Mühe und besseren Resultaten durch alle Situationen zu arbeiten – ob ein Aufsatz zu schreiben, ein Problem zu lösen oder eine Seminararbeit zu verfassen ist, ob du zusammen mit Klassenkameraden ein Projekt zu bearbeiten hast oder einen Vortrag vorbereitest.

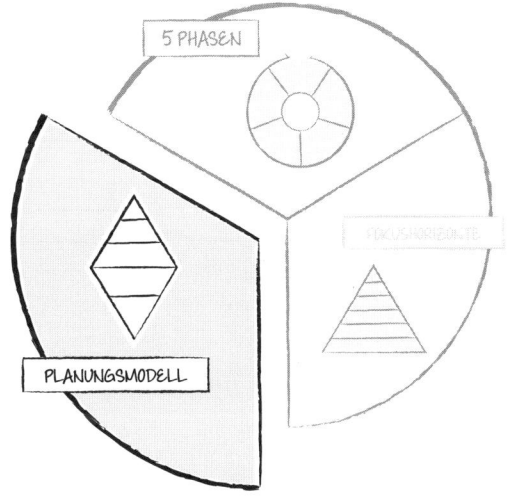

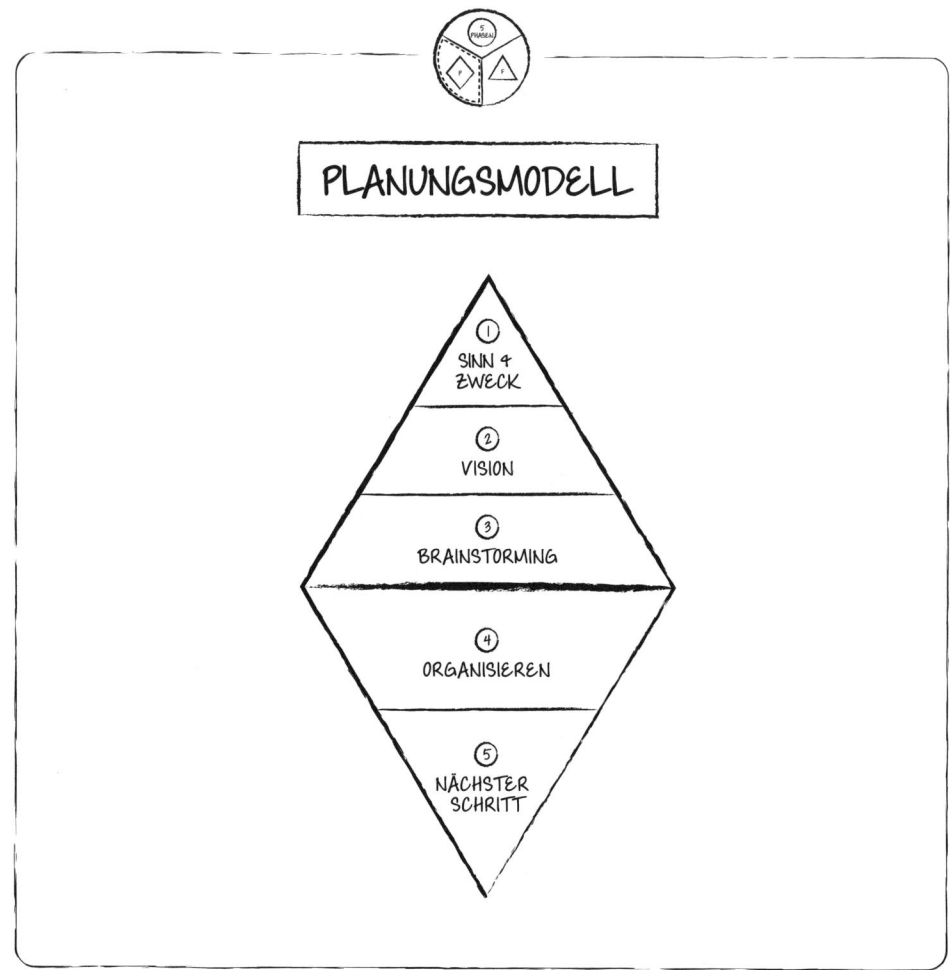

PLANUNGSMODELL

① SINN 4 ZWECK

② VISION

③ BRAINSTORMING

④ ORGANISIEREN

⑤ NÄCHSTER SCHRITT

NATÜRLICHE PLANUNG

Unser Gehirn ist ein wahrhaft spektakuläres Werkzeug. Alles, was Menschen je erschaffen haben, begann mit einer Idee aus dem Gehirn. Der Aktionsplan orientiert sich an dem Muster, nach dem dein Gehirn natürlicherweise funktioniert. Damit kannst du so rasch und natürlich planen, dass es dir möglicherweise nicht einmal auffällt. Das Planungsmodell umfasst fünf Schritte, die dein Denken automatisch durchläuft, wenn du dich darum bemühst, Aufgaben fast jeder Art auszuführen oder ein gewünschtes Ergebnis zu erreichen:

1. Zweck, Grundsätze und Regeln bestimmen
2. Ergebnis vorstellen
3. Brainstorming
4. Organisieren
5. Nächste Schritte ausfindig machen

Betrachten wir anhand eines Beispiels, wie diese Schritte auf natürliche Weise ablaufen.

Es ist Freitagabend, und du willst mit deinen Freunden ins Kino gehen. Achtung: Hier gibt es schon ein feststehendes gewünschtes Ergebnis: »Mit den Freunden ins Kino gehen.« Wie du im Abschnitt mit den fünf Phasen erfahren hast, kommt dein Gehirn mit eindeutig definierten Ergebnissen gut zurecht – es macht sich ein Bild von dem, was du verwirklicht sehen willst. Damit ist der Rahmen für dein Gehirn gesetzt; es schaltet in den Planungsmodus und fragt Basisinformationen ab, etwa »Warum ins Kino? Was hat dich überhaupt dazu gebracht, über einen Kinobesuch nachzudenken?«

Darauf kann es viele Antworten geben, etwa:

- Du willst mit deinen Freunden Zeit verbringen.
- Du wartest möglicherweise gespannt auf die nächste Folge einer Filmreihe.
- Du möchtest vielleicht neben deinem Schwarm aus dem Mathe-unterricht sitzen.

Mit »Warum« ist festgelegt, welchen Zweck du verfolgst, und das bringt den inneren Planungsvorgang ins Rollen. Für unser Beispiel sagen wir, es komme dir darauf an, mit den Freunden Zeit zu verbringen.

Dein Gehirn geht nun zur nächsten Frage über: »Sind dabei irgendwelche Regeln zu beachten?« Normen und Regeln schränken die Planung ein, und dein Gehirn wird deine Gedanken auf diese speziellen Regeln und Grenzen beschränken. Deine Eltern haben vielleicht gesagt: »Du kannst ins Kino, solange du spätestens um zehn zu Hause bist.« Diese Regel setzt deinem Denken und deiner Planung einen Rahmen.

Zweck und Regeln bestimmen die Grenzen dafür, wie du zu deinem Ergebnis kommst.

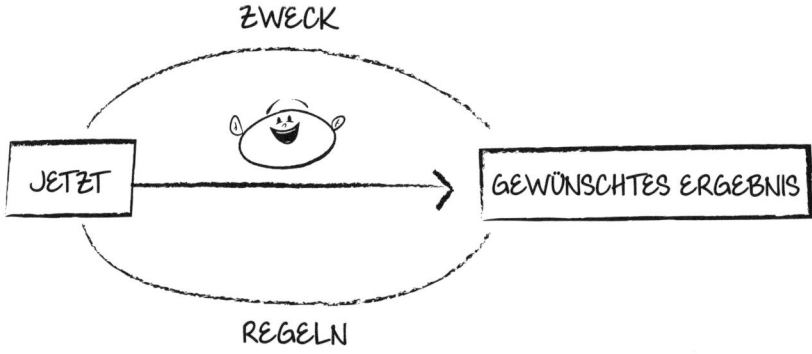

Sobald du das gewünschte Ergebnis, den Zweck und die Regeln bestimmt hast, fragt dein Gehirn: »Wie stellst du dir einen tollen Erfolg vor? Wie läuft die Geschichte ab?«

Deine Antworten könnten lauten:

- Mit Freunden lachen und Spaß haben
- Im Kino die besten Plätze erwischen
- Snacks genießen
- Gut aussehen

Deine Idealvorstellung für den Abend steht nun fest.

Wenn Zweck, Regeln und gewünschtes Ergebnis gesetzt sind, liefert dein Gehirn Informationen, die dazu beitragen, dass du diesem gewünschten Ergebnis - ins Kino gehen - näherkommst. Es beginnt, ohne spezielle Reihenfolge Information herunterzuladen. Diese zufällige Auswahl ist ein natürlicher Vorgang und völlig normal. Das nennt sich Brainstorming. Ein paar Beispiele:

- Anfangszeit?
- Was zieh' ich an?
- Wie viel Geld muss ich mitnehmen?
- Wer geht noch mit?
- Wann treffen wir uns?
- Ist mein rotes Lieblings-T-Shirt sauber?

Diese Fragen ergeben sich aus dem kreativen Prozess, der stattfindet, wenn du dich auf ein Ergebnis festgelegt hast.

Sobald du ausreichend Ideen und Details gesammelt hast, fängt dein Gehirn automatisch an, sie zu ordnen:

- Ich muss zuerst rausfinden, welche Filme laufen.
- Dann muss ich feststellen, wer mitgehen kann.
- Ich muss die Fahrt zum Kino und zurück organisieren.
- Ich muss meinen Freund anrufen und fragen, ob ich mir seine Jacke ausleihen kann.

Wenn du dich schließlich darauf festgelegt hast, ins Kino zu gehen, konzentrierst du dich auf den nächsten Schritt, damit das auch geschieht.

- Ich muss die Freunde per WhatsApp informieren, welche Filme und Anfangszeiten infrage kommen.

Die folgenden fünf Planungsphasen ergeben sich auf natürliche Weise für alles, was du im Lauf des Tages abschließen möchtest:

1. Du musst den Drang verspüren, etwas in die Tat umzusetzen.
2. Du stellst dir das Ergebnis vor.
3. Du sammelst Ideen, die relevant sein könnten.
4. Du organisierst sie nach einer bestimmten Struktur.
5. Du legst eine physische, sichtbare Handlung fest, die sicherstellt, dass es verwirklicht wird.

Erstaunlicherweise machst du das gewöhnlich, ohne viel darüber nachzudenken – warum also solltest du den Prozess nicht auch anderswo nutzen? Mithilfe des Planungsmodells kannst du diese Fähigkeit ergreifen und sie in jeder Lage erneut anwenden.

DAS PLANUNGSMODELL

Das Planungsmodell kann dazu beitragen, die Kraft dieses natürlichen Denkvorgangs nutzbar zu machen.

Sie kann dich weitgehend dabei unterstützen, dass deine größeren Vorhaben (z. B. Buchbesprechungen, Gemeinschaftsprojekte, Erkundungsbemühungen, wissenschaftliche Projekte usw.) schneller und mit besseren Ergebnissen erledigt werden. Das Planungsmodell kann Klarheit für jedes Projekt, jedes Vorhaben und jede Situation bringen, und je mehr du es anwendest, desto besser wirst du darin werden. Und je besser du wirst, desto mehr wirst du dir *wünschen*, es zu nutzen.

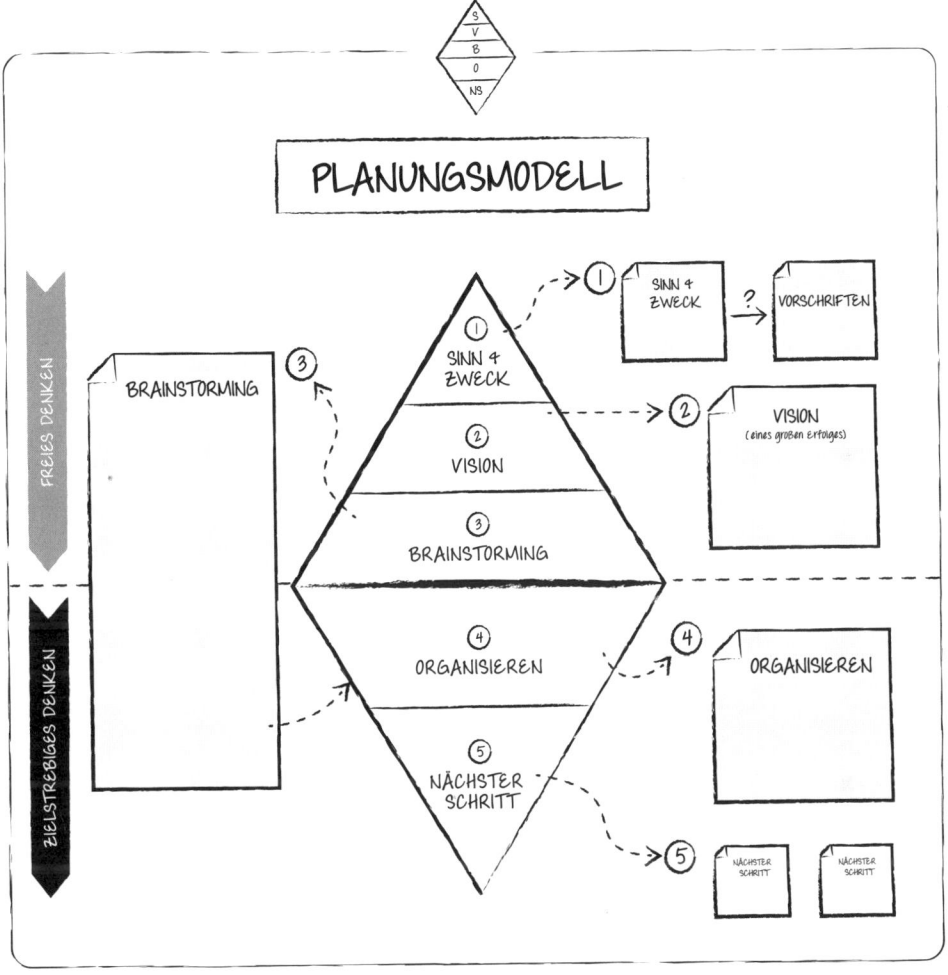

PLANUNGSMODELL

Die Bestandteile des Planungsmodells erörtern wir am Beispiel einer Freundin namens Megan, die einen Studienaufsatz fertigstellen soll. Dafür braucht sie mehr als einen nächsten Schritt, weshalb sie dem Projekt einen Namen gibt und diesen in ihre Projektliste aufnimmt.

Projekt: Einen fundierten Studienaufsatz über Riesenkalmare einreichen.

Nachdem das Ergebnis feststeht, wollen wir uns ansehen, wie sie das Projekt mithilfe des Planungsmodells gedanklich durcharbeitet.

1. Zweck/Richtlinien

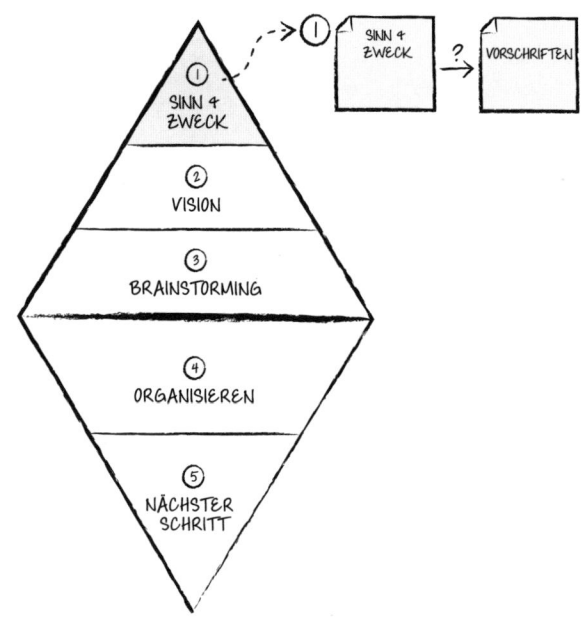

Der Zweck steht für das, worauf es bei der Aktion ankommt: »Warum mache ich das?« Richtlinien und Regeln legen die Einschränkungen fest: »Welche Regeln gelten hier?«

Zuerst überdenkt Megan, welches Ziel sie ins Auge fassen will. Anhand der Skizze überlegt sie eine Weile und schreibt dann:

Ich will einen richtig guten Aufsatz über etwas schreiben, was mich interessiert – Riesenkalmare. Diese Buchbesprechung bildet auch einen großen Teil meiner Benotung – 50 Prozent. Ich will mich richtig reinhängen, damit ich in diesem Leistungskurs eine gute Note bekomme.

Sie kommt zum nächsten Teil der Skizze und fragt sich: »Gibt es irgendwelche Richtlinien, die ich einzuhalten habe?«
Sie erfasst folgende Regeln:

Laut Lehrerin muss es eine eigenständige Arbeit sein – nichts darf aus dem Internet oder sonst woher kopiert werden. Außerdem hat sie 500 maschinengeschriebene Wörter vorgegeben, die mit doppeltem Zeilenabstand formatiert sind.

Nachdem Zweck und Richtlinien geklärt sind, geht Megan zum Abschnitt mit der Vision weiter.

2. Vision/gewünschtes Ergebnis

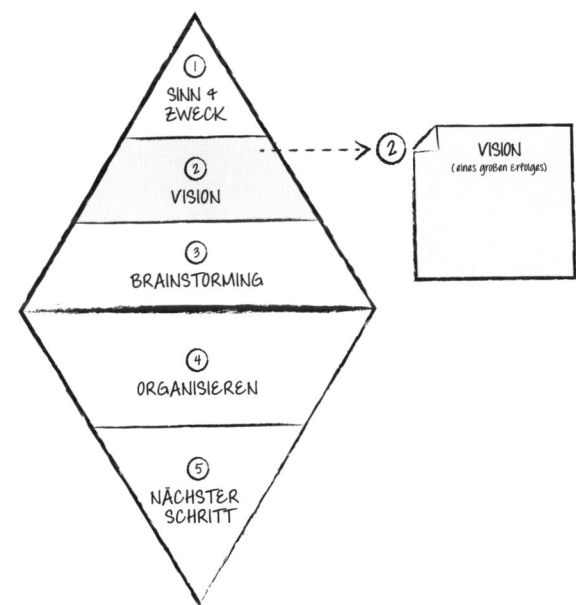

Die Vision beschreibt das gewünschte Ergebnis in allen Einzelheiten. Was wäre ein großer Erfolg, wie würde er sich anfühlen? Für Megan heißt das:

Der Studienaufsatz ist so interessant, dass die Lehrerin mich beiseite-nimmt und sagt: »Hervorragend! Das war spannend!« Außerdem werde ich bei diesem Projekt anwenden, was ich bei meinem letzten Aufsatz gelernt habe. Vor allem werde ich nicht die erste Fassung vorlegen. Ich werde meine erste Fassung Korrektur lesen und sie von noch jemandem korrigieren lassen. Dann bringe ich Aktualisierungen ein und gebe meine zweite oder dritte Version ab.

3. Brainstorming

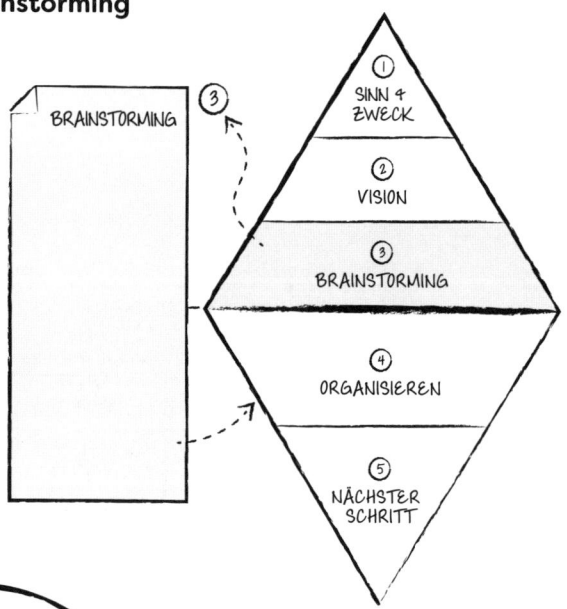

Beim Brainstorming werden alle denkbaren Teile auf den Tisch gebracht. Welche Gedanken ergeben sich, wenn es darum geht, all das in die Tat umzusetzen?

Nachdem Megan ihre Vorstellung eines großen Erfolges festgelegt hat, wendet sie sich der linken Seite der Skizze zu und schreibt alles auf, was ihr einfällt, soweit es vielleicht dazu beitragen kann, ihre Vision zu verwirklichen.

- Einige Bücher über Kalmare besorgen.
- Auf YouTube nach Videos mit Riesenkalmaren suchen.
- Auf Google nach Fotos und Abbildungen suchen.
- Karteikarten für das Projekt beschaffen.
- Zeit für das Projekt im Terminkalender eintragen.
- Fachmann für Kalmare fragen?
- John fragen, ob er meine Entwürfe korrigiert.

Megan legt eine Pause ein und freut sich, dass sie in so kurzer Zeit so gut vorangekommen ist. Nachdem das gründliche Brainstorming abgeschlossen ist, kann sie sich dem nächsten Teil des Plans widmen.

4. Organisieren

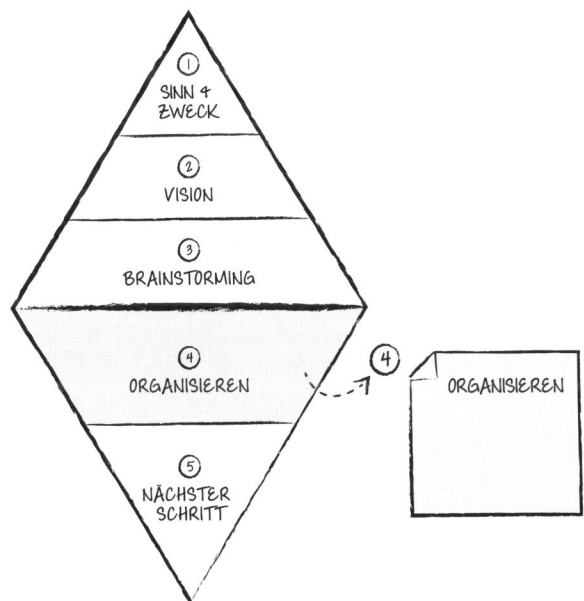

Organisieren beschreibt die Bestandteile, Kategorien oder Reihenfolge der Ereignisse, die zum Erreichen des gewünschten Ergebnisses erforderlich sind. Bei manchen Schulprojekten bietet ein Lehrer vielleicht Musterarbeiten an, die dir helfen, deine Gedanken zu ordnen (z. B. Muster für Buchbesprechungen oder für Versuchsprotokolle).

Angesichts der Positionen auf ihrer Brainstorming-Liste erkennt Megan ein paar offensichtliche Gruppierungen und beginnt, die Elemente in Kategorien einzusortieren.

- Recherche: Bücher über Kalmare besorgen, auf YouTube Videos mit Riesenkalmaren suchen, Bilder finden und einen Fachmann für Kalmare fragen.
- Schreiben: Karteikarten für das Projekt beschaffen und im Terminkalender Zeit für den Aufsatz vorsehen.
- Korrekturlesen: John fragen, ob er meine Entwürfe korrigiert.

Diesen Plan gleicht sie schnell mit dem Zweck, den Richtlinien, Regeln und der Vision ab. Alles sieht gut aus, und sie hat das Gefühl, voll im Plan zu liegen.

5. Nächste Schritte

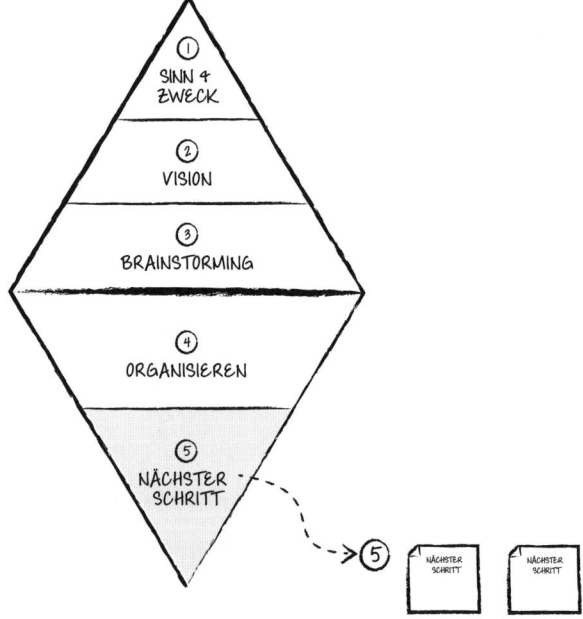

Jetzt ist Megan bereit weiterzumachen; sie überlegt sich den nächsten Schritt oder die nächsten Schritte, die für das Projekt erforderlich sind.

Mit Blick auf die von ihr erstellte Planskizze findet sie gleich den ersten:

Auf YouTube nach Videos mit Riesenkalmaren suchen.

Das trägt sie auf ihrer Liste der nächsten Schritte ein, die später durchgeführt werden sollen, weil sie zuerst Tennistraining hat. Unterwegs fällt ihr auf, dass sie viel ruhiger ist als bei ihrer letzten Stunde. Sie hat den Eindruck, dass sie einige Fortschritte gemacht hat, obwohl sie mehr zu arbeiten hat, ehe sie fertig ist.

Dabei fällt ihr noch etwas ein: Sie hat ein Gruppenprojekt mit einem Geschichtsthema, das im Moment nicht vorankommt, und sie möchte auch hier eine gute Note bekommen. Sie erfasst eine Notiz im digitalen Posteingang ihres Smartphones.

Planungsmodell auch beim Gruppenprojekt Geschichte anwenden.

Ihr System wird sie nun daran erinnern, dranzubleiben.

Sie kommt mit klarem Kopf auf dem Tennisplatz an und hat nur noch eines im Sinn: Tennis. Sie ist bereit.

PLANUNGSMODELL IM EINSATZ

Das Planungsmodell erschließt du dir am besten, indem du damit herumspielst und es ausprobierst. Hier ein paar Beispiele, wie du es in Betrieb nehmen kannst:

- Für die Sommerferien mit der Familie Abenteuer planen
- Ein Übungs- oder Trainingsprogramm für deinen Lieblingssport oder deine Lieblingsbeschäftigung entwerfen
- Einen Bewerbungsaufsatz für die Uni schreiben
- Deine Fokusbereiche festlegen oder auf den aktuellen Stand bringen
- Deine Ziele festlegen oder auf den aktuellen Stand bringen

Du kannst den Plan auch zusammen mit verschiedenen Hilfsmitteln zum Sammeln und Organisieren verwenden. Beispiele:

- Übersichtsdiagramm entwerfen
- Haftnotizen an einer Wand verwenden
- Ein großes Whiteboard verwenden
- Eine große Pinnwand verwenden

Welche Einfälle hat *dein* spektakuläres Gehirn für unsere Welt? Nutze dieses Modell und den Freiraum, den du dir geschaffen hast, um sie lebendig werden zu lassen!

Die Welt ist nichts als eine Leinwand
für unsere Vorstellungskraft.

Henry David Thoreau

ZUSAMMENFASSUNG

Das Planungsmodell kann dir helfen, bei fast allem die Kontrolle zu erlangen und eine Perspektive zu gewinnen. Es wird vor allem für Projekte genutzt, kann aber auch für die höheren Stufen der Fokushorizonte verwendet werden. Es ahmt die natürliche Art nach, in der dein Gehirn Pläne macht. Es beinhaltet fünf verschiedene Stadien, von denen jedes mit einem Vorgang verbunden ist.

Schlüsselbegriffe
- Planungsmodell
- Brainstorming

Fragen zum Überlegen oder Diskutieren

- Was in deinem Leben könnte genau jetzt davon profitieren, wenn du das Planungsmodellanwenden würdest?
- Welchen anderen Projekten wäre es rückblickend zugutegekommen, wenn du das Planungsmodell angewandt hättest?

SCHLUSS

BEREIT ZUM ERFOLG, WO IMMER DU HINGEHST

Das hast du nun geschafft. Lerne darauf zu achten, was deine Aufmerksamkeit beansprucht. Hör auf die Signale deines Gehirns. Halt die Augen offen, wo Stolperfallen sein könnten.

Wenn du dich auf die fünf Phasen einlässt, gewinnst du die Kontrolle.

 Nutze die Fokushorizonte, um Perspektive zu gewinnen.

 Plane Projekte mithilfe des Planungsmodells.

 Erreiche Kontrolle und Perspektive.

Stelle Bereitschaft her.

Nachdem du nun **bereit** bist: Was willst du mit dieser neu erworbenen **Kontrolle** und **Perspektive** anfangen?

Was möchtest du *verwirklicht* sehen?

Was *möchtest du* mehr als alles andere *machen*?

Was willst du in der Welt *bewirken*?

Hast du eine Antwort?

Gut.

Dann los ... sorg dafür, dass es geschieht ...
du bist tatsächlich **BEREIT**.

Wir glauben an dich.

Erfolg ist kein Zufall, Erfolg ist eine Entscheidung.
Steph Curry

Teil 3
Im Labor

Weitere Beispiele und Vorschläge
zum Ausprobieren

DAS LABOR

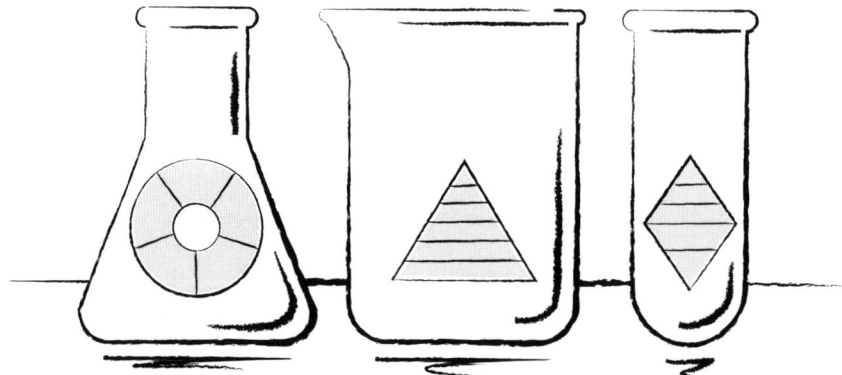

WILLKOMMEN IM LABOR!

Diesen Abschnitt kannst du als einen Ort sehen, wo Tricks fürs praktische Leben zu finden sind – Ideen, die du ausprobieren, abwandeln und in dein System einbauen kannst. Bist du gestresst? Hast du das Gefühl, dass dir beim Spazierengehen gute Ideen kommen? Wir machen dir Vorschläge, wie du beides testen kannst. Du kannst ausprobieren, wie hilfreich diese Sammlung situationsbezogener Experimente für dich ist. Dann übernimmst du das, was funktioniert, und lässt das Übrige fallen. Jedes dieser Testlabore hat sich für irgendjemanden irgendwo als nützlich erwiesen.

Für den Anfang empfehlen wir, die einzelnen Labore rasch zu prüfen und festzustellen, welches dich direkt anspricht. Du solltest klein anfangen, und wenn du etwas gefunden hast, was dir passt, probierst du es einfach aus. Auch danach kannst du die Labore gelegentlich immer wieder aufsuchen. Deine Lebensverhältnisse und Erfahrungshorizonte verändern sich mit der Zeit. Du wirst feststellen, dass die verschiedenen Labore in unterschiedlichen Stadien deines Lebens oder in Zeiten des Übergangs ihre Wirkung entfalten.

Viel Spaß beim Ausprobieren!

FÜNF PHASEN

SPAZIERENGEHEN UND DABEI DEN KOPF LEEREN

Frage:
Glaubst du, du kannst besser denken, wenn du in Bewegung bist?

Hängt zusammen mit:
Phase 1: Sammeln

Was dabei geschafft wird:
Ablenkungen verschwinden und du bekommst deinen Kopf auf andere Weise frei.
Funktioniert gut bei Leuten, die besser denken, wenn sie in Bewegung sind.

So wird's gemacht:
Geh draußen spazieren (zehn bis fünfzehn Minuten können ausreichen). Nimm ein Sammelwerkzeug mit. Es sollte keine zusätzliche Ablenkung bringen (wie etwa Benachrichtigungen auf dem Smartphone). Entspann dich im Gehen und lass deinen Gedanken freien Lauf. Wenn etwas auftaucht, was deine Aufmerksamkeit erfordert, notierst du das. Damit machst du während des ganzen Spaziergangs weiter.

Experiment:

Versuch mal, eine Woche ohne den Spaziergang zum Leeren des Kopfes auszukommen.

Versuche, eine Woche lang täglich spazieren zu gehen und den Kopf zu entlasten.

Beobachtungen:

Wie geht es dir ohne den Spaziergang?

Wie geht es dir mit dem Spaziergang?

Wie viele Punkte hast du gesammelt?

Hast du im Zusammenhang mit den täglichen Spaziergängen etwas bemerkt, was jeweils ähnlich oder anders war?

VERSUCH MAL, ALLES IN EINEM *GROSSEN* EINGANGSKORB ZU ERFASSEN

Frage:

Gibt es einen Bereich, der außer Kontrolle geraten ist oder wirklich einiger Arbeit bedarf? Ein Schrank? Auto? Sporttasche? Schublade? Spind?

Hängt zusammen mit:

Phase 1: Sammeln

Phase 2: Verarbeiten

Was dabei geschafft wird:

Aufräumen eines problematischen oder chaotischen Bereichs – mit sehr geringem Aufwand.

So wird's gemacht:

Nimm einen Wäschekorb oder eine Kunststoffwanne als zeitweiligen Eingangsbehälter. Anstatt ein Ding nach dem anderen in die Hand zu nehmen und so den Platz »aufzuräumen«, entfernst du einfach alles, was nicht an diesen Ort gehört, und wirfst es in den großen Korb. Triff keine Entscheidungen zu dem Zeug und ordne es auch nicht irgendwo ein. Räum einfach alles Zeug aus diesem Raum und stell den Behälter irgendwo ab. Dann unterziehst du alles, was du im Eingangsbehälter siehst, dem Schritt »Verarbeiten« (Umwandler), um es später zu organisieren.

Experiment:
Versuche, einen kleinen Bereich aufzuräumen, den du dir vorgenommen hattest (z. B. Schublade).
Versuche, einen größeren Bereich aufzuräumen (z. B. Schrank, Garage, Keller).

Beobachtungen:
Welches Gefühl hast du hinsichtlich des Bereichs, nachdem er aufgeräumt ist?
Wie lange hast du gebraucht?
War das Zeug, das sich in dem Bereich befand, einfacher zu verarbeiten, nachdem es herausgenommen und in einen Behälter gelegt worden war?

VERSUCH MAL, DEINEN STRESS ZU ERFASSEN

Frage:
Fühlst du dich gestresst oder überlastet?

Hängt zusammen mit:
Phase 1: Sammeln
Phase 2: Verarbeiten

Was dabei geschafft wird:
Wenn du Angelegenheiten, die dir Stress bereiten, aufschreibst, erfasst du sie auf Papier. Sobald du sie sichtbar auf Papier hast, kann dein Gehirn sie sehen. Sobald dein Gehirn sie sieht, kann es anfangen festzulegen, was getan werden muss, um sie zu lösen.

So wird's gemacht:

Nimm Stift und Papier und fang an zu schreiben. Oder setz dich mit einem Freund/einer Freundin zusammen und erzähl ihm/ihr alles, was dir auf der Seele liegt und Stress auslöst. Er/sie soll alles erfassen, was du sagst, ohne selbst dabei zu sprechen – außer es gibt Fragen zu klären. Versuch noch nicht, etwas zu lösen. Schaff dir nur einfach alles aus dem Kopf. Danach siehst du dir die so entstandene Liste an. Unterzieh alles Zeug auf dieser Liste dem Schritt »Verarbeiten« (Umwandler).

Experiment:

Probier diese Art von Kopfentrümpelung alleine aus.
Probier sie mit einem Partner.

Beobachtungen:

Wie fühlst du dich, wenn du beim Entrümpeln alles ablädst?
Wie fühlst du dich nach dem Verarbeiten?

VERSUCH MAL, DEINE BESORGNISSE ZU ERFASSEN

Frage:

Machst du dir Sorgen?

Hängt zusammen mit:

Phase 1: Sammeln
Phase 2: Verarbeiten

Was du damit erreichst:

Du leerst deinen Kopf und lädst das Zeug ab, das dir auf der Seele liegt.

So wird's gemacht:

Nimm Stift und Papier und fang an zu schreiben. Oder setz dich mit einem Freund/einer Freundin zusammen und erzähl ihm/ihr alles, was dir auf der Seele liegt und Stress auslöst. Er/sie soll alles erfassen, was du sagst, ohne selbst dabei zu sprechen – außer es gibt Fragen zu klären. Versuch noch nicht, etwas zu lösen. Schaff dir nur einfach alles aus dem Kopf. Danach siehst du dir die so entstandene Liste an. Unterzieh alles Zeug auf dieser Liste dem Schritt »Verarbeiten« (Umwandler).

Experiment:
Probier diese Art von Kopfentrümpelung alleine aus.
Probier sie mit einem Partner.

Beobachtungen:
Wie fühlst du dich, wenn du beim Aufräumen alles ablädst?
Wie fühlst du dich nach dem Verarbeiten?

VERSUCH MAL, VOR DEM SCHLAFENGEHEN DEN KOPF ZU ENTRÜMPELN

Frage:
Fällt dir das Einschlafen schwer?

Hängt zusammen mit:
Phase 1: Sammeln

Was du damit erreichst:
Alles aufzuschreiben, was dir auf der Seele liegt, bevor du ins Bett gehst, kann dir helfen, all das loszulassen. Sobald du es sichtbar auf Papier hast, kann dein Gehirn es sehen. Sobald dein Gehirn es sieht, kann es festlegen, was getan werden muss, um es zu lösen.

So wird es gemacht:
Nimm Papier und Stift und schreib alles auf, was dir auf der Seele liegt. Versuch noch nicht, etwas zu lösen. Schaff dir nur einfach alles aus dem Kopf. Am nächsten Morgen unterziehst du alles Zeug, das du auf der Liste siehst, dem Schritt »Verarbeiten« (Umwandler).

Experiment:
Probier diese Art von Kopfentrümpelung mehrere Tage hintereinander.

Beobachtungen:
Wie fühlt es sich an, alles zu erfassen, was deine Aufmerksamkeit beansprucht?

VERSUCH MAL, NEBEN DEINEM BETT EIN SAMMELWERKZEUG ZU DEPONIEREN

Frage:
Hast du Gedanken oder Ideen, die dich nachts aufwachen lassen?

Hängt zusammen mit:
Phase 1: Sammeln

Was du damit erreichst:
Alles aufzuschreiben, was dich aufweckt, kann dir dabei helfen, all das loszulassen und wieder einzuschlafen. Je häufiger du das machst, desto stärker wird dein Gehirn darauf vertrauen, dass es die Angelegenheiten am Morgen sehen wird. Sobald du sie sichtbar auf Papier hast, kann dein Gehirn sie sehen.

So wird's gemacht:
Lege Stift und Papier neben dein Bett.
Wenn du durch irgendwelche Gedanken wach wirst, schreib sie auf.
Versuche, wieder einzuschlafen.
Morgens nimmst du alles, was du aufgeschrieben hast, und beförderst es in deinen »Eingangskorb«. Diese Positionen unterwirfst du dem Schritt »Verarbeiten« (Umwandler).

Experiment:
Lege Stift und Papier neben dein Bett. Schreib auf, was dich aufwachen lässt.

Beobachtungen:

Was ist passiert, wenn du etwas aufgeschrieben hast und wieder eingeschlafen bist? Wie fühlst du dich, nachdem du das für einige Tage durchgehalten hast?

VERSUCH MAL, EINEN LESEPLAN AUFZUSTELLEN

Frage:
Hast du ein großes Leseprojekt zu bewältigen?

Hängt zusammen mit:
Planungsmodell
Phase 3: Organisieren

Was du damit erreichst:
Das hilft dir dabei, eine große Leseaufgabe (Roman, Lehrbuch) in einen ausführbaren Plan umzusetzen.

So wird's gemacht:
Nimm deinen Terminkalender und das Buch, das du lesen willst.
Wähle einen Termin, bis zu dem du mit dem Buch fertig sein möchtest.
Zähle die Tage bis zu diesem Termin.
Teile die Seitenzahl des Buchs durch die Tage bis zum Zieltermin.
Trage im Terminkalender die Seitenzahl ein, bei der du jeden Tag angekommen sein solltest, um den Plan einhalten zu können.
Zum Beispiel: Buch mit 200 Seiten/10 Tage Lesezeit = 20 Seiten täglich. Tag 1: S. 20, Tag 2: S. 40, Tag 3: S. 60 usw.
Dieser Plan im Terminkalender stellt eine Übersicht dar, wie viel du jeden Tag zu lesen hast, und verhilft dir zu einem guten Gefühl, wenn du liest, aber auch, wenn du *nicht* liest.

Experiment:
Versuche, ein großes Leseprojekt mithilfe dieser Methode aufzuteilen.

Beobachtungen:

Wie fühlst du dich mit deinem Plan?

Hast du dich mit dem Plan besser gefühlt, wenn du *nicht* gelesen hast?

Wie fühlt es sich an, wenn du dich bemühst, den Plan einzuhalten, anstatt einfach nur »das Buch zu lesen«?

War es erforderlich, dein Tagesziel auf mehr als eine Lesesitzung aufzuteilen?

VERSUCH MAL, ETWAS AUSZUPACKEN/NEU ZU PACKEN

Frage:

Weißt du, was sich in deinem Rucksack befindet?

Hängt zusammen mit:

Phase 1: Sammeln

Phase 2: Verarbeiten

Was du damit erreichst:

Damit entfernst du überflüssigen Plunder aus dem Rucksack, es hilft dir, ausführbares Zeug (z. B. ein Formular, das die Eltern unterschreiben sollen) ausfindig zu machen, und ermöglicht dir Erfolg zwischen Zuhause und der Schule.

So wird's gemacht:

Nimm den Rucksack/die Tasche, den/die du in die Schule mitnimmst.

Als Erstes leerst du ihn/sie vollständig aus.

Lege fest, was RADV ist. Alles andere ist Zeug.

Unterzieh das Zeug der Phase »Verarbeiten«.

Ordne alles nach den Kriterien ausführbar bzw. nicht ausführbar.

Erfasse alles, was auf dem Stapel mit ausführbaren Punkten liegt, oder erledige gleich die entsprechenden nächsten Schritte.

Experiment:

Versuche das Auspacken/Neupacken des Rucksacks an einem Sonntag vor dem Beginn der nächsten Schulwoche.

Versuche das Auspacken/Neupacken des Rucksacks an einem Freitag, wenn du von der Schule nach Hause kommst.

Beobachtungen:

Hast du Zeug im Rucksack gefunden, das Handeln erfordert?

Hast du Abfall gefunden?

Wie hast du dich gefühlt, nachdem du fertig warst?

Hat es sich während der Woche irgendwie auf dich ausgewirkt?

VERSUCH MAL, DEINEN PLANER AUFZUHÜBSCHEN

Frage:

Hast du einen Planer, den du von der Schule erhalten hast oder dir selbst zugelegt hast? Enthält er die Listen/Aktionspläne, die du brauchst? Wenn nicht, mach ihn besser.

Hängt zusammen mit:

Phase 1: Sammeln

Phase 3: Organisieren

Phase 4: Durchsehen

Was du damit erreichst:

Dein Planer wird auf den neuesten Stand gebracht, sodass er all deine wichtigen Listen umfasst – Nächste Schritte, Projekte, Irgendwann/Vielleicht.

So wird's gemacht:

Die meisten Planer enthalten eine Art von Terminkalender.

Hänge eine Haftnotiz zum Erfassen von Ideen an.

Hänge eine Haftnotiz für die Liste der nächsten Schritte an.

Hänge eine Haftnotiz für deine Projektliste an.

Hänge eine Haftnotiz für deine Liste Irgendwann/Vielleicht an.
Jeder Planer kann mit Haftnotizen in einen GTD-Planer verwandelt werden.

Experiment:
Bring deinen Planer mit Haftnotizen auf den neuesten Stand.

Beobachtungen:
Was funktioniert? Was nicht?
Wie fühlt es sich an, wenn du einen Ort für all deine Listen hast?
Hilft es dir bei dem Wochenüberblick, wenn du alle deine Listen an einem Ort vereint hast?

VERSUCH MAL, DIE FÜNF SCHRITTE FÜR DEINE MUSIKALISCHEN EINFÄLLE ZU NUTZEN

Frage:
Gehen dir musikalische Einfälle durch den Kopf?

Hängt zusammen mit:
Phase 1: Sammeln
Phase 2: Verarbeiten
Phase 3: Organisieren
Phase 5: Erledigen

Was du damit erreichst:
Es hilft dir, die Einfälle aus dem Kopf in dein verlässliches externes System zu überführen.

So wird's gemacht:
Erfasse deine musikalischen Ideen mithilfe einer Aufnahme-App deines Smartphones oder eines Stimmrekorders.
Lege einen speziellen Eingangskorb für musikalische Einfälle an (z. B. einen Ordner auf deinem Rechner, der MP3-Dateien speichert).

Ordne deine musikalischen Projekte in jeweils einzelne Projektordner ein (z. B. Song 1, Song 2).

Erstelle eine Liste der Projekte für deine Song-Ideen.

Bestimme den nächsten Schritt, der erforderlich ist, um einen Song voranzubringen (z. B. Übergang für Song 2 aufnehmen).

Experiment:

Versuche, ein System zum Sammeln/Verarbeiten/Organisieren deiner musikalischen Einfälle einzurichten.

Beobachtungen:

Unterscheidet sich musikalisches Zeug von anderen Arten von Zeug?

Wie fühlt es sich an, über ein Erfassungssystem für deine musikalischen Einfälle zu verfügen?

Wie könntest du das Planungsmodell für deine musikalischen Ideen nutzen?

VERSUCH MAL DIE SCHRITTE SAMMELN/VERARBEITEN/ ORGANISIEREN ZUSAMMEN MIT EINEM FREUND

Frage:

Arbeitest du gern mit anderen zusammen? Hast du eine Freundin/einen Freund oder Mentor, der/dem es ebenso geht?

Hängt zusammen mit:

Phase 1: Sammeln

Phase 2: Verarbeiten

Phase 3: Organisieren

Was du damit erreichst:

Es hilft dir, den grundlegenden Denkprozess einzuüben, sorgt für Eigenverantwortung und bietet dir eine neue Möglichkeit, deinen eigenen Arbeitsablauf zu betrachten.

So wird's gemacht:

Suche dir jemanden (Freund/Freundin, Mentor oder Familienmitglied), der bereit ist, als dein Partner mitzumachen.

Nimm dir fünf Minuten Zeit und erfasse alles, was deine Aufmerksamkeit beansprucht – du schreibst es auf und legst es in deinen Eingangskorb.

Jede erfasste Position soll von deinem Partner der Phase »Verarbeiten« (Umwandler) unterzogen werden.

Dein Partner soll sicherstellen, dass du klare Entscheidungen triffst, die dein Zeug umwandeln und zu spezifischen nächsten Schritten führen.

Das setzt du fort, bis die Liste abgearbeitet ist.

Nun tauscht ihr die Rollen – du leistest dem Partner/der Partnerin den gleichen Dienst.

Experiment:

Versuche die Schritte Sammeln/Verarbeiten/Organisieren zusammen mit einer Partnerin/einem Partner.

Versuche die Schritte Sammeln/Verarbeiten/Organisieren allein.

Versuche es mit Partner/Partnerin.

Beobachtungen:

Welche unterschiedlichen Erfahrungen hast du gemacht?

Wie fühlte es sich an, wenn du vom Partner/von der Partnerin durch den Umwandler geführt wurdest?

Wie fühlte es sich an, wenn du die Partnerin/den Partner durch den Umwandler geführt hast?

VERSUCH MAL EINEN WOCHENÜBERBLICK MIT EINEM PARTNER/EINER PARTNERIN

Frage:

Arbeitest du gern mit anderen zusammen? Hast du eine Freundin/einen Freund oder Mentor, der/dem es ebenso geht?

Hängt zusammen mit:
Phase 4: Durchsehen

Was du damit erreichst:
Es hilft dir, den Wochenüberblick einzuüben.

So wird's gemacht:
Suche dir jemanden (Freund/Freundin, Mentor oder Familienmitglied), der bereit ist, dein Partner zu sein. Geht die Schritte des Wochenüberblicks gemeinsam durch.

Experiment:
Versuche einen Wochenüberblick allein.
Versuche es mit Partner/Partnerin.

Beobachtungen:
Welche unterschiedlichen Erfahrungen hast du gemacht?
Was war dir lieber?
Welche Fragen ergaben sich aus deiner Wochenübersicht?

VERSUCH'S MAL MIT ZEITLICH BEGRENZTEN SPRINTS BEIM »ERLEDIGEN«

Frage:
Hast du manchmal damit zu kämpfen, dass du Dinge hinausschiebst?

Hängt zusammen mit:
Phase 5: Erledigen

Was du damit erreichst:
Es hilft dir, dich kurzfristig aufs »Tun« zu konzentrieren, anstatt dich am Fertigstellen auszurichten.

So wird's gemacht:

Stelle einen Küchenwecker auf fünf, zehn oder 15 Minuten.

Such dir eine Handlung aus (z. B. Lesen).

Lass den Wecker laufen.

Engagiere dich mit voller Kraft und Konzentration für die gewählte Handlung, bis der Wecker klingelt.

Wenn dieser Sprint erledigt ist, machst du eine kurze Pause (etwa fünf Minuten).

Nun folgt ein zweiter Durchgang.

Das wiederholst du so lange, bis du keine Zeit oder keine Energie mehr hast.

Experiment:

Versuch, deine Hausaufgaben bis zum Schluss ohne Unterbrechungen zu erledigen.

Versuch, deine Arbeit mit Sprints und dazwischenliegenden Pausen zu erledigen.

Beobachtungen:

Wie fühlt es sich an, bis zum Ende durchzuarbeiten?

Wie fühlt es sich an, die Arbeit mit Sprints und Pausen zu erledigen?

Was ist dir lieber?

VERSUCH MAL, DURCH AUFRÄUMEN EINES KLEINEN BEREICHS FÜR SCHWUNG ZU SORGEN

Frage:

Hast du das Gefühl, festzustecken, und weißt nicht, wo du anfangen sollst?

Hängt zusammen mit:

Phase 5: Erledigen

Was du damit erreichst:
Du verschaffst dir ein Erfolgserlebnis, wenn du wenig Energie hast und dich nur schwer konzentrieren kannst.

So wird's gemacht:
Such dir einen kleinen Bereich oder eine Angelegenheit, wo Aufräumen oder Ordnen erforderlich ist (z. B. Wäsche falten).
Ordne diesen Bereich (Sammeln/Verarbeiten/Organisieren).
Mach weiter, bis der Bereich geordnet ist.
Tipp: Sorg dafür, dass Spaß dabei ist. Lass Musik laufen oder mach den Fernseher an.

Experiment:
Nimm dir einen kleinen Bereich zum Aufräumen oder Ordnen vor.

Beobachtungen:
Wie lange hast du gebraucht, um den Bereich aufzuräumen oder zu ordnen?
Wie ging es dir vorher?
Wie ging es dir danach?

VERSUCH MAL, MIT KARTEIKARTEN ZEIT ZU BLOCKEN

Frage:
Löst es Widerwillen aus, wenn du daran denkst, mit den Hausaufgaben anzufangen?

Hängt zusammen mit:
Phase 5: Erledigen

Was du damit erreichst:
Es hilft dir, deine Zeit einzuteilen und deine Aufmerksamkeit für kürzere Zeiträume auf bestimmte Angelegenheiten zu richten.

So wird's gemacht:

Nimm ein paar Karteikarten.

Schreibe auf jede Karte »10« – das steht für Zeitblöcke von jeweils 10 Minuten.

Schreibe alle Aufgaben oder Handlungen, die du abschließen willst, auf Haftnotizen.

Dann nimmst du die Anzahl von Zehner-Karteikarten, die der verfügbaren Zeit entspricht (also sechs Karten, wenn du 60 Minuten zur Verfügung hast). Nun verteilst du die Karten auf die Haftnotizen – dazu entscheidest du, wie viele 10-Minuten-Blöcke du jeder Aktion zuweisen willst: etwa drei Karten für »Lernen für die Prüfung in Naturwissenschaft«, eine Karte für »Üben mit Karteikarten«, eine für »Pause« usw.

Nun stellst du einen Timer und verwendest für jede Karte die festgelegte Zeit.

Experiment:

Versuche, deine Hausaufgaben durchgehend ohne Pause zu erledigen.

Versuche, deine Hausaufgaben mithilfe der Karteikarten zu erledigen.

Beobachtungen:

Wie fühlt es sich an, ohne Pause durchzuarbeiten?

Wie fühlt es sich an, in Blöcken von zehn Minuten zu arbeiten?

Was war dir lieber?

VERSUCH MAL, EINE KARTEIKARTE FÜR HANDLUNGEN ANZULEGEN

Frage:

Du hast 30 Minuten, um mit einer Sache voranzukommen. Was unternimmst du?

Hängt zusammen mit:

Phase 5: Erledigen

Was du damit erreichst:

Es hilft dir, dich bei kurzen Zeitfenstern zu konzentrieren.

So wird's gemacht:

Nimm eine Karteikarte.

Geh deinen Terminkalender und die Listen der nächsten Schritte durch.

Such dir zwei oder drei Punkte aus, die du in kurzer Zeit erledigen kannst (etwa E-Mail, Unterschriften usw.).

Schreibe diese Aufgaben zum Abhaken auf die Karte.

Experiment:

Versuche, ohne eine Liste für schnelle Aktionen kurzzeitig etwas zu machen.

Versuche, mit einer Liste für schnelle Aktionen kurzzeitig etwas zu machen.

Beobachtungen:

Was war dir lieber?

War es ohne Liste für schnelle Aktionen einfacher oder schwieriger?

VERSUCH MAL EINEN SPAZIERGANG MIT BRAINSTORMING

Frage:

Wie erfasse ich einen Haufen Ideen zu meinem Projekt (z. B. einen Aufsatz über das schreiben, was ich in diesem Sommer unternommen habe)?

Hängt zusammen mit:

Brainstorming

Planungsmodell

Was du damit erreichst:

Damit werden Ideen erfasst, die sich aus Sinn & Zweck und Vision für das Projekt ergeben haben.

So wird's gemacht:

Nimm ein Sammelwerkzeug (z. B. Karteikarten). Verwende zum Sammeln ein Hilfsmittel, das keine zusätzlichen Ablenkungen mit sich bringt (z. B. Nachrichten auf dem Smartphone).

Gehe spazieren. (Zehn bis fünfzehn Minuten können ausreichen.)

Konzentriere dich auf dein Thema.

Marschiere entspannt und erlaube deinen Gedanken, umherzuschweifen. Wenn sie bei einem Einfall hängenbleiben, schreib ihn auf.

Erfasse während des ganzen weiteren Spaziergangs, was dir einfällt.

Jetzt bist du bereit für Phase 3: Organisieren.

Experiment:

Versuche, ohne einen Spaziergang mit Brainstorming an einem Projekt zu arbeiten.

Versuche, mit einem Spaziergang mit Brainstorming an einem Projekt zu arbeiten.

Beobachtungen:

Wie lange hat dein Spaziergang gedauert?

Wie viele Ideen hattest du dabei?

Wurde deine Kreativität durch die veränderte Umgebung angeregt?

VERSUCH'S MAL MIT SAMMELN/VERARBEITEN/ORGANISIEREN IN DEINEM ZIMMER (ANSTATT DAS ZEUG NUR AUFZUHEBEN)

Frage:

Hast du dir je gewünscht, du könntest dein Zimmer mit möglichst wenig Mühe in Ordnung bringen?

Hängt zusammen mit:

Phase 1: Sammeln

Phase 2: Verarbeiten

Phase 3: Organisieren

Was du damit erreichst:

Dein Zimmer wird mit möglichst wenig Mühe aufgeräumt!

So wird's gemacht:

Schnapp dir einen großen Korb und begib dich in deinem Zimmer auf die Jagd nach Zeug.

Sammle alles ein, was nicht RADV ist.

Nimm jede Position einzeln aus dem Behälter.

Frag dich: »Was ist das?«

Je nach Antwort beförderst du das Ding an seinen Ort!

Experiment:

Versuche, dein Zimmer nach dem Zufallsprinzip aufzuräumen.

Versuche, dein Zimmer mithilfe der Schritte Sammeln/Verarbeiten/Organisieren aufzuräumen.

Beobachtungen:

Was war dir lieber?

Hast du bemerkt, dass das Zeug in unterschiedlichen Formen und Größen anfällt?

Hat das Aufräumen deines Zimmers irgendwelches mentales Zeug hochkommen lassen (z. B. »für diesen Rahmen brauche ich ein neues Bild«)? Hast du es erfasst?

CHECKLISTEN

Checklisten ... schützen vor Fehlern.
Sie erinnern uns an die mindestens notwendigen Schritte
und geben ausdrücklich an, wie sie aussehen.

Atul Gawande, »Checklist-Strategie«

CHECKLISTE UNTERRICHTSFÄCHER

Was du damit erreichst:
Das hilft dir, dich ständig optimal auf deine Fächer einzulassen.

So wird's gemacht:
Stelle für jedes Unterrichtsfach eine Checkliste von Punkten zusammen, die du durchsehen solltest (z. B. Hausaufgaben gemacht? Nächste Prüfung? Zusatzpunkte möglich? Heute am Unterricht teilgenommen? Größere Projekte auf Kurs? Muss ich Zeit mit dem Lehrer einplanen, um Hilfe zu bekommen?). Gehe die Liste täglich oder vor Unterrichtsbeginn durch.

Experiment:
Nimm eine Woche lang ohne Checkliste am Unterricht teil.
Nimm einige Wochen lang mit Checkliste am Unterricht teil.

Beobachtungen:
Wie fühlst du dich?
Sind dir Chancen für zusätzliche Punkte aufgefallen?
Hast du dich mehr am Unterricht beteiligt?
Hast du dich außerhalb der normalen Unterrichtszeiten mit deinem Lehrer unterhalten?
Hat es dir etwas gebracht?
Sollte deine Checkliste irgendwo ergänzt werden?

CHECKLISTE FÜR LÄSTIGE PFLICHTEN

Was du damit erreichst:
Damit kannst du lästige Pflichten in kürzerer Zeit und mit weniger Mühe erledigen.

So wird's gemacht:
Erstelle in deinem bevorzugten Tool eine Checkliste lästiger Pflichten, die du zu erfüllen hast.

Experiment:
Erledige deine Pflichten ohne Checkliste.
Erledige deine Pflichten mit Checkliste.

Beobachtungen:
Wie fühlst du dich?
Wie lange hat es gedauert?
Hattest du den Eindruck, dass es dir etwas gebracht hat?
Hast du irgendwas vergessen? Wenn ja, setze es auf die Checkliste.

CHECKLISTE »VOR SCHULBEGINN«

Was du damit erreichst:
Es hilft dir, schneller und müheloser aus dem Haus zu kommen.
Es passiert dir seltener, dass du fluchst: »Verdammt, ich habe [hier das Passende eintragen] vergessen!«

So wird's gemacht:
Erstelle eine Checkliste mit den Punkten, die du überprüfen willst, ehe du zur Schule aufbrichst.

Experiment:

Geh eine Woche lang ohne eine Checkliste »Vor Schulbeginn« aus dem Haus.
Geh eine Woche lang mit einer Checkliste »Vor Schulbeginn« aus dem Haus.

Beobachtungen:

Wie geht es dir mit Checkliste?
Wie ging es dir ohne Checkliste?
Hattest du den Eindruck, dass es dir etwas gebracht hat?
Hast du irgendetwas vergessen?
Wenn ja, was waren die Folgen? Wenn ja, setze es auf die Checkliste.

CHECKLISTE »NACH SCHULSCHLUSS«

Was du damit erreichst:

Es hilft dir, nach dem Verlassen der Schule deine Zeit und Energie optimal zu nutzen und deine Konzentration zu bewahren.

So wird's gemacht:

Erstelle eine Checkliste mit dem, was du nach dem Verlassen der Schule überprüfen willst, um angemessen konzentriert und engagiert zu bleiben. Du könntest dort beispielsweise Zeit zum Entspannen, für Hausaufgaben, zum Essen, für Freizeitaktivitäten, fürs Rumhängen mit Freunden und für die Familie eintragen.

Experiment:

Geh eine Woche lang ohne eine Checkliste »Nach Schulschluss« nach Hause.
Geh eine Woche lang mit einer Checkliste »Nach Schulschluss« nach Hause.

Beobachtungen:

Wie empfindest du deine Zeit nach der Schule mit Checkliste?
Wie ging es dir ohne Checkliste?
Hattest du den Eindruck, dass es dir etwas gebracht hat?
Ist dir in Hinblick auf die Zeit nach der Schule etwas aufgefallen?

CHECKLISTE SPORT

Was du damit erreichst:
Es passiert dir seltener, dass du fluchst: »Verdammt, ich habe [hier das Passende eintragen] vergessen!«
Es hilft dir, mit der ganzen zum sportlichen Erfolg erforderlichen Ausrüstung aus dem Haus zu gehen.

So wird's gemacht:
Erstelle eine Checkliste mit allem, was du für deinen Sport brauchst. Vergiss nicht, Punkte einzubeziehen, für die Unterschriften gebraucht werden (z. B. Erlaubnis der Eltern).

Experiment:
Geh eine Woche lang ohne eine Checkliste Sport aus dem Haus.
Geh eine Woche lang mit einer Checkliste Sport aus dem Haus.

Beobachtungen:
Wie beurteilst du deine Bereitschaft zum Sport mit Checkliste?
Wie ging es dir ohne Checkliste?
Hattest du den Eindruck, dass es dir etwas gebracht hat?
Ist dir sonst noch etwas aufgefallen?

CHECKLISTE »TRAININGSEINHEITEN SPORT«

Was du damit erreichst:
Du absolvierst deine Trainingseinheiten fokussiert und zielstrebig, sodass du optimale Fortschritte machst.

So wird's gemacht:
Erstelle eine Checkliste mit all den Aktivitäten, die hilfreich sind, damit du deine Fähigkeiten steigern kannst.

Experiment:
Trainiere eine Woche lang ohne eine Checkliste »Trainingseinheiten Sport«.
Trainiere eine Woche lang mit einer Checkliste »Trainingseinheiten Sport«.

Beobachtungen:
Wie beurteilst du die Entwicklung deiner sportlichen Fähigkeiten mit einer Checkliste?
Wie ging es dir ohne Checkliste?
Hattest du den Eindruck, dass es dir etwas gebracht hat?
Ist dir sonst noch etwas aufgefallen?
Haben sich irgendwelche Fragen ergeben?

CHECKLISTE SPORT »VOR DEM SPIEL«

Was du damit erreichst:
Deine Bereitschaft für den von dir gewählten Sport nimmt zu.

So wird's gemacht:
Erstelle eine Checkliste der wichtigen Gedächtnisstützen und Aktivitäten, die du durchgehen oder ausführen willst, damit du optimal für Wettbewerbe vorbereitet bist.

Experiment:
Trainiere eine Woche lang ohne Checkliste Sport »Vor dem Spiel«.
Trainiere eine Woche lang mit Checkliste Sport »Vor dem Spiel«.

Beobachtungen:
Wie beurteilst du deine Bereitschaft zum Wettbewerb mit der Verwendung einer Checkliste?
Wie ging es dir ohne Checkliste?
Hattest du den Eindruck, dass es dir etwas gebracht hat?
Ist dir sonst noch etwas aufgefallen?
Haben sich irgendwelche Fragen ergeben?

CHECKLISTE SPORT »NACH DEM SPIEL«

Was du damit erreichst:
So steigerst du deine Fähigkeit, über deinen Sport nachzudenken, Beobachtungen zu machen und etwas darüber zu lernen.

So wird's gemacht:
Erstelle eine Checkliste der wichtigen Gedächtnisstützen, Fragen und Aktivitäten, die du nach einem abgeschlossenen Wettbewerb durchgehen möchtest.

Experiment:
Trainiere eine Woche lang ohne eine Checkliste Sport »Nach dem Spiel«.
Trainiere eine Woche lang mit einer Checkliste Sport »Nach dem Spiel«.

Beobachtungen:
Wie beurteilst du deine Bereitschaft zum Wettbewerb mit der Verwendung einer Checkliste?
Wie ging es dir ohne Checkliste?
Sind irgendwelche Fragen aufgetaucht?
Ist dir sonst noch etwas aufgefallen?
Hast du etwas gefunden, was noch zusätzlich in deine Checkliste »Trainingseinheiten Sport« gehört?

Für Fortgeschrittene:
Nimm alles, was du aus jedem Wettbewerb lernst, und revidiere deine Checkliste »Trainingseinheiten Sport«.
Beziehe andere ein – erarbeite zusammen mit einem Mannschaftskameraden Listen. Dieser stellt dir die Fragen, die du erneut durchgehen möchtest, und dann tauscht ihr die Rollen.

CHECKLISTE »ANDERE AKTIVITÄTEN«

Was du damit erreichst:
Es passiert dir seltener, dass du fluchst: »Verdammt, ich habe [hier das Passende eintragen] vergessen!«
Es hilft dir, mit der ganzen zum Erfolg erforderlichen Ausrüstung aus dem Haus zu gehen.

So wird's gemacht:
Erstelle eine Checkliste von allem, was du für diese Aktivität brauchst. Positionen, für die Unterschriften gebraucht werden (z. B. Genehmigung der Eltern), solltest du nicht vergessen.

Experiment:
Geh eine Woche lang ohne eine Checkliste »Andere Aktivitäten« aus dem Haus.
Geh eine Woche lang mit einer Checkliste »Andere Aktivitäten« aus dem Haus.

Beobachtungen:
Wie beurteilst du deine Bereitschaft für die jeweilige Aktivität mit der Verwendung einer Checkliste?
Wie ging es dir ohne Checkliste?
Hattest du den Eindruck, dass es dir etwas gebracht hat?
Ist dir sonst noch etwas aufgefallen?

CHECKLISTE »FÄHIGKEITEN FÜR ANDERE AKTIVITÄTEN EINÜBEN«

Was du damit erreichst:
Damit kannst du Erfahrungen mit den Fähigkeiten sammeln, die dir helfen, die von dir gewählte Aktivität zu meistern.

So wird's gemacht:
Erstelle eine Checkliste der wichtigen Tätigkeiten, die du einüben musst, um deine Fähigkeiten für diese Aktivität zu steigern.

Experiment:
Trainiere eine Woche lang ohne eine Checkliste »Fähigkeiten für andere Aktivitäten einüben«.
Trainiere eine Woche lang mit dieser Checkliste.

Beobachtungen:
Wie beurteilst du die Entwicklung deiner Fähigkeiten für die gewählte Aktivität mit der Verwendung einer Checkliste?
Wie ging es dir ohne Checkliste?
Hattest du den Eindruck, dass es dir etwas gebracht hat?
Ist dir sonst noch etwas aufgefallen?
Haben sich irgendwelche Fragen ergeben?

CHECKLISTE »VOR EREIGNISSEN BEI EINER AKTIVITÄT«

Was du damit erreichst:
Damit erhöhst du deine Bereitschaft für die gewählte Aktivität.

So wird's gemacht:
Erstelle eine Checkliste der wichtigen Gedächtnisstützen und Tätigkeiten, die du durchgehen oder ausführen musst, um dich optimal auf das Ereignis vorzubereiten.

Experiment:
Übe eine Woche lang ohne eine Checkliste »Vor Ereignissen bei einer Aktivität«.
Übe eine Woche lang mit einer Checkliste »Vor Ereignissen bei einer Aktivität«.

Beobachtungen:

Wie beurteilst du deine Bereitschaft für ein Ereignis mit der Verwendung einer Checkliste?

Wie ging es dir ohne Checkliste?

Hattest du den Eindruck, dass es dir etwas gebracht hat?

Ist dir sonst noch etwas aufgefallen?

Haben sich irgendwelche Fragen ergeben?

CHECKLISTE »NACH EREIGNISSEN BEI EINER AKTIVITÄT«

Was du damit erreichst:

Damit steigerst du deine Lernfähigkeit für die gewählte Aktivität.

So wird's gemacht:

Erstelle eine Checkliste der wichtigen Gedächtnisstützen, Fragen und Tätigkeiten, die du nach Abschluss eines Ereignisses durchgehen oder ausführen möchtest.

Experiment:

Übe eine Woche lang ohne eine Checkliste »Nach Ereignissen bei einer Aktivität«.

Übe eine Woche lang mit einer Checkliste »Nach Ereignissen bei einer Aktivität«.

Beobachtungen:

Wie beurteilst du deine Bereitschaft zum Wettbewerb mit der Verwendung einer Checkliste?

Wie ging es dir ohne Checkliste?

Sind irgendwelche Fragen aufgetaucht?

Ist dir sonst noch etwas aufgefallen?

Hast du etwas gefunden, was noch zusätzlich in deine Checkliste »Nach Ereignissen bei einer Aktivität« gehört?

CHECKLISTE »PACKEN«

Was du damit erreichst:
Es passiert dir seltener, dass du fluchst: »Verdammt, ich habe [hier das Passende eintragen] vergessen!«
Es hilft dir, schneller und mit weniger Mühe zu packen.

So wird's gemacht:
Erstelle eine Checkliste der Dinge, die du für einen Ausflug oder eine Übernachtung außer Haus einpacken musst.

Experiment:
Bereite dich ohne eine Checkliste »Packen« auf einen Ausflug vor.
Bereite dich mit einer Checkliste »Packen« auf einen Ausflug vor.

Beobachtungen:
Wie fühlst du dich beim Packen?
Hast du den Eindruck, dass es dir etwas gebracht hat?
Hast du etwas vergessen? Wenn ja, gehört das auf die Checkliste.

CHECKLISTE »WAS ICH FÜR DIE UNI MITNEHMEN MUSS«

Was du damit erreichst:
Es passiert dir seltener, dass du fluchst: »Verdammt, ich habe [hier das Passende eintragen] vergessen!«
Es hilft dir, schneller und mit weniger Mühe zu packen.
Es hilft dir, mit Blick auf die beengten Räumlichkeiten am Uni-Wohnort zu packen.

So wird's gemacht:
Erstelle eine Checkliste mit den Dingen, die du für die Uni dabeihaben musst.

Experiment:

Bereite dich ohne Checkliste »Packen« auf die Uni vor.

Bereite dich mit Checkliste »Packen« auf die Uni vor.

Beobachtungen:

Wie fühlst du dich beim Packen?

Hast du den Eindruck, dass es dir etwas gebracht hat?

Hast du etwas vergessen? Wenn ja, gehört das auf die Checkliste.

CHECKLISTE »ANFANG EINES NEUEN SEMESTERS«

Was du damit erreichst:

Es hilft dir, erfolgreich in ein neues Semester einzusteigen.

Es hilft dir, dich rechtzeitig für Kurse einzuschreiben.

So wird's gemacht:

Erstelle eine Checkliste mit den Dingen, die du für den Beginn eines neuen Semesters brauchst.

Experiment:

Bereite dich ohne Checkliste auf ein neues Semester vor (und schau auch nicht auf die Liste anderer Studenten!).

Bereite dich mit Checkliste auf ein neues Semester vor (oder schau auf die Liste anderer Studenten!).

Beobachtungen:

Wie ging es dir beim Einschreiben für das neue Semester?

Hast du den Eindruck, dass es dir etwas gebracht hat?

Hast du etwas vergessen? Wenn ja, gehört das auf die Checkliste.

Hast du im vergangenen Semester etwas gelernt, was dir für künftige Semester helfen kann? Wenn ja, gehört das auf die Checkliste.

CHECKLISTE »BACK-UP FÜR SMARTPHONE ODER COMPUTER«

Was du damit erreichst:
Damit kannst du Hardware-Probleme stressfrei überwinden.

So wird's gemacht:
Erstelle regelmäßig eine Checkliste mit den Dingen, die du sichern musst.

Experiment:
Tu so, als hättest du dein Gerät verloren. Was würdest du machen? Welche Informationen wären weg? Nutze diese simulierte Erfahrung, um eine Checkliste der Positionen zu erstellen, die du in deine Planung für eine Datensicherung aufnehmen musst.

Beobachtungen:
Wie fühlst du dich, wenn du weißt, dass deine Daten gesichert sind?
Hast du den Eindruck, dass es dir etwas gebracht hat?
Hast du etwas vergessen? Wenn ja, gehört das auf die Checkliste.

LISTEN

Mit Listen analysiere und bewältige ich die Welt.

Adam Savage

LISTEN VON SONGS, DIE DU BESCHAFFEN MÖCHTEST

Was du damit erreichst:
Damit kreierst du eine Übersicht aller Songs, die du nicht vergessen möchtest.

So wird's gemacht:
Richte in deinem System eine Liste »Songs kaufen« ein.
Wenn du auf einen Song aufmerksam wirst, trägst du ihn in die Liste ein.

Experiment:
Frage Freunde und Familie nach ihren Lieblingssongs.
Trage alle Songs, die dir interessant vorkommen, in die Liste ein.

Beobachtungen:
Was hast du gesammelt?
Wie schnell kannst du neue Einträge in der Liste unterbringen?
Wo hebst du die Liste auf?
Wie schnell kommst du an die Liste ran, wenn du sie brauchst, um sie durchzugehen, darüber nachzudenken oder um Anregungen zu finden?
Wie fühlt es sich an, über eine Liste von zu kaufenden Songs zu verfügen?

LISTE MIT GESCHENKIDEEN FÜR FAMILIENMITGLIEDER UND FREUNDE

Was du damit erreichst:
Damit schaffst du dir eine Übersicht und Ideensammlung über Geschenke für deine Familie und Freunde.

So wird's gemacht:
Wenn du etwas entdeckst oder von jemandem auf etwas hingewiesen wirst, was sich als Geschenk gut eignen würde, erfasst du die Idee auf dieser Liste. Du legst dich damit nicht fest. Du erstellst nur eine Liste mit Geschenkoptionen, die du in der Zukunft zurate ziehst.

Experiment:
Frage Freunde und Familienmitglieder bei Gelegenheit, welche Geschenke sie am liebsten hatten. Trage alle Ideen oder Anregungen in deine Liste mit Geschenkideen ein.

Beobachtungen:
Wie schnell kannst du etwas in die Liste eintragen?
Wo hebst du diese Liste auf?
Wie schnell kommst du an die Liste ran, wenn du sie brauchst?
Wie fühlt es sich an, über eine Liste mit Geschenkideen zu verfügen?

LISTE MIT ZITATEN

Was du damit erreichst:
Damit schaffst du einen Ort, an dem du interessante oder anregende Zitate erfassen kannst.

So wird's gemacht:
Wenn du ein interessant oder anregend klingendes Zitat hörst, sammelst du es auf dieser Liste.

Experiment:

Achte während der folgenden Woche darauf, wie viele interessante Zitate oder Songtexte deine Aufmerksamkeit finden.

Trage jedes Zitat in deine Liste ein.

Geh die Liste am Ende der Woche durch.

Beobachtungen:

Was hast du erfasst?

Wie schnell kannst du etwas in die Liste eintragen?

Wo hebst du diese Liste auf?

Wie schnell kommst du an die Liste ran, wenn du sie brauchst, um sie durchzugehen, darüber nachzudenken oder um Anregungen zu finden?

LISTE ZU LESENDER BÜCHER

Was du damit erreichst:

Damit schaffst du einen Ort, an dem du Bücher erfassen kannst, die du künftig vielleicht lesen möchtest.

So wird's gemacht:

Wenn du von einem Buch hörst, das dir interessant vorkommt, erfasst du es auf dieser Liste.

Experiment:

Frage Freunde und Familienmitglieder während der folgenden Woche, welches ihre Lieblingsbücher sind.

Trage alle Bücher auf der Liste ein, die dir interessant vorkommen.

Geh die Liste am Ende der Woche durch.

Beobachtungen:

Was hast du erfasst?

Wie schnell kannst du etwas in die Liste eintragen?

Wo hebst du diese Liste auf?

Wie schnell kommst du an die Liste ran, wenn du sie brauchst, um sie durchzugehen, darüber nachzudenken oder um Anregungen zu finden?

LISTE ANZUSEHENDER FILME/SHOWS

Was du damit erreichst:
Damit schaffst du einen Ort, an dem du Filme und Shows erfassen kannst, die du künftig vielleicht ansehen möchtest.

So wird's gemacht:
Wenn du von einem Film oder einer Show hörst, die dir interessant vorkommen, erfasst du sie auf dieser Liste.

Experiment:
Frage Freunde und Familienmitglieder während der folgenden Woche, welches ihre bevorzugten Filme oder Shows sind.
Trage alle Filme oder Shows auf der Liste ein, die dir interessant vorkommen.
Geh die Liste am Ende der Woche durch.

Beobachtungen:
Was hast du erfasst?
Wie schnell kannst du etwas in die Liste eintragen?
Wo hebst du diese Liste auf?
Wie schnell kommst du an die Liste ran, wenn du sie brauchst, um sie durchzugehen, darüber nachzudenken oder um Anregungen zu finden?

LISTE ZU SPIELENDER VIDEOSPIELE

Was du damit erreichst:
Damit schaffst du einen Ort, an dem du Videospiele erfassen kannst, die du künftig vielleicht spielen möchtest, oder auch Tipps, die du ausprobieren willst, um ein höheres Level zu erreichen.

So wird's gemacht:

Wenn du von einem Spiel oder einem Tipp hörst, der dir interessant vorkommt, erfasst du das auf dieser Liste.

Experiment:

Frage deine Freunde während der nächsten Woche nach ihren Spielen.
Trage alle Spiele oder Tipps, die dir interessant vorkommen, auf dieser Liste ein.
Geh die Liste am Ende der Woche durch.

Beobachtungen:

Was hast du erfasst?
Bist du beim Spielen besser geworden?
Wie schnell kannst du etwas in die Liste eintragen?
Wo hebst du diese Liste auf?
Wie schnell kommst du an die Liste ran, wenn du sie brauchst, um sie durchzugehen, darüber nachzudenken oder um Anregungen zu finden?

LISTE VON FRAGEN

Was du damit erreichst:

Damit schaffst du einen Ort, an dem du interessante oder anregende Fragen erfassen kannst. Das Interessante an Fragen ist, dass sie Raum für Antworten erschaffen.

So wird's gemacht:

Wenn du eine interessante oder anregend klingende Frage hörst, erfasst du sie auf dieser Liste.

Experiment:

Sieh zu, wie viele interessante Fragen du während der kommenden Woche erfassen kannst.

Trage alle Fragen auf dieser Liste ein.

Geh die Liste am Ende der Woche durch.

Beobachtungen:

Was hast du erfasst?

Hast du unterschiedliche Arten von Fragen erfasst?

Hast du manche Fragen anders wahrgenommen als den Rest?

Wie schnell kannst du etwas in die Liste eintragen?

Wo hebst du diese Liste auf?

Wie schnell kommst du an die Liste ran, wenn du sie brauchst, um sie durchzugehen, darüber nachzudenken oder um Anregungen zu finden?

LISTE DESSEN, WAS ICH TUN WILL, WENN ICH DAS NÄCHSTE MAL IN _____ BIN

Was du damit erreichst:

Damit wirst du an Dinge erinnert, die du machen willst, wenn du das nächste Mal an einem bestimmten Ort bist.

So wird's gemacht:

Wenn du einen Ort besuchst (z. B. eine Stadt oder einen Ferienort), erfasst du alles, was du bei deinem nächsten Besuch dort unternehmen möchtest.

Experiment:

Denk an einen Ort, den du kürzlich besucht hast, wo du eine Menge Spaß erlebt hast.

Gibt es irgendetwas, was du bei einem möglichen nächsten Besuch machen oder besichtigen möchtest? Wenn ja, gehört das auf die Liste.

Beobachtungen:

Was hast du erfasst?

Wie schnell kannst du etwas in die Liste eintragen?

Wo hebst du diese Liste auf?

Wie schnell kommst du an die Liste ran, wenn du sie brauchst, um sie durchzugehen, darüber nachzudenken oder um Anregungen zu finden?

LISTE MIT GEBURTSTAGEN, JUBILÄEN UND ANDEREN BESONDEREN TAGEN

Was du damit erreichst:
Damit kannst du Geburtstage und Jubiläen im Auge behalten, die dir wichtig sind.

So wird's gemacht:
Erstelle eine einfache, nach Monaten gegliederte Liste.
Die Einträge erfasst du im entsprechenden Monat (z. B. 12. Januar – Papas Geburtstag; 3. März – Annas Geburtstag; 23. Oktober – Hochzeitstag von Mama und Papa; 14. November – mein Geburtstag!!).

Experiment:
Trage die Daten der Geburtstage und Jubiläen von Familienmitgliedern und Freunden in die Liste ein.

Beobachtungen:
Wie findest du es, über eine einfache Liste von Geburtstagen und Jubiläen zu verfügen?
Wie schnell kannst du etwas in die Liste eintragen?
Wo hebst du diese Liste auf?
Wie schnell kommst du an die Liste ran, wenn du sie brauchst?

Begriffserklärungen

Abfall: Alle nicht ausführbaren Positionen, die nicht gebraucht werden und nicht erwünscht sind.

Ablenkung: Eine Falle, mit der alles zusammengefasst ist, was deinen Fokus von dem ablenkt, worauf du dich konzentrieren möchtest.

Aktionslisten durchsehen: Prüfen, was im Terminkalender, auf der Liste der nächsten Schritte und/oder auf der Projektliste vorgesehen ist.

Amygdala: Ein Teil der vordersten Verteidigungslinie deines Gehirns – der Bereich des Gehirns, der über Flucht oder Kampf entscheidet.

Arbeitsplatz: Jeder Ort, an dem du auf alles zugreifen kannst, was du üblicherweise brauchst, um dich effizient auf die Phasen 1 bis 3 einzulassen.

Auf dem Laufenden: Der Zustand, in dem alle Listen (»Pläne«) vollständig und korrekt sind.

Aufgeräumt: Der Zustand, in dem physisches Zeug, digitales Zeug und das schwerer greifbare mentale Zeug, das dir vielleicht auf der Seele liegt, in Eingangskörben untergebracht sind.

Bereitschaft: Wenn du deine Aufmerksamkeit unter Kontrolle hast, kannst du dich entspannen und alles, was du machst, mit der angemessenen Energie und Konzentration durchführen.

Checkliste: Eine personalisierte, im Lauf der Zeit entwickelte Liste, die dich bei einer speziellen Aktivität unterstützt.

Eingangskorb: Ein entweder physischer oder digitaler Behälter für anfallende Punkte, die noch verarbeitet werden müssen.

Erledigen: Klar, umfassend und zuversichtlich ausführen, was du in diesem Augenblick zu tun hast.

Fokushorizonte: Ein Modell, das dir dabei hilft, Aktionspläne und Informationen aus verschiedenen Perspektiven zu betrachten, aufzubewahren und wieder aufzufinden.

Gedankensammlung: Dabei erfasst du alles, was dir auf der Seele liegt oder deine Aufmerksamkeit beansprucht.

GTD: Abkürzung für Getting Things Done – Wie ich die Dinge geregelt kriege.

Impulsliste: Diese Liste hilft dein Denken anzuregen, wenn du dabei bist, die Gedankensammlung durchzuführen.

Irgendwann/Vielleicht: Alles, was du vielleicht später in die Tat umsetzen willst, was aber im Moment kein Handeln erfordert.

Jagd nach Zeug: Dabei durchsuchst du deine physische oder digitale Umgebung bewusst nach allem, was nicht RADV ist und vielleicht deine Aufmerksamkeit braucht.

Kontrolle: Stabilität und Autonomie innerhalb deiner aktuellen Wirklichkeit und Umstände.

Kortland: Die kluge Eule symbolisiert den präfrontalen Kortex.

Kreativ: Kreativ sein und Risiken eingehen oder Positionen der Liste Irgendwann/Vielleicht realisieren.

Liste der nächsten Schritte: Eine vollständige Liste der Handlungen, die nicht zu einem bestimmten Zeitpunkt oder an einem bestimmten Ort stattfinden müssen.

Liste Irgendwann/Vielleicht: Eine Liste dessen, was du möglicherweise realisieren willst, wenn sich die Gelegenheit ergibt.

Myggy: Ein Affe, der die Amygdala symbolisiert.

Nächster Schritt: Die nächste physische, sichtbare Handlung, die etwas in Richtung Abschluss voranbringt. So sieht »Ausführen« aus.

Offene Enden: Alles, was man als unerledigt ansieht. Wenn man nicht angemessen damit umgeht, hält es das Denken beständig in ineffizienter Weise auf Trab.

Organisieren: Positionen mit ähnlicher Bedeutung physisch, sichtbar oder digital in genau definierte Kategorien und Örtlichkeiten einsortieren.

Perspektive: Deine Fähigkeit, nach vorn zu schauen und so zu erkennen, wohin du warum gehst.

Planungsmodell: Ein Modell, das als praktische Anleitung zum Verarbeiten und Planen dient und einem hilft, die Dinge voranzubringen.

Präfrontaler Kortex: Der Teil des Gehirns, der dem analytischen Denken und der Entscheidungsfindung gewidmet ist. Dieser Bereich des Gehirns löst Probleme, vollzieht Synthesen und vermittelt allem, was du siehst und tust, seine Bedeutung.

Projekt: Jedes gewünschte Ergebnis, das zu seinem Abschluss mehr als einen Schritt oder mehr als eine Sitzung erfordert.

Projektliste: Sie hilft dir, auf Kurs zu bleiben, und enthält die gewünschten Ergebnisse (Dinge, wie sie »fertig« aussehen) für alles, wozu du dich verpflichtet hast, das mehr als einen Handlungsschritt benötigt.

RADV: Abkürzung für Referenzmaterial, Ausrüstung, Dekoration und Verbrauchsmaterial.

Referenzmaterial: Material ohne Handlungsbedarf, das aufbewahrt werden muss, jedoch keine Aktivität erfordert.

Sammeln: Erfassen – und gelegentliches Erschaffen – von Gedanken, Aufgaben und Einfällen, die als möglicherweise bedeutsam erkannt wurden und die Aufmerksamkeit beanspruchen oder interessant erscheinen, sodass du möglicherweise eine Entscheidung dazu treffen oder etwas unternehmen möchtest.

Stolperfalle: Alles, was von Natur aus vorkommt, aber zu Problemen führen kann. Die beiden häufigsten Stolperfallen sind Überlastung und Ablenkung.

Surfboard-Effekt: Der natürliche Aus/An-Zyklus, mit dem man aus dem Zustand der Bereitschaft gerät, einschließlich der Fähigkeit, ihn wiederzugewinnen.

Tägliche Durchsicht: Sie zeigt dir, was du heute zu tun hast.

Terminkalender: Mit ihm behältst du drei Arten von Information im Auge: (1) zeitspezifische Aufgaben, (2) tagesspezifische Aufgaben und (3) tagesspezifische Informationen. Den Terminkalender solltest du jeden Tag als Erstes durchsehen, damit du weißt, was du zu tun hast.

Überlastung: Eine Falle, die das Gefühl beschreibt, dass zu viele Dinge zu schnell und zu häufig auf dich eindringen.

Überprüfen: Du gehst die Inhalte deiner Planskizzen durch und bringst sie auf den Stand deiner aktuellen Situation, sodass du informierte und effiziente Entscheidungen treffen kannst.

Verarbeiten: Festlegen, was jede beim Sammeln angefallene Position exakt bedeutet.

Wochenüberblick: Mit dieser Durchsicht erhältst du deinen Bereitschaftszustand – du leerst deinen Kopf, hältst dein System auf dem Laufenden und beflügelst deine kreative Energie. Sie besteht aus drei Teilen: »Klarheit schaffen«, »Auf den aktuellen Stand kommen« und »Kreativ werden«.

Zeug: Alles, was in deiner Welt – physisch, digital, mental, emotional – anfällt und eine Entscheidung oder Aktion braucht, aber noch genauer bestimmt werden muss und nicht organisiert ist.

Zwei-Minuten-Regel: Wenn du etwas in weniger als zwei Minuten erledigen kannst: Mach es einfach!

Dank

Wir danken den unzähligen Eltern, Lehrern, Beratern und Geistlichen, die sich, nachdem sie die GTD-Methode erlebt haben, dafür einsetzten, etwas für »unsere Kinder« anzubieten – weil sie sich wünschten, sie hätten in den Jahren ihrer Ausbildung selbst darüber verfügt. Für uns war das der entscheidende Antrieb, *Die Dinge gechillt geregelt kriegen* zu schreiben.

Mark und Mike danken David Allen dafür, dass er uns dazu eingeladen hat, an diesem Projekt mitzuarbeiten. Abgesehen davon, dass du uns durch *Wie ich die Dinge geregelt kriege* inspiriert hast, beeindruckst du durch Klugheit, als Vorbild, durch deinen Sinn für Humor, deine Liebe und deine Großzügigkeit.

Wir danken Joe Beard und seinem Team bei Bionic Giant (bionicgiant. com) für ihre Beratung und Unterstützung bei den Illustrationen, aber vor allem auch für ihr Bestreben, diesen Ansatz zur Verbesserung des Lebens von Teens in aller Welt voranzubringen.

Danken möchten wir auch Meg Edwards für ihren Einsatz und ihre Unterstützung in den Anfängen dieses Projekts. Ihre Leidenschaft, Kindern und Erwachsenen zu helfen, ist unauslöschlich und inspirierend. Besonders ihre Meisterschaft bei der Anwendung ihres Wissens über ADD und ADHD auf GTD ist neuartig und hat vielen Erwachsenen und Schülern Erleichterung und Freude vermittelt. In dieser Branche gehört sie zu den Besten auf dem Gebiet. Danke dafür, dass sie ihre Leidenschaft, ihr Wissen und ihre Erfahrung mit uns geteilt hat.

Noch viele andere haben mit ihrer Zeit und ihren Kenntnissen zur Entwicklung dieses Buches beigetragen. Wir danken Monica Russell, Lizzie

Chapin, Ana Armstrong und Hannah Williams für ihre redaktionellen Vorschläge. Wir danken Doe Coover, der uns vom frühesten Stadium des Projektes an begleitet hat. Vielen Dank auch an Rick Kot und das Team von Penguin, die uns halfen, das Buch über die Ziellinie zu bringen und es Teens und besorgten Eltern weltweit an die Hand zu geben.

Es gibt noch eine ganze Schar von Menschen, die mit diesem Projekt befasst waren; ihnen wollen wir unseren Dank übermitteln und uns bei den vielen ungenannten Personen entschuldigen, die uns unterwegs unterstützt haben (die Betreffenden wissen, wer gemeint ist). Besonderer Dank auch an Annie Gott, Conrad Williams, Todd Wallace, Louis und Maxim Kim, Jeff Boliba, Deb Pekarek, Charles Fred, Tristan Zarate, Peter Hodne, Rooms 7 & 8, Maggie Weiss, Frank Sopper, the Mack family, Dan Roam, Jeff Irby, Amanda Doyle, Evan Taubenfeld, Kyle Steel, Krissee Chasseur, Jason Spafford und Kevin Brune.

Noch einmal zusammengefasst

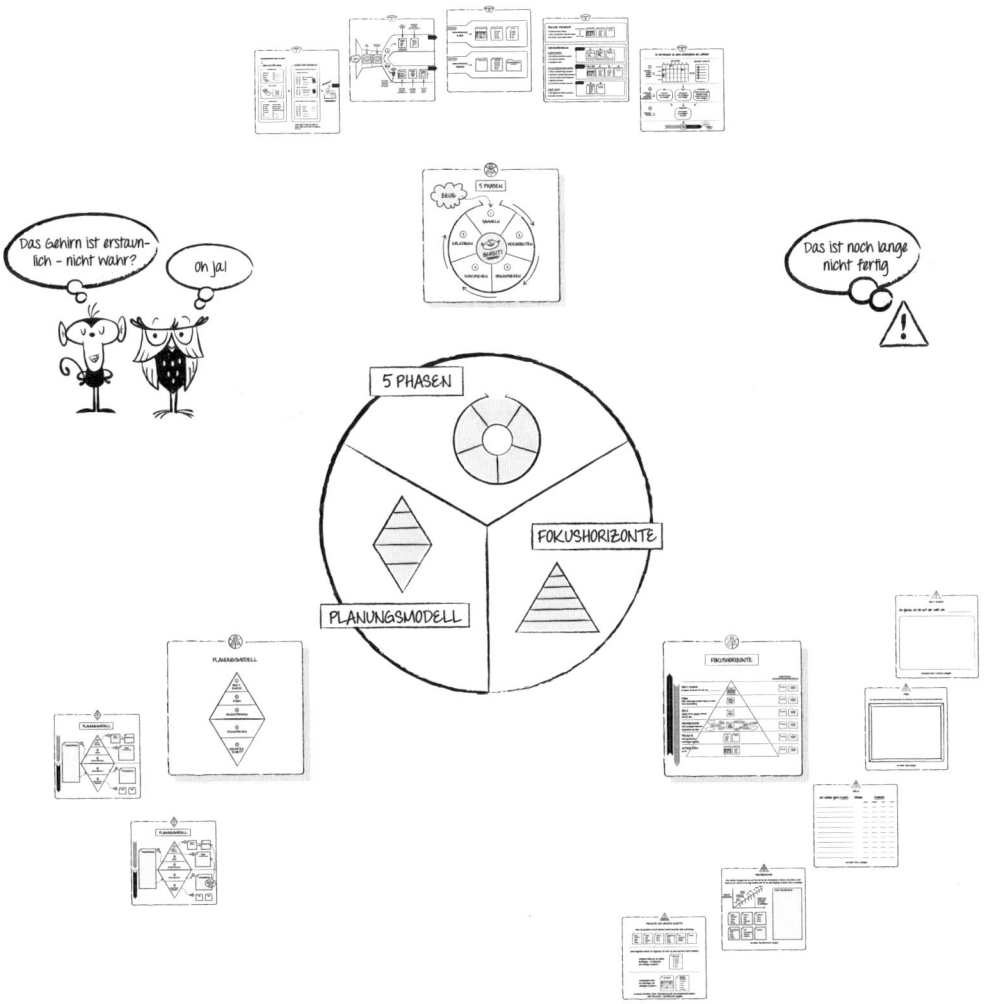

AMYGDALA

SELBSTBEZOGEN

KEIN ZEITGEFÜHL,
NUR DER
AUGENBLICK ZÄHLT

EXTREM SCHNELLE
BEWEGUNGEN

ZUFALLSBESTIMMTE
UMSCHALTUNG
ZWISCHEN
AUFGABEN

ÄUSSERST
REAKTIV

MYGGY
Der Amygdala-Affe

PRÄFRONTALER KORTEX

KLUG UND
EINFÜHLSAM

ANALYTISCH UND
DER REIHE NACH

LANGSAM,
ABSICHTSVOLL

UNBESCHRÄNKTE
FÄHIGKEITEN,
FANTASIEVOLL,
KREATIV

PROAKTIV

KORTLAND

Die weise Eule des präfrontalen Kortex

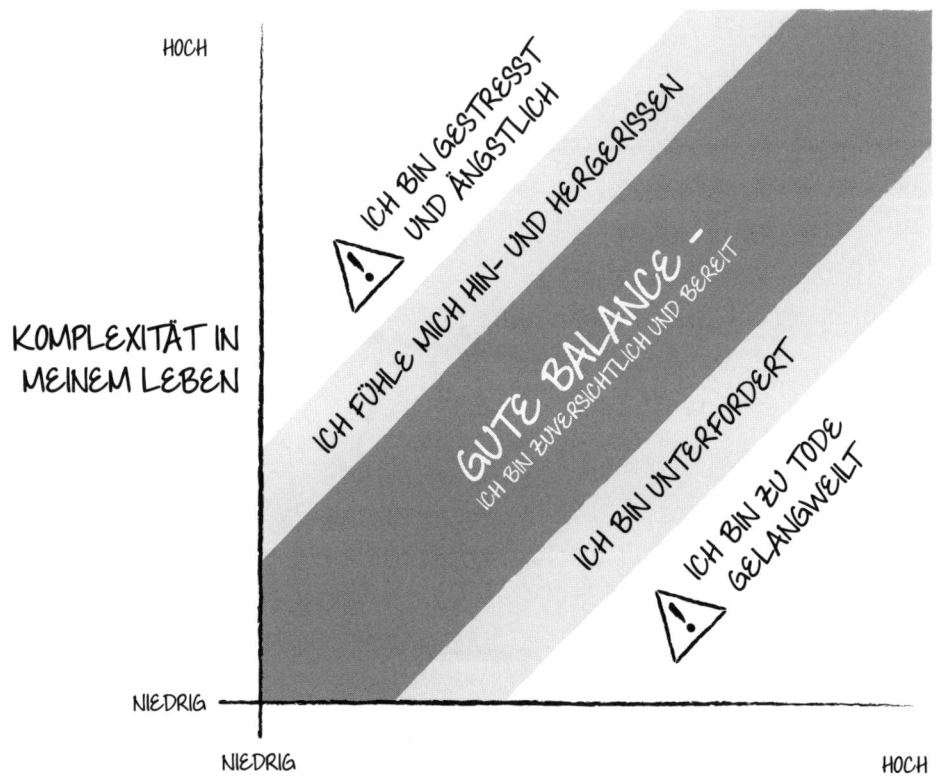

HOCH

KOMPLEXITÄT IN
MEINEM LEBEN

ICH BIN GESTRESST UND ÄNGSTLICH

ICH FÜHLE MICH HIN- UND HERGERISSEN

GUTE BALANCE -
ICH BIN ZUVERSICHTLICH UND BEREIT

ICH BIN UNTERFORDERT

ICH BIN ZU TODE GELANGWEILT

NIEDRIG

NIEDRIG

HOCH

ICH HABE DAS GEFÜHL, MIT KOMPLEXEN SITUATIONEN
IN MEINEM LEBEN ZURECHTZUKOMMEN

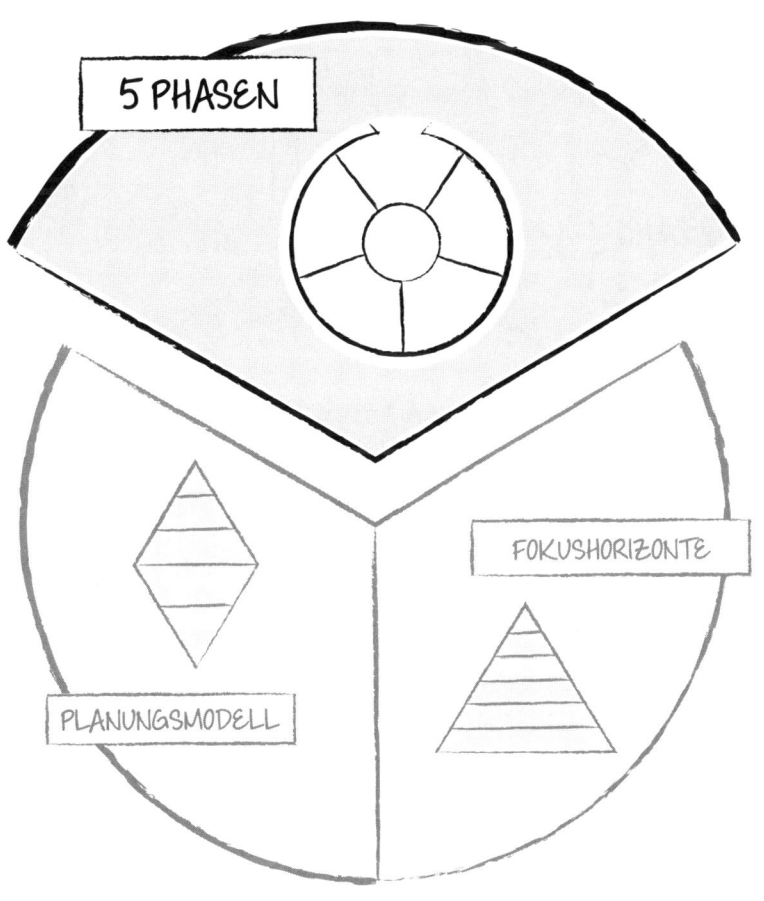

5 PHASEN

PLANUNGSMODELL

FOKUSHORIZONTE

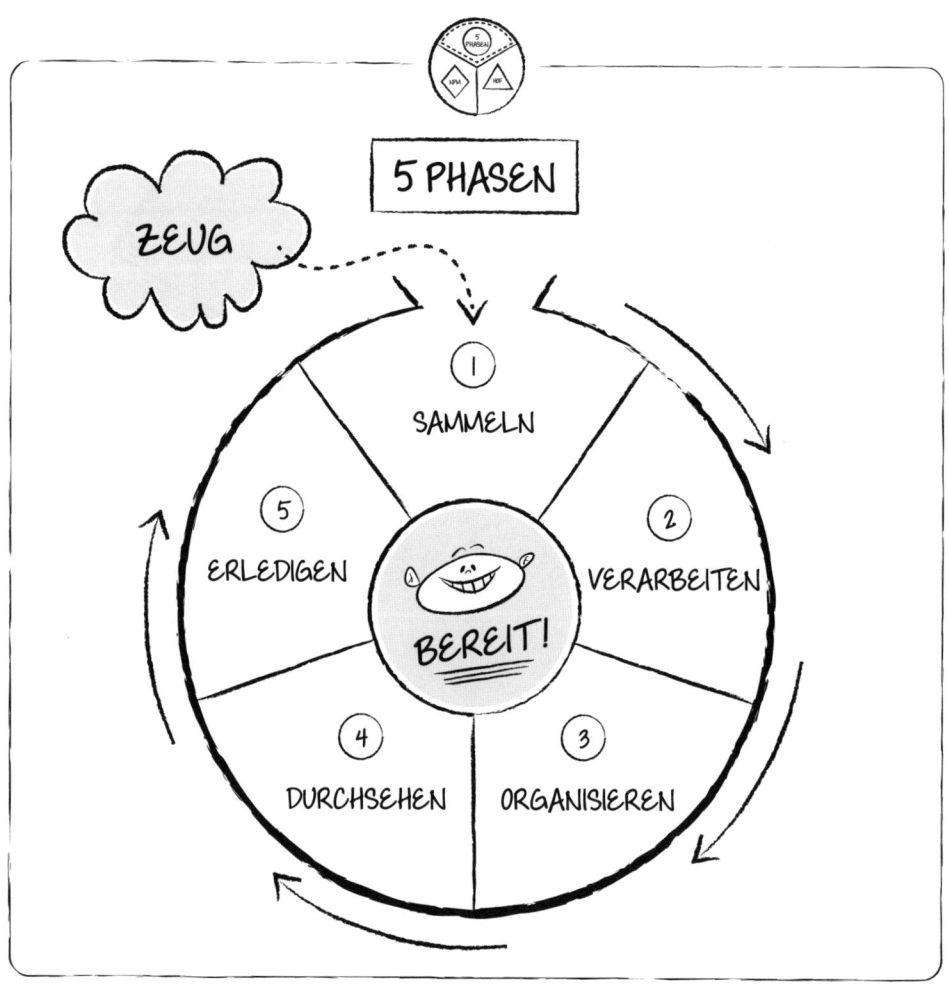

SAMMELN

»Zufallsbestimmter Input im Leben«

QUELLEN FÜR ZEUG

PHYSISCHES ZEUG

- Zuhause
- Schule
- Sport
- andere Aktivitäten
-
-
-

ZEUG IM KOPF

ZEUG ZEUG ZEUG

ZEUG

DIGITALES ZEUG

- Messaging
- E-Mail
- Twitter
- Facebook
- YouTube
-
-

- Schul-Website
- Klassen-Website
- Sport-Website
- Aktivitäten-Website
-
-

+

BEREIT ZUM SAMMELN?

SAMMELHILFEN AN ORT UND STELLE?

PHYSISCHE HILFSMITTEL

J N

- ☐ ☐ Papier + Kugelschreiber
- ☐ ☐ Notizblöcke
- ☐ ☐
- ☐ ☐

DIGITALE HILFSMITTEL

- ☐ ☐ Smartphone-App
- ☐ ☐ Computer-App
- ☐ ☐

SAMMELKÖRBE AN ORT UND STELLE?

J N

- ☐ ☐ Zuhause
- ☐ ☐ Schule
- ☐ ☐ Unterwegs
- ☐ ☐
- ☐ ☐

»Dein Kopf ist dazu da, Ideen zu haben, nicht, um sie dort zu halten.«
DAVID ALLEN

=

GESAMMELT!

ANSCHLIESSEND ERFASSEN

ZEUG   ZEUG

»EINGANG«

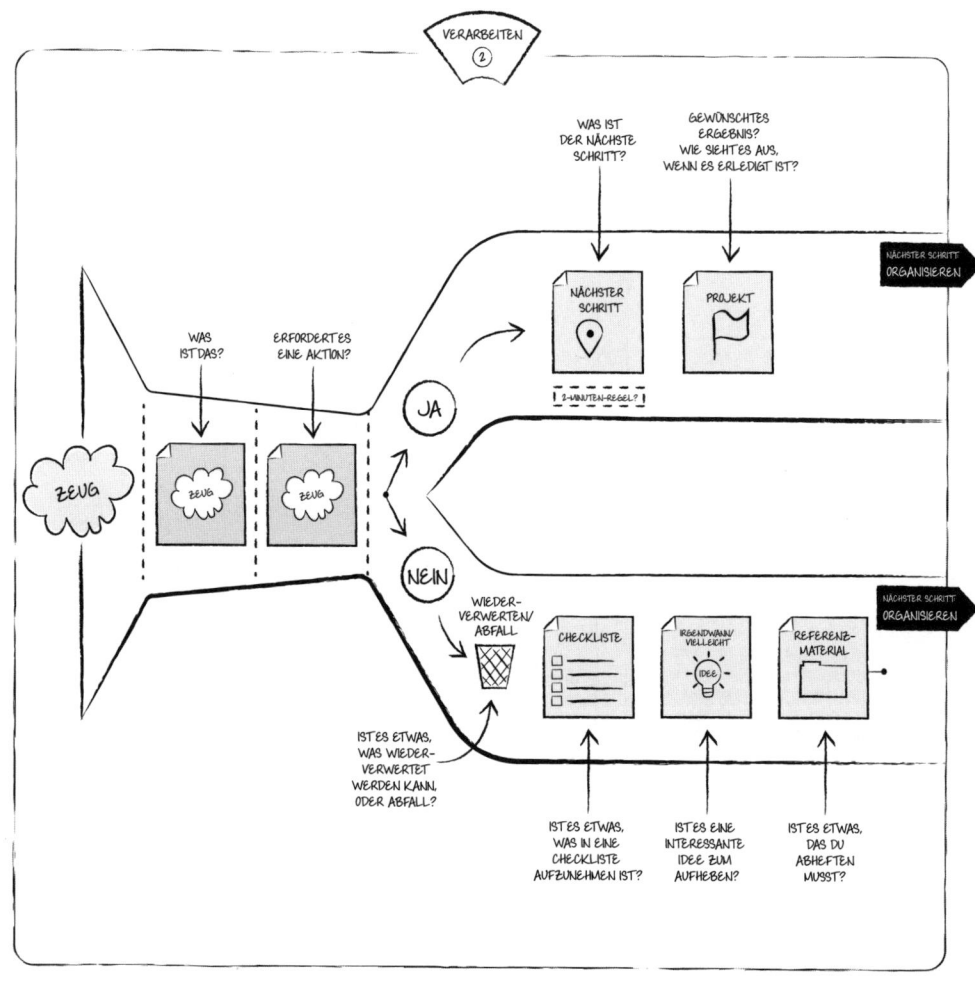

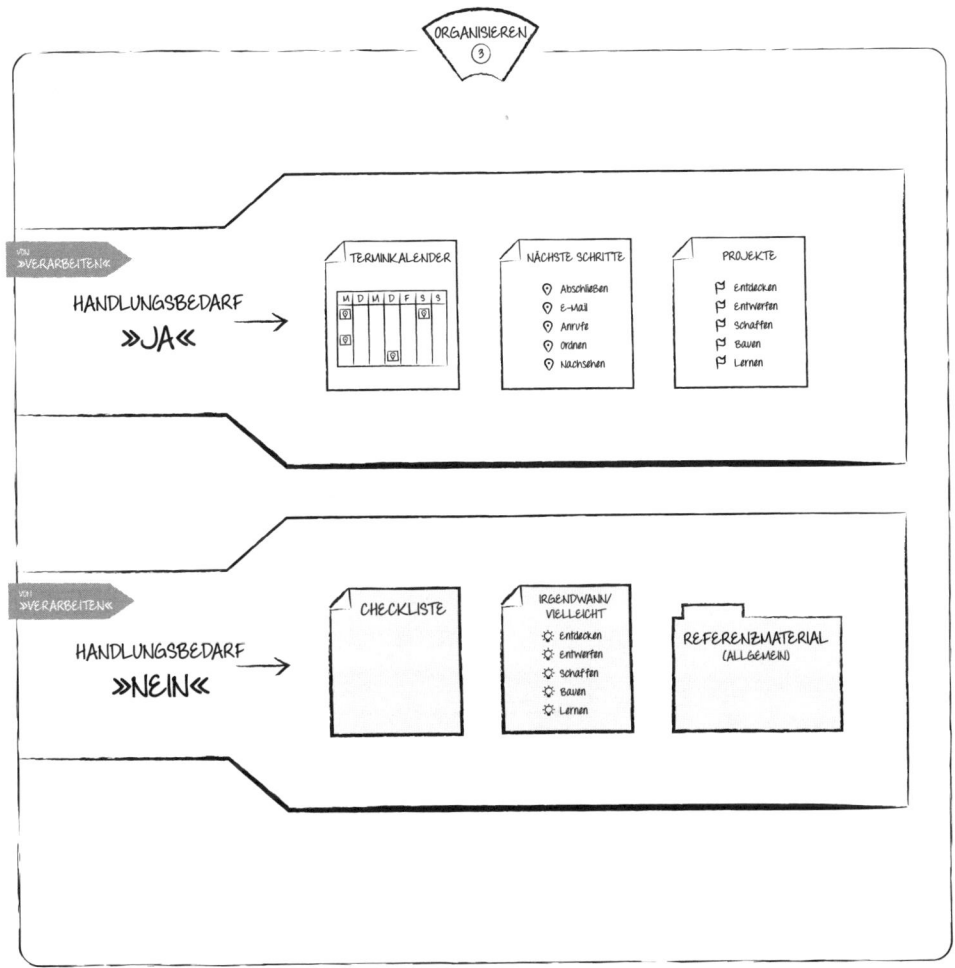

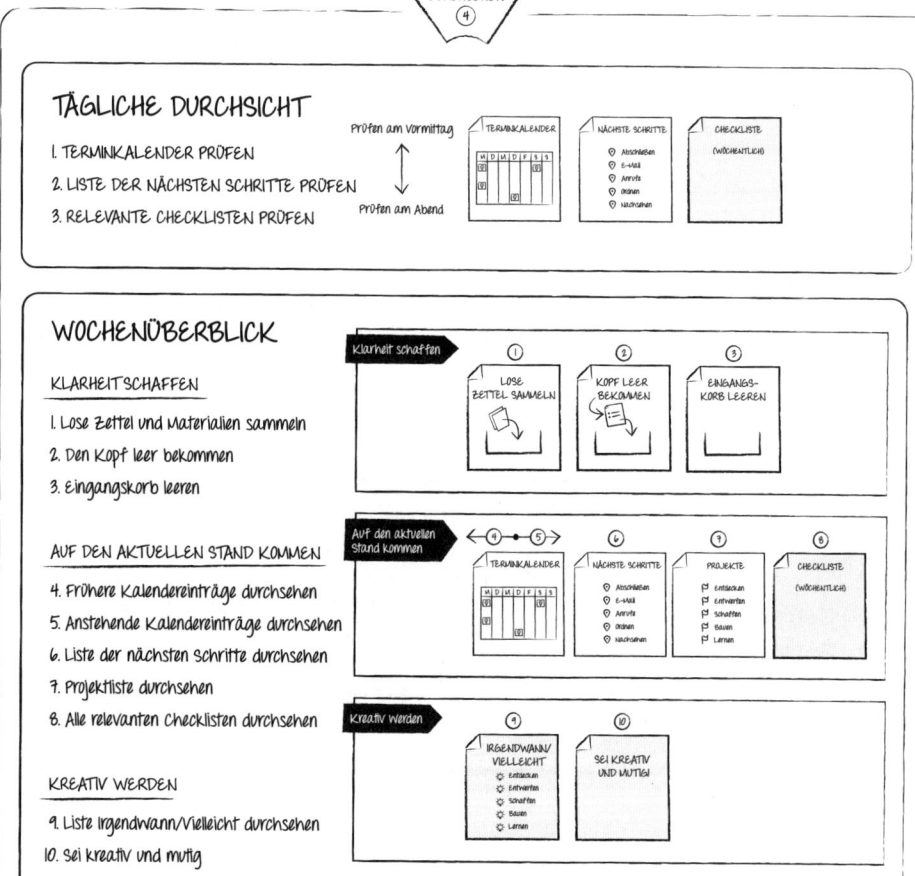

DURCHSEHEN (4)

TÄGLICHE DURCHSICHT

1. TERMINKALENDER PRÜFEN

2. LISTE DER NÄCHSTEN SCHRITTE PRÜFEN

3. RELEVANTE CHECKLISTEN PRÜFEN

Prüfen am Vormittag

Prüfen am Abend

TERMINKALENDER

NÄCHSTE SCHRITTE
- Abschließen
- E-Mail
- Anrufe
- Ordnen
- Nachdenken

CHECKLISTE
(WÖCHENTLICH)

WOCHENÜBERBLICK

KLARHEIT SCHAFFEN

1. Lose Zettel und Materialien sammeln

2. Den Kopf leer bekommen

3. Eingangskorb leeren

Klarheit schaffen

① LOSE ZETTEL SAMMELN ② KOPF LEER BEKOMMEN ③ EINGANGS-KORB LEEREN

AUF DEN AKTUELLEN STAND KOMMEN

4. Frühere Kalendereinträge durchsehen

5. Anstehende Kalendereinträge durchsehen

6. Liste der nächsten Schritte durchsehen

7. Projektliste durchsehen

8. Alle relevanten Checklisten durchsehen

Auf den aktuellen Stand kommen

④ ⑤ TERMINKALENDER   ⑥ NÄCHSTE SCHRITTE   ⑦ PROJEKTE   ⑧ CHECKLISTE (WÖCHENTLICH)

NÄCHSTE SCHRITTE
- Abschließen
- E-Mail
- Anrufe
- Ordnen
- Nachdenken

PROJEKTE
- Entdecken
- Entwerfen
- Schaffen
- Bauen
- Lernen

KREATIV WERDEN

9. Liste Irgendwann/Vielleicht durchsehen

10. Sei kreativ und mutig

Kreativ werden

⑨ IRGENDWANN/VIELLEICHT
- Entdecken
- Entwerfen
- Schaffen
- Bauen
- Lernen

⑩ SEI KREATIV UND MUTIG

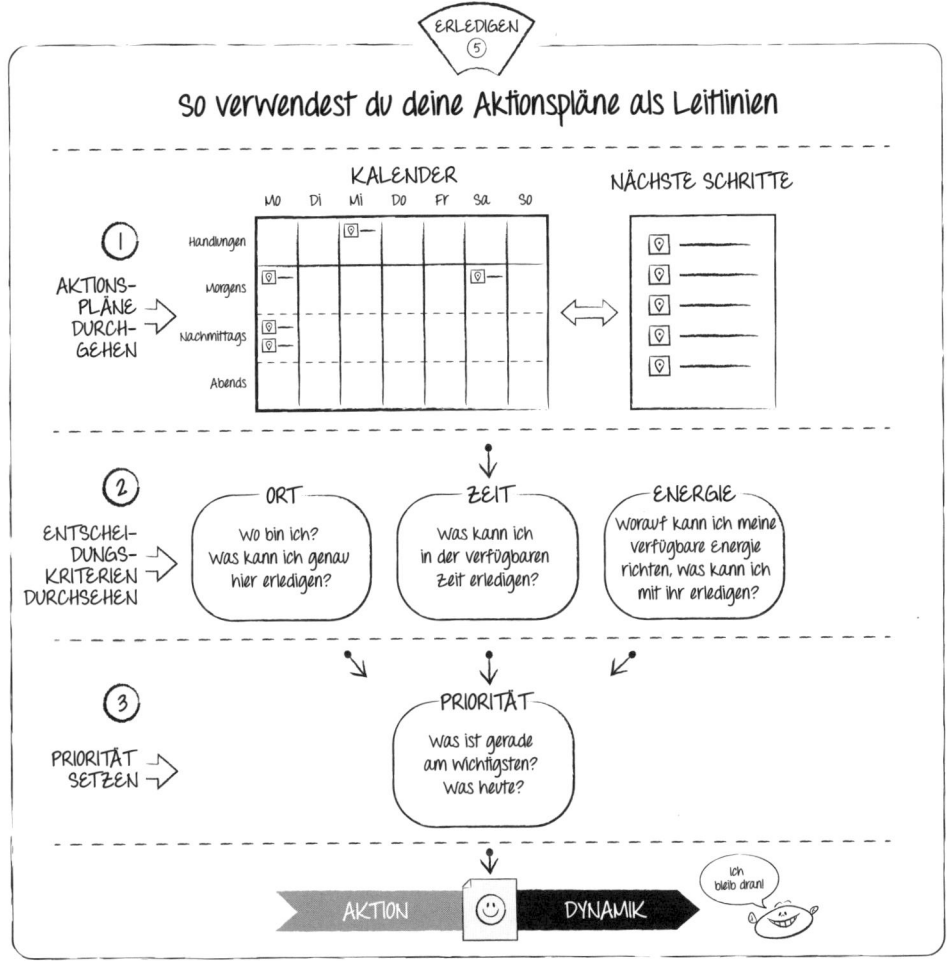

So verwendest du deine Aktionspläne als Leitlinien

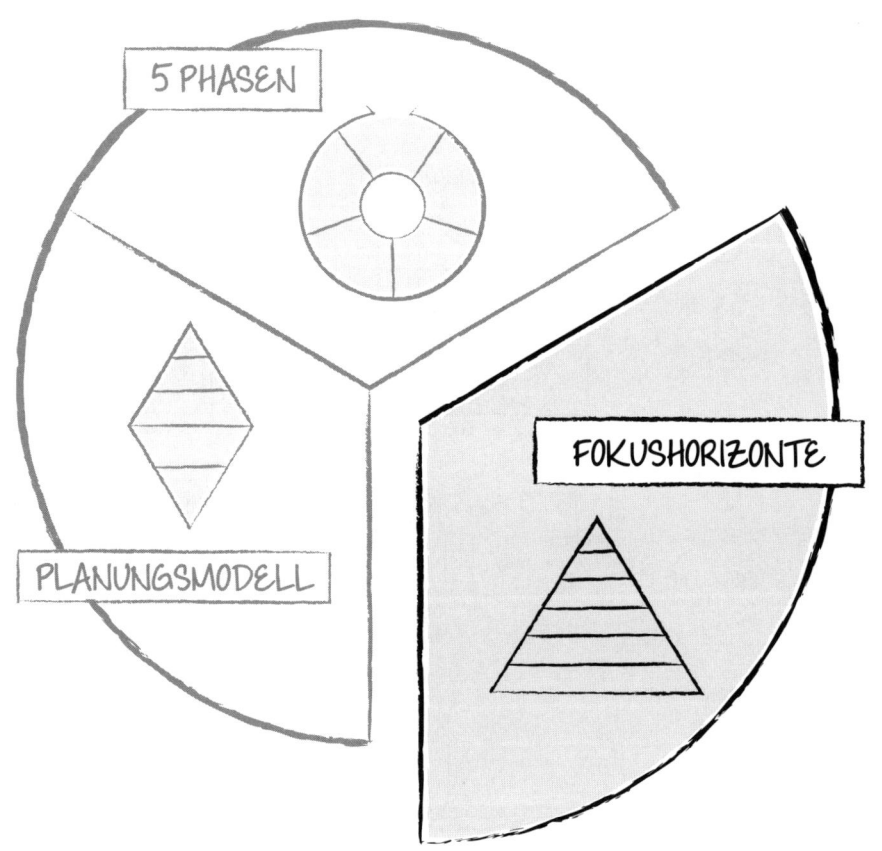

5 PHASEN

PLANUNGSMODELL

FOKUSHORIZONTE

FOKUSHORIZONTE

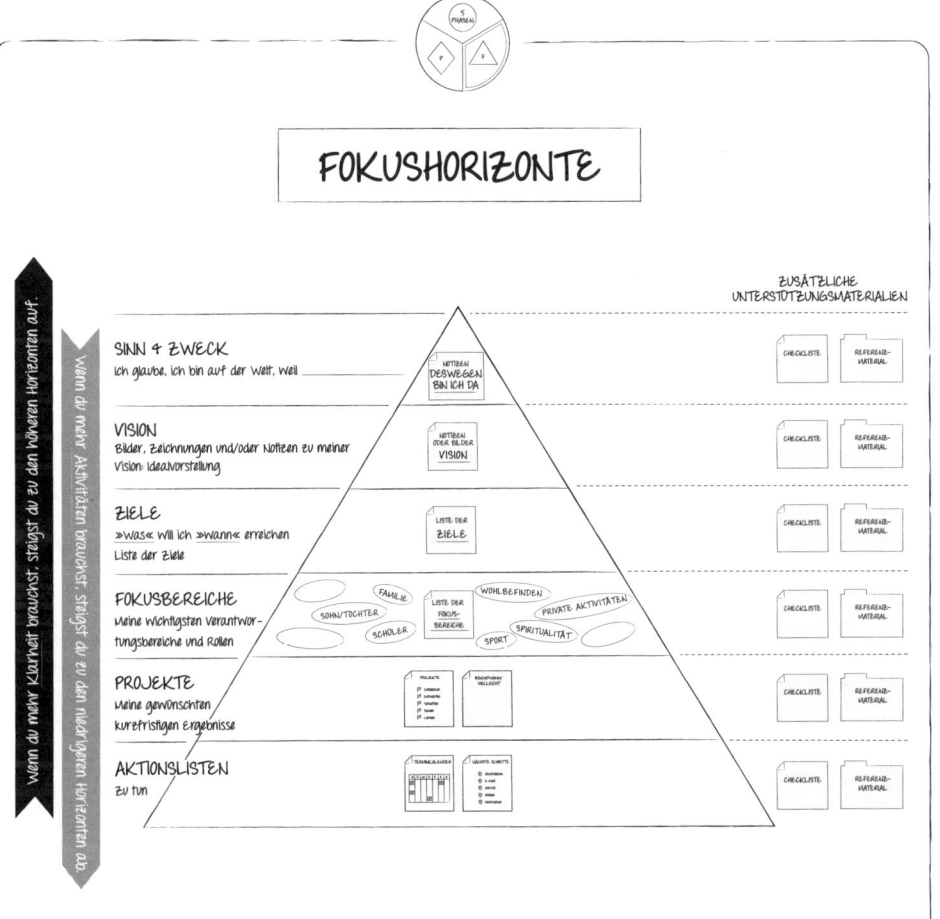

ZUSÄTZLICHE
UNTERSTÜTZUNGSMATERIALIEN

SINN & ZWECK
Ich glaube, ich bin auf der Welt, weil _____

VISION
Bilder, Zeichnungen und/oder Notizen zu meiner
Vision: Idealvorstellung

ZIELE
»Was« will ich »wann« erreichen
Liste der Ziele

FOKUSBEREICHE
Meine wichtigsten Verantwortungsbereiche und Rollen

PROJEKTE
Meine gewünschten
kurzfristigen Ergebnisse

AKTIONSLISTEN
zu tun

Wenn du mehr Klarheit brauchst, steigst du zu den höheren Horizonten auf.

Wenn du mehr Aktivitäten brauchst, steigst du zu den niedrigeren Horizonten ab.

SINN & ZWECK

Ich glaube, ich bin auf der Welt, um _____

(Im Ordner SINN & ZWECK ablegen)

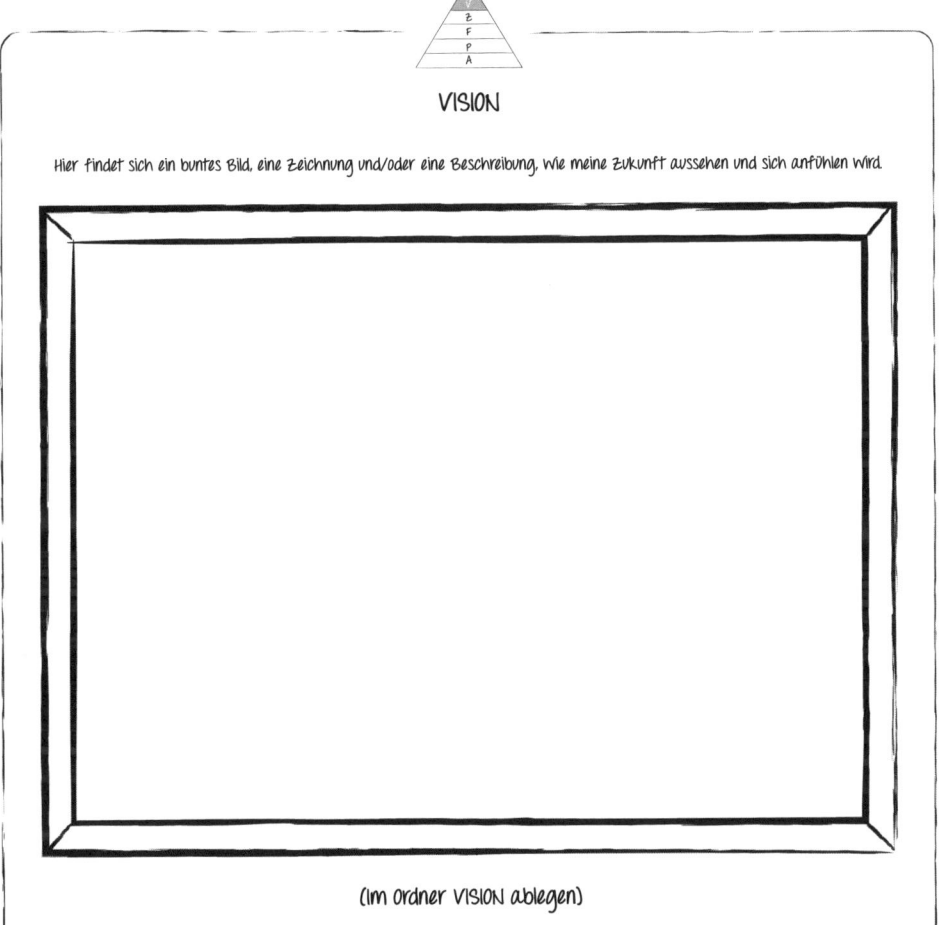

VISION

Hier findet sich ein buntes Bild, eine Zeichnung und/oder eine Beschreibung, wie meine Zukunft aussehen und sich anfühlen wird.

(Im Ordner VISION ablegen)

ZIELE

Ich würde gern (WAS)   binnen   (WANN)

	I Monat	I Semester	I Jahr	I+ Jahre

(Im Ordner ZIELE ablegen)

FOKUSBEREICHE

Diese Bereiche verlagern sich im Lauf der Zeit von den Erwachsenen in deinem Leben (Eltern, Lehrer, Trainer) zu dir. Wenn du sie im Auge behältst, hilft dir das, alle Übergänge in deinem Leben zu bewältigen.

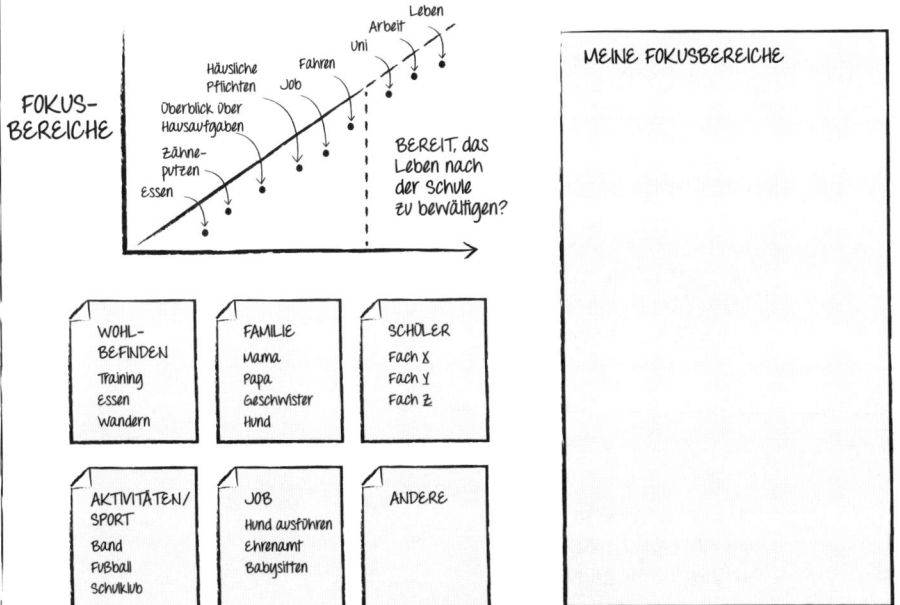

(Im Ordner FOKUSBEREICHE ablegen)

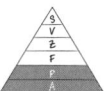

PROJEKTE UND NÄCHSTE SCHRITTE

Deine Fokusbereiche und die höheren Ebenen bewahren deine Ausrichtung

WOHL-BEFINDEN	FAMILIE	SCHÜLER	AKTIVITÄTEN/SPORT	JOB	ANDERE
Training	Mama	Fach X	Band	Hund ausführen	
Essen	Papa	Fach Y	Fußball	Ehrenamt	
Wandern	Geschwister	Fach Z	Schulklub	Babysitten	
	Hund				

Deine Projektliste enthält die Ergebnisse, die mehr als einen nächsten Schritt erfordern.

»Projekte helfen uns, die Ziellinie festzulegen – zu bestimmen, wie >erledigt< aussieht.«

PROJEKTE
- Entdecken
- Entwerfen
- Schaffen
- Bauen
- Lernen

»Aktionslisten helfen uns festzulegen, wie >erledigen< aussieht.«

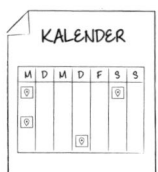

KALENDER

M	D	M	D	F	S	S

NÄCHSTE SCHRITTE
- Abschließen
- E-Mail
- Anrufe
- Ordnen
- Nachsehen

(In deinem Planordner, deiner Terminplanung oder den entsprechenden Ordnern unter PROJEKTE + AKTIONSLISTE ablegen)

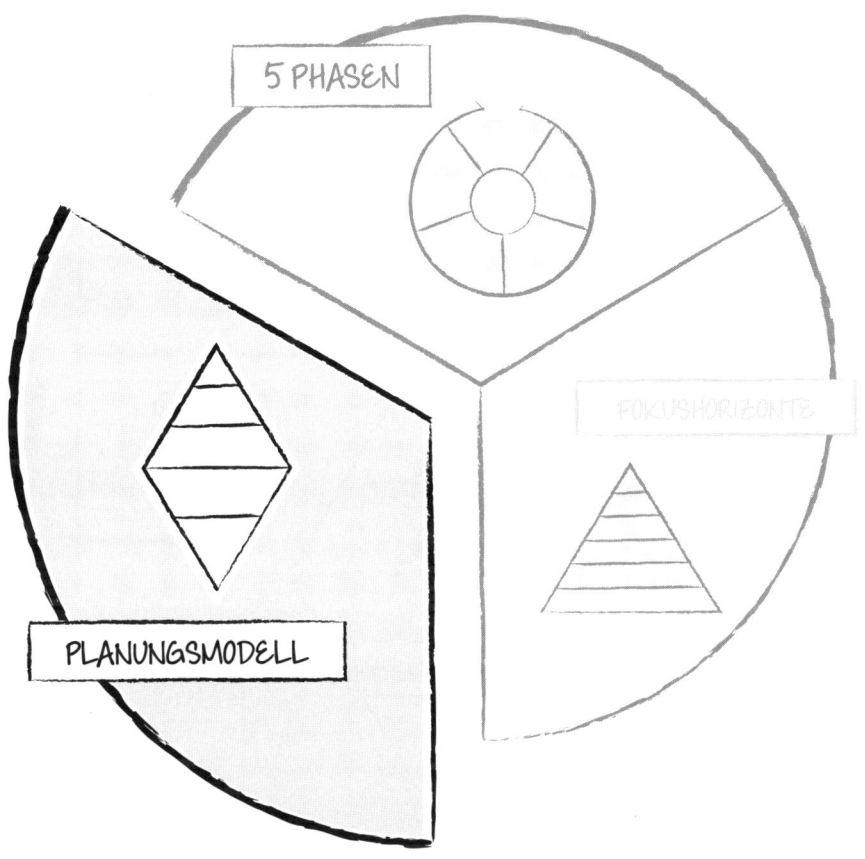

5 PHASEN

FOKUSHORIZONTE

PLANUNGSMODELL

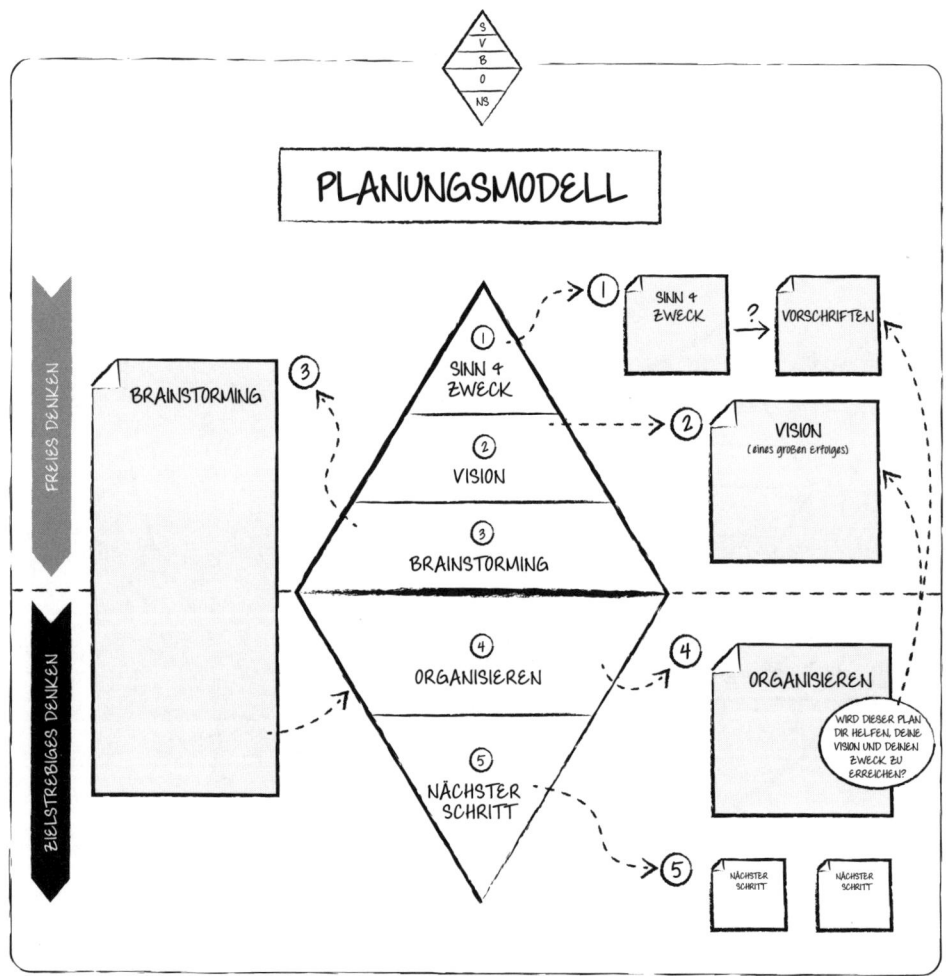

PLANUNGSMODELL

Stichwortverzeichnis

Zusätzliche Informationen

Weitere Informationen, Geschichten und Ressourcen finden sich bei gtdforteens auf Twitter, Instagram, Snapchat, Facebook und YouTube. Taggen kann man uns als #gtdforteens.

WENN DU LUST AUF MEHR GTD® BEKOMMEN HAST
Auf unserer Internetseite findest du noch viele weitere Anregungen, Informationen und Anleitungen, wie du persönlich Getting Things Done® in deinem Leben nutzen kannst.

Wenn du Fragen zu dem Gelernten aus dem Buch hast, oder wie du die Idee für Schüler und Lehrer an deiner Schule verbreiten kannst, dann melde dich gerne bei uns.

Für Lehrer, Eltern und Erwachsene bieten wir unterschiedliche Wege an, GTD selbst zu lernen:

- Offene GTD-Seminare
- GTD-Seminare für Teams und Organisationen
- GTD-Einzel-Coachings
- Keynotes/Impulsvorträge

NE»T ACTION
PARTNERS

Next Action Partners ist der einzige zertifizierte Partner der David Allen Company in Deutschland, Österreich und der Schweiz. Das Experten-Team von NAP ist für alle da, die die Vorteile des GTD-Ansatzes kraftvoll in ihrem persönlichen beruflichen Leben nutzen wollen.

Getting Things Done ist der führende Selbstmanagement-Ansatz für stressfreie Produktivität im Berufs- und Privatleben.

Mit GTD wird nicht nur die persönliche Produktivität deutlich erhöht und Ordnung ins Chaos gebracht. Es verschafft vielmehr ein Wachsen der kreativen Energie und ermöglicht ein stressfreies Leben.

Next Action GmbH
www.next-action.de
E. info@next-action.de
T. +49 (0)30 31491300
Facebook: GTD – Getting Things Done in Deutschland
Instagram: gtd_deutschland

Einfach organisiert!

David Allen

**Wie ich die Dinge
geregelt kriege**

Selbstmanagement für den Alltag.
Überarbeitete Neuausgabe 2015

Aus dem Amerikanischen von
Helmut Reuter
Piper Taschenbuch, 432 Seiten
€ 12,00 [D], € 12,40 [A]*
ISBN 978-3-492-30720-8

Eigentlich sollte man längst bei einem Termin sein, doch dann klingelt das Handy und das E-Mail-Postfach quillt auch schon wieder über. Für Sport und Erholung bleibt immer weniger Zeit und am Ende resigniert man ausgebrannt, unproduktiv und völlig gestresst. Doch das muss nicht sein. Denn je entspannter wir sind, desto kreativer und produktiver werden wir. Mit David Allens einfacher und anwendungsorientierter Methode wird beides wieder möglich: effizient zu arbeiten und die Freude am Leben zurückzugewinnen.

Leseproben, E-Books und mehr unter **www.piper.de**

PIPER